多民族国家ソ連の興亡Ⅲ

ロシアの連邦制と民族問題

多民族国家ソ連の興亡 III

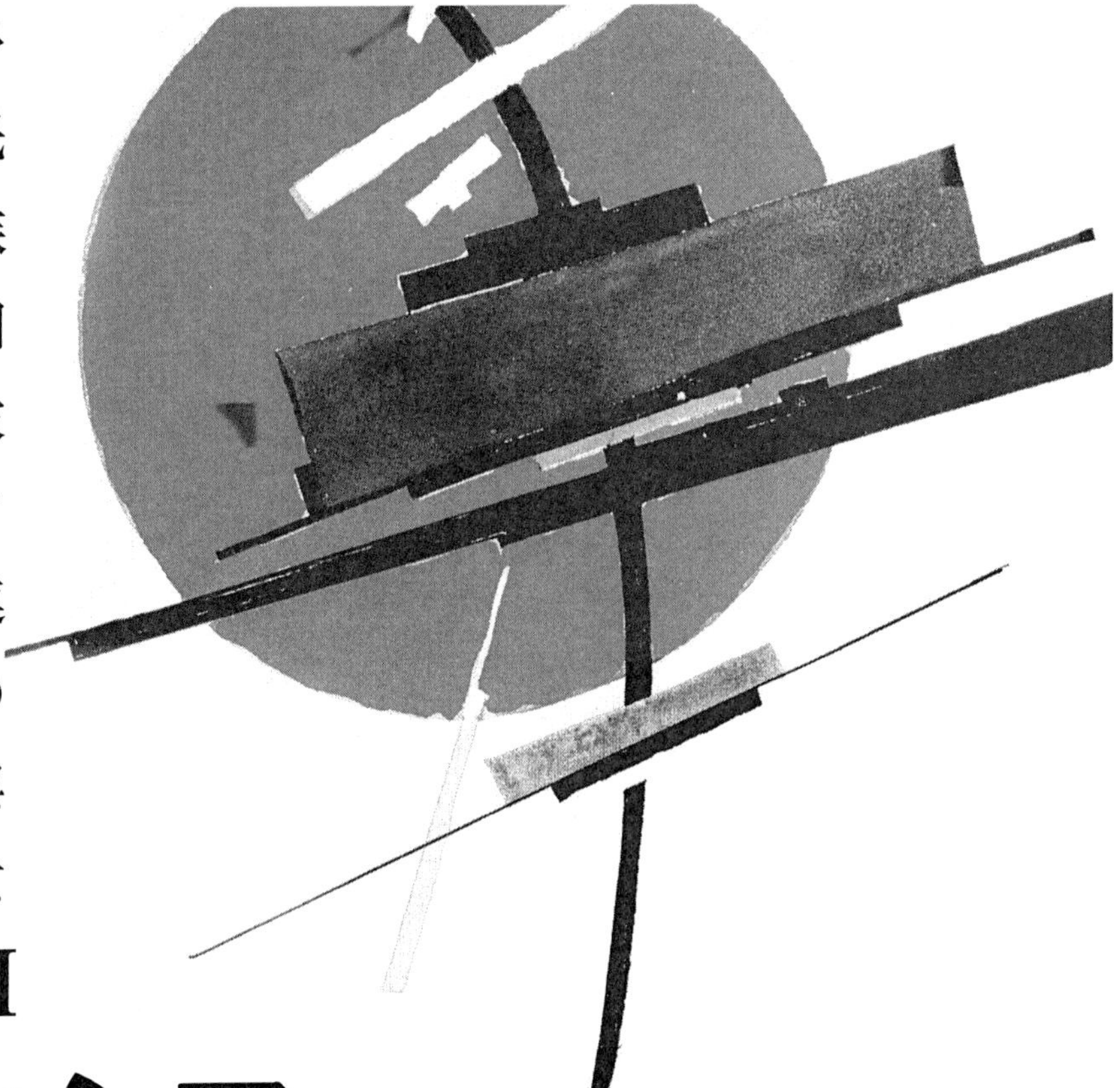

ロシアの連邦制と民族問題

Shiokawa Nobuaki
塩川伸明

岩波書店

目次

目　次

序章

冷戦後の世界の最大の問題の一つとして各地の民族紛争・地域紛争が挙げられるようになってから久しい。旧ソ連・旧ユーゴスラヴィア各地の事例はその中でも特に大きな位置を占めてきた。もっとも、旧ソ連・旧ユーゴスラヴィアの全体が民族紛争の渦に呑み込まれたわけではないし、一九九〇年代初頭に激しかった紛争の多くは、チェチェンなど一部の例外を除き、ほぼ収束する方向にある。一時期危惧された紛争の泥沼的継続・拡大という展望は、やや誇張されていたかにも見える。とはいえ、とりあえず武力衝突は収まったにしても、多くの紛争は本格的解決を見たわけではなく、のどに刺さったトゲのようなものとして残っている。そのことと関係して、ソ連解体後に発足した新たな諸国の国家体制は、直接的な意味で内戦に引き裂かれているわけではないにしても、安定にはなお程遠い。とすれば、一時期の激しい衝突およびそれに刺激されたセンセーショナルな評論が収まった今日、改めてそれらの問題を歴史的展望の中におきながら検討することの意味は大きいといえよう。

本書を含む三部作のうち最初の二冊は、「ソ連」という国家の全体を――その前身であるロシア帝国および後身である現代の旧ソ連諸国への展望をある程度含みつつ――分析対象としたが、本書では、ソ連時代のロシア共和国およびその直接的継承者たる現代のロシア連邦における連邦制と民族問題を主要対象としている。そのことは、「ロシア」と「ソ連」の関係如何という問題を提起する。「ロシア」と「ソ連」の関係は、《ロシア帝国−ソ連−ロシア連邦》というように、体制概念と関連した時間軸で捉えることもできるし、《ソ連邦を構成する諸共和国の一つだったロシア共和国の蔽う領域》というように、空間軸で捉えることもできる。「ソ連」と「ロシア」は、時間的に対比されると同時に、空間的にも対比されるのである。

ところが、この《空間としてのロシアとソ連の関係》という問題は、それ自体が、一筋縄ではいかない複雑性を内包している。前著『国家の構築と解体——多民族国家ソ連の興亡Ⅱ』でも指摘したように、ソヴェト時代における一五の連邦構成共和国のうちの一つがロシア共和国だったという事実を重視するなら、ロシアはソ連の一部にすぎなかったという見方が提起されうるが、他面、ロシアがソ連の中でずば抜けて大きな存在だったことを考えるなら、単純に「一部分」なのではなく、その全体とほぼ等置されるような中核だという見方も提起されうる。(1)末期のロシア帝国の版図は、多少の出入りがあるとはいえ大まかにはソ連の版図とほぼ重なるから、「ソ連」と「ロシア」の空間がほぼ同じだという感覚には、それなりの根拠がないわけではない。しかし、もっとさかのぼるなら、ロシア帝国の版図がそのように大きな領域を蔽うようになったのはそれほど古い起源をもつわけではなく、ある時期以降の急激な領土拡張の結果である。その際、領土拡張を開始する以前のロシア(当時の国名ではモスクワ大公国)と徐々にロシア領に編入されていった地域とは地理的に隣接しており、自然地理的意味での障壁に乏しい陸地であるという事情が、事態を一層複雑なものにしている。大洋を隔てた遠隔地に植民地を獲得したのではなく、隣接地への漸次的拡大だったため、「内部」と「外部」を明確に分かつ分岐線がなく、どのような地理的範囲をとっても、それ自体の「中」に異質な要素が含まれる一方、その「外」にも連続的な要素があるのである。このことは、ソ連解体後の諸国家間の関係を複雑なものとする一つの要因となっている。

こうした事情から、「ロシアとはどういう範囲の空間を指すのか」という問題は常に不確定性につきまとわれており、地理的概念としての「ロシア」という言葉は多義的とならざるをえない。前著で述べたことの繰り返しになるが、小さい方から順に、①膨張以前の小さなロシア(これ自体、どの時期をとるかによって異なり、明確な範囲確定ができないので、実は一義的ではない)、②ソ連時代の「ロシア共和国」およびそれを引き継いだ現代の「ロシア連邦」、③ロシア帝国およびそれとほぼ重なる領域を支配していたソ連、といったいくつかの単位が考えられる。[2] 本書の直接的テーマは、②における非ロシア人地域(いわば②のうちの①以外の部分)の位置づけ如何という問題だが、間接的には③との関係も影を落とすことになる。

いま述べた領域範囲の不確定性という問題は、国家体制が安定している間は潜在的なものにとどまっており、問題として意識されることも滅多になかった。①②③の区別があるとはいっても、そのすべてがソ連共産党によって統一的に支配されてきたからである。しかし、ゴルバチョフ時代のペレストロイカ(建て直し＝改革)展開の中で共産党支配が揺らぎはじめ、遂にソ連解体に至るという激動の時期には、まさにこの不確定性が深刻な問題として表面化した。様々な地域的単位で、それぞれに異なった形で政治闘争が展開し、その帰趨がにわかには定めがたいという状況が発生したのである。ソ連解体直後の時期をとってみるなら、一方では、革命前ロシアの伝統への復古を目指し、ロシア帝国の領土とほぼ同じである旧ソ連の領土(③)を――「ソヴェト」「社会主義」としてではなく、いわば「大きなロシア」として――維持すべきだったという発想があり、他方では、ソ連に続いてロシアも解体する、つまり②も維持できずに①に追い込まれるのではないかという危機感もささやかれた。

その後の推移としては、③の解体が早期に確定する一方、②から①への解体は生じず、ソ連時代の「ロシア共和国」の領土(②)が「ロシア連邦」の名の下でそのまま維持されるという形で一応の決着がついた。しかし、それは単なる既成事実に過ぎず、そうでなければならない論理的必然性があったわけではない。エストニアのような小国が独立できるなら、それより大きいバシコルトスタンやタタルスタンは何故独立できないのか。ベラルーシのように独立運動の弱かったところが独立したのに、チェチェンのように独立運動の強いところでそれが実現しなかったのはなぜか。あるいは、チェチェンやタタルスタンの自立志向が「分離主義」の名の下で非難されるなら、どうしてウクライナやグルジアの独立は認められたのか――こうした問いに明快な論理的回答はなく、それ故に、多くの人々に深い心理的不安を生じさせた。

本書は、このような事情を前提として、ロシア共和国／ロシア連邦内の民族地域が国家構造のなかでどのような位置を与えられたか、またその構造がどのように再編されてきたかという問題を取り上げる。これらの民族地域はソ連時代に自治共和国・自治州・自治管区という地位――総称として「自治地域(автономные образования)」と呼ばれることがある――を与えられ(3)、ソ連最末期にその多くは「共和国」と改称した。このような構造について考えることは、前著『国家の構築と解体』で論じたソ連の民族および国家構造の問題を、一回り小さな規模で――前著序章で用いた表現でいえば「ズレを含んだ相似形」の「相似」と「ズレ」の双方の要素に留意しながら――検討することを意味する。

本書の構成としては、まず第一章ではロシア共和国／ロシア連邦の構造およびその再編成の問題を総論的に取り上げる。第二章と第三章は各論であり、前者ではヴォルガ＝ウラル地域(タタルスタンを中心として)、後者では北カフカース(チェチェンを中心として)をそれぞれ論じる。

対象時期としては、ペレストロイカ後期からソ連解体直後にかけての時期を主要にとりあげ、それより前および後については、比較的簡単に触れるにとどめる。《ソ連邦‐ロシア共和国‐内部の自治地域》という三層構造が国家制度としてつくられたのはソ連邦発足時のことであり、その構造への批判や組み直し論はソ連史の種々の局面でときおり浮上していたが、それが大々的な論争になったのはペレストロイカ期、それもその後期――一九九〇年のエリツィン・ロシア政権成立後――のことであるから、議論の始点を一九九〇年前後におくのは十分な理由があるといえよう。他方、終期は定めがたく、本書でおよそ一九九三年頃までを主に取り上げるのは便宜的な区切りにすぎない。ソ連解体によって生まれた新しい条件下におけるロシア連邦内部の民族と国家構造の問題は今日まで難問として残っているが、その全体像を描くのはあまりにも複雑な課題となるし、時事的動向は極度に流動的なので、それを細かく追う代わりに、ソ連解体という区切りを挟んで問題設定がどのように変わったか、あるいは連続しているかという点に、本書の関心は集中される。そのような観点に立つなら、ソ連解体直後が一つの区切りとなる。いつまでが「直後」に当たるかも一義的でないが、ともかく一九九二―九三年には「ポスト・ソ連」ということにかかわる様々な問題が一挙に噴出したこと、九三年秋―年末の政治闘争と憲法採択によりロシア連邦の構造の骨格が、最終的ではないまでも一応の決着をみたことから、とりあえずの区切りをこの時期におくこととする(但し、第二章ではタタルスタンとロシア連邦の権限区分条約の結ばれた一九九四年二月、第三章ではロシア中央のチェチェンへの本格的武力侵攻が始まった一九九四年末を終期とする)。その後の展望については、ごく簡単に触れるにとどめる。(4)

(1)　塩川伸明『国家の構築と解体――多民族国家ソ連の興亡Ⅱ』岩波書店、二〇〇七年、第三章第一節参照。

(2)　同右、一九九頁。

(3)　細かくみるなら、自治共和国・自治州・自治管区(一九七七年憲法以前は「民族管区」)の間には憲法上の位置づけをはじめとして種々の違いがあり、それと関係してソ連解体前後の時期における政治的動向にも差異があったが、本書ではそこまで立ち入ることはしない。特に自治管区についてはほとんど触れることができない(二一世紀に入って、一連の自治管区が地方《クライ》・州に統合され、連邦主体の数が減少するという注目すべき動きがあるが、他日を期したい)。

(4)　本書の最初の萌芽ともいうべきものは、「ソ連の解体とロシアの危機」(近藤邦康・和田春樹編『ペレストロイカと改革・開放』東京大学出版会、一九九三年)のために準備した元原稿である(同書の刊行時には、紙幅の制約で、ヴォルガ＝

ウラル地域の部分を全面的に削除したのみならず、他の個所も大幅に縮約せざるを得なかった)。その旧稿を執筆してから一〇年以上の時間が経ち、私の研究にもそれなりの進展があったから、本書はほぼ全面的な書き下ろしとなっているが、部分的には旧稿の痕跡もある程度残っている。また、論及の時期的対象がほぼ一九九〇―九三年となっていることの理由の一端も、そうした成立事情にある。旧稿執筆後、この分野は急速に多くの研究者の関心を集めるようになり、ロシアや欧米諸国のみならず、日本でも多数の関連研究が出ている。たとえば、上野俊彦『ポスト共産主義ロシアの政治』日本国際問題研究所、二〇〇一年、第五章、樹神成「ロシアにおける連邦制再編構想の交錯」上『(三重大学)法経論叢』第一一巻第二号(一九九四年)、同「ロシアの連邦制の一〇年と二〇〇〇年の連邦制改革」『比較経済体制研究』第八号(二〇〇一年)、同「ロシアにおける連邦制改革と憲法政治」『ロシア・東欧研究』第三〇号(二〇〇一年版)、二〇〇二年、渋谷謙次郎「現代ロシアの国家統一と民族関係立法」一・二・三・四『神戸法学雑誌』第五二巻第四号、第五三巻第一号、第四号、第五四巻第四号(二〇〇三―〇五年、未完)、同「ロシア連邦制の現段階」比較法学会『比較法研究』第六七号(二〇〇五年度)、有斐閣、二〇〇六年、長谷直哉「ロシア連邦制の構造と特徴――比較連邦論の視角から」『スラヴ研究』第五三号、二〇〇六年など。

第一章　ロシアの民族問題および連邦体制をめぐる論争

第一節　前提——ロシア共和国／ロシア連邦の民族問題と国家構造

1　住民の民族構成

現在のロシア連邦の前身をなすのは、ソ連邦の構成部分としてのロシア・ソヴェト連邦社会主義共和国(以下、「ロシア共和国」)だが、この共和国は広大な領域を占めており、その内部に複雑な民族問題をかかえていた。一国の中央政権と民族地域の関係調整の困難性という点では、ペレストロイカ期にソ連邦中央を苦しめたロシア自身が、内部の反乱によって同種の問題に苦しめられるという「入れ子構造」があったことになる。

民族・言語の系統としては、多数を占めるロシア人、ウクライナ人、ベラルーシ人は東スラヴ系だが、タタール人、チュヴァシ人、バシキール人、ヤクート(サハ)人などはチュルク系(チュヴァシについてはフィン＝ウゴル系の要素もあるとされる)であり、その他、フィン＝ウゴル系(モルドヴィン人、ウドムルト人、マリ人、コミ人など)、カフカース系(チェチェン人、イングーシ人、アヴァール人など)、イラン系(オセチア人など)、モンゴル系(ブリャート人、カルムィク人など)といった多様性がある。宗教的伝統としては、東スラヴ系は正教であり、ヴォルガ＝ウラル地域および北カフカースではムスリムが多数派だがキリスト教(正教)徒もかなりおり、またイスラームやキリスト教が布教される以前の固有信仰を守っている人々もいる。カルムィク人、トゥヴァ人はチベット系仏教の伝統をもつ。かつて無視できない少数民族だったユダヤ人(一八九七年のロシア帝国で人口の四・〇パーセント、一九二六年のソ連で一・八パーセント)は、もともとソ連の中の区分でいえばウクライナ、ベラルーシ、モルドヴァなどに多かったし、第二次大戦中のナチ・ドイツ占領下の大虐殺、長期にわたる外国への流出、ロシア人への同化などによって減少を続け、その趨勢はソ連解体後も続いている(二〇〇二年のロシア連邦人口の〇・一六％)。

　ロシア共和国／ロシア連邦の民族の数については、よく一〇〇以上という言い方がされる。もっとも、民族の数とはそもそも不確定な概念であって、一義的に「正しい」数字を挙げることはできないが[1]、ともかく人口センサス(国勢調査)で「民族」として数えられたのは、一九八九年ソ連センサスのときには一二八民族、二〇〇二年ロシア連邦センサスでは一四二民族およびそのサブカテゴリーとしての四〇エスニック・グループにのぼったし、そのうち人口五〇万以上のものに限っても一八民族、人口一〇万以上では三九あった(二〇〇二年現在)。人口比でいえば、ロシア人が約八割を占め、これは他の旧ソ連諸国に比べれば相対的に均質度が高いことになるが、人口比ではなく内部の民族的自治地域の数という観点からいえばロシアが旧ソ連諸国中最も多い。

　近年のロシア共和国／ロシア連邦の人口の民族構成については、いくつかの統計がある。ソ連時代最後の人口センサスが行なわれたのは一九八九年であり、ソ連解体後のロシア連邦最初のセンサスは二〇〇二年だが、その中間の一九九四年には部分的調査があり(なお、この一九九四年調査では、チェチェンは掌握できなかったらしく、チェチェン人は数えられていない)、また一九九九年については出生・死亡・出入国統計に基づいた民族構成に関する推計がある。(2) これらをまとめたものが表1・1である。

この表は異なった性格のデータを並べたもので、統計学的に厳密な意味での連続性をもつものではないが(3)、その点を留保しつつ、とりあえずごく大まかにソ連解体後のロシアにおける人口状況の変化をまとめるなら、次のような点が確認できる。先ず、ロシア人は絶対数として減少し続けている。これは自然減(死亡が出生を上回る)が続いていることによるものであり、他の旧ソ連諸国からの流入によって多少やわらげられているものの、補いきれていない。もっとも、ロシア連邦の総人口も減少し続けているので、比率での低下は絶対減よりは小幅である。次に、ロシア連邦の中に民族共和国をもつ諸民族についてみると、若干の例外はあるものの、多くは絶対数・比率ともに増大傾向にある。これは実体としての人口増加の他、民族共和国の基幹民族と申告した方が有利であるために民族帰属申請を変更した人がいるためと思われる。(4) やや詳しく見ると、特に増大が著しいのは、チェチェン人、アヴァール人、オセチア人――これは南オセチアから北オセチアへの流入もある――をはじめとする北カフカースの諸民族である。これに対し、ヴォルガ＝ウラル地域の諸民族はあまり増えておらず、モルドヴィン人、ウドムルト人、マリ人などはむしろ減少している。(5) また、独立した旧ソ連諸共和国の基幹民族についてみると、ウクライナ人、ベラルーシ人は減少している――これは「本国」への帰還のせいだけでなく、ロシア人への民族帰属変更のせいもあるとみられる――が、逆にアルメニア人、アゼルバイジャン人、グルジア人、タジク人は増大した。後者のグループは、これらの民族の「本国」が政情不安定であるためにロシアに大量流入した部分が大きいとみられる。最後に、ドイツ人およびユダヤ人は大量出国のために急激に減少した。(6)

表1・1　ロシア共和国／ロシア連邦の人口の民族別内訳

	1989年		1994年	1999年		2002年	
	1000人	%	%	1000人	%	1000人	%
ロシア人	119,866	81.53	82.95	117,883	80.54	115,889	79.83
タタール人	5,522	3.76	3.77	5,821	3.98	5,555	3.83
ウクライナ人	4,363	2.97	2.35	4,302	2.94	2,943	2.03
バシキール人	1,345	0.91	0.94	1,473	1.01	1,673	1.15
チュヴァシ人	1,774	1.21	1.17	1,837	1.25	1,637	1.13
チェチェン人	899	0.61	n.d.	1,085	0.74	1,360	0.94
アルメニア人	532	0.36	0.49	875	0.60	1,130	0.78
モルドヴィン人	1,073	0.73	0.64	1,027	0.70	843	0.58
アヴァール人	544	0.37	0.41	657	0.45	814	0.56
ベラルーシ人	1,206	0.82	0.66	1,152	0.79	808	0.56
カザフ人	636	0.43	0.39	691	0.47	654	0.45
ウドムルト人	715	0.49	0.49	727	0.50	637	0.44
アゼルバイジャン人	336	0.23	n.d.	463	0.32	622	0.43
マリ人	644	0.44	0.41	669	0.46	604	0.42
ドイツ人	842	0.57	0.54	585	0.40	597	0.41
カバルダ人	386	0.26	0.27	433	0.30	520	0.36
オセチア人	402	0.27	0.32	470	0.32	515	0.35
ダルギン人	353	0.24	n.d.	431	0.29	510	0.35
ブリャート人	417	0.28	0.31	457	0.31	445	0.31
ヤクート(サハ)人	380	0.26	0.30	432	0.30	444	0.31
クムィク人	277	0.19	0.20	328	0.22	422	0.29
イングーシ人	215	0.15	0.17	262	0.18	413	0.28
レズギン人	257	0.17	0.20	330	0.23	412	0.28
コミ人	336	0.23	0.24	330	0.23	293	0.20
トゥヴァ人	206	0.14	0.14	239	0.16	243	0.17
ユダヤ人	537	0.37	0.27	308	0.21	230	0.16
グルジア人	131	0.09	n.d.	173	0.12	198	0.14
カラチャイ人	150	0.10	n.d.	169	0.12	192	0.13
ジプシー(ロマ)人	153	0.10	n.d.	n.d.	n.d.	183	0.13
カルムィク人	166	0.11	n.d.	178	0.12	174	0.12
モルドヴァ人	173	0.12	n.d.	188	0.13	172	0.12
ラーク人	106	0.07	n.d.	123	0.08	157	0.11
朝鮮人	107	0.07	n.d.	n.d.	n.d.	149	0.10
タバサラン人	94	0.06	n.d.	119	0.08	132	0.09
アドィゲ人	123	0.08	n.d.	130	0.09	129	0.09
コミ＝ペルミャク人	147	0.10	n.d.	146	0.10	125	0.09
ウズベク人	127	0.09	n.d.	138	0.09	123	0.08
タジク人	38	0.03	n.d.	65	0.04	120	0.08
バルカル人	78	0.05	n.d.	87	0.06	108	0.07
総人口	147,022	100	100	146,369	100	145,167	100

＊　2002年時点で人口10万以上の民族を挙げ，2002年における人口の多い順に並べた．なお，1994年は部分的調査なので絶対数は与えられていない．

(典拠)

1989：Национальный состав населения СССР. М., 1991, с. 28-33.

1994：Российский статистический ежегодник. М., 1996, с. 45.

1999：Социологические исследования, 2001, № 10, с. 91(Д. Д. Богоявленский).

2002：Итоги Всероссийской переписи населения 2002 года. том 4(Национальный состав и владение языками, гражданство). Книга 1. М., 2004, с. 7-19.

2　独自の「連邦制」

国家構造の観点からいえば、ソ連邦の一部だったロシア共和国自体が、ソ連邦とは違う意味においてではあるが、ある種の「連邦」だった点が重要である。もっとも、ソ連邦とロシア共和国が完全に相似形というわけではない。そのことを本書では「ズレを含んだ相似形」と表現しているが、そのズレは次のような点に現われている。先ず、そもそも日本語で「連邦」と訳される語の原語が両者で異なり、ソ連は союз республик: union of republics, ロシア共和国は федеративная республика: federative republic だった。つまり、前者は複数の共和国のユニオン＝ソユーズ、後者はフェデレーション的な共和国(単数)という違いがあった(今日のロシア連邦は Российская Федерация: Russian Federation, つまり端的にフェデレーションである)。また、ソ連邦が全体として形式上対等の一五共和国の同盟という形をとっていたのに対し、ロシア共和国は、主としてロシア人が住む地域は地方《クライ》・州に分けられ、非ロシア人が集中して住む地域——といっても、今日では現地民族が少数派になっているところが多い——は自治共和国(ソ連時代の末期に一六)・自治州(五)・自治管区(一〇)をつくるということで、地域原理と民族原理の二本立てになっており、連邦原理は後者のみに適用されていた。これらのうち、一六自治共和国の全ておよび四つの自治州(唯一の例外はユダヤ自治州)、あわせて二〇の地域が一九九一年五月と七月に「共和国」と改称された(その後、九二年六月にチェチェン＝イングーシ共和国が分割されて、共和国の数は二一となった。また自治管区は二〇〇五年以降、地方・州への統合のため数が減少しつつある)。これ以外にも、現地勢力が独自に「共和国」宣言をしたところもあるが、それらは公認されなかった。

このような複雑な国家構成は、連邦制における非対称性という問題を提起する。[7] ソ連邦は一五の連邦構成共和国についていう限り、少なくとも形式上は対等という意味で対称的連邦制——但し、実質的にはロシアの比重が圧倒的に大きいという非対称性をもつ——だったが、その中に自治共和国・自治州・自治管区が点在しているため、局部的に非対称性を含んでいた。これに対し、ロシア共和国の場合、ロシア人地域は地域原理で行政区分がつくられる一方、民族地域についてのみ自治が設定されるということで、非対称性がより明白になっていた[8](ついでにいうと、中国の場合、全体としては連邦制をとらず、部分的に民族的自治地域があるという点で、ロシア共和国の型に似ている)。このような複雑な形がとられたのは、極度に多様な民族が存在し、その規模、歴史的経緯なども大きく異なるため、均質的な国家構造をつくることが至難だったという背景がある。

このように多数の民族自治地域を内に含むため、ロシア共和国は「狭義のロシア人(ルスキー)の国民国家」という性格を明確にすることができなかった。他のソ連邦構成共和国はそれぞれ基幹民族を中心とする国民国家という体裁をとったのに対し、ロシア共和国のみは多民族連邦として位置づけられ、国名における「ロシア」もエスニックなロシア人を指す「ルスカヤ」ではなく、より広い範囲を指す「ロシースカヤ」がとられた。このような構造が確定されたのは、一九二二年のソ連邦形成から一九二四年憲法制定に至る過程を通してのことである。この過程全般については前著『国家の構築と解体』第一章で論じたところだが、このときヴォルガ・タタールのスルタンガリエフは、ソヴェト諸共和国の同盟にはロシア共和国、すべての自治共和国、元の独立ソヴェト共和国、すべての自治州が入るという風にすべきだとして、事実上ロシア連邦共和国の解体を主張した[9]。彼自身の狙いはタタールをはじめとする非ロシア諸民族の地位向上にあったとはいえ、もしこの提案が実現されるなら、少数民族地域を除いたロシア人だけの国民国家が生まれるということを含意した。これに対し、スターリンはこの提案に従うなら狭義のロシア人(ルスキー)の中央執行委員会や人民委員会議ができることになるが、それは混乱のもとだという理由でこれを退け[10]、その結果、ソ連の諸民族のうちロシア人だけは固有の国民国家をもたないという構造が確定した。その背後にあったのは、もしロシア固有の(ルスキーの)国家機関をつくるなら、モスクワに二つのセンターができ、ロシア機関がソ連機関に対抗する位置を占めることになりかねないという危惧である。[11]このような政策の帰結として、ロシア(ロシースカヤ)共和国の各地には様々な少数民族のための施設・機関がおかれる一方、共和国中央機関がロシア民族(ルスキー)固有の利益を公然と主張することは抑制されるという一見奇妙な関係が生じた。[12]党組織においても、共和国レヴェルの党組織を統轄する機関がロシアについてのみ設置されなかったのは前著『国家の構築と解体』第二章でみたとおりである。このような構造は後に微妙な変化を被り、「ロシア共和国のロシア化」ともいうべき趨勢が進んだが、それは徹底したものとはならず、「ロシア国家」の創設という課題はペレストロイカ後期のエリツィン政権成立まで持ち越されたのである。[13]

ロシア内自治地域の人口の規模についていうと、後に「共和国」を名のるにいたった二〇地域のうち、最小のゴルノ＝アルタイ(一九九二年五月にアルタイ共和国と改称)が一九八九年に一九万人、最大のバシコルトスタン(元のバシキール自治共和国)が三九五万人であり、一〇〇万を超えるのは、その他、人口の多い順にタタルスタン(元のタタール自治共和国)、ダゲスタン、ウドムルト(ここまではエストニアよりも人口が多い)、チュヴァシ、チェチェン＝イングーシ、コミ、ヤクート(サハ)、ブリャートの九つである。自治州・自治管区は概してこれより規模が小さいが、ハンティ＝マンシ自治管区は一〇〇万を超える。[14]

どの自治地域も複雑な民族構成をもっており、自治共和国や自治州の名のもとになっている民族(いわゆる「基幹民族」)が住民の多数派であるわけではない。ロシア共和国／ロシア連邦内の自治地域を、ロシア人と基幹民族の人口比で分類すると、**表1・2**および**表1・3**のようになる。まとめていえば、一九八九年には三一自治地域のうちロシア人が人口の過半数のところと相対一位のところをあわせると二一、基幹民族が過半数ないし相対一位のところは一〇だったのに対し、二〇〇二年には三二自治地域がそれぞれ一九と一三に分かれる。ソ連解

表1・2　ロシア共和国内の自治共和国・自治州・自治管区の人口の民族構成による分類(1989年)

人口構成による分類	該当する自治地域	
	数	名称
ロシア人が8割以上	1	ユダヤ
ロシア人が7割以上	2	ハカス，カレリヤ
ロシア人が6割以上	10	アドィゲ，ブリャート，エヴェンキ，タイムィル，ハンティ＝マンシ，チュコト，ネネツ，コリャーク，モルドヴィン，ゴルノ＝アルタイ
ロシア人が5割以上	5	ヤマロ＝ネネツ，ウドムルト，コミ，ウスチ＝オルディンスキー＝ブリャート，ヤクート(サハ)
ロシア人が相対第1位	3	バシコルトスタン，マリ，カラチャイ＝チェルケス
基幹民族が相対第1位	4	ダゲスタン[1]，カバルダ＝バルカル[2]，カルムィク，タタルスタン
基幹民族が5割以上	3	チェチェン＝イングーシ[3]，アギンスキー＝ブリャート，北オセチア
基幹民族が6割以上	3	チュヴァシ，トゥヴァ，コミ＝ペルミャク

1)　ダゲスタンではアヴァール人が相対1位ということでこの欄に入れたが，ダゲスタン諸民族の合計では7割以上となる．

2)　カバルダ人の比率からここに分類したが，バルカル人との合計では5割以上になる．

3)　チェチェン人の比率からここに分類したが，イングーシ人との合計では7割以上になる．

(典拠)

Национальный состав населения СССР. М., 1991, с. 34-49.

体後にロシア人優位の度合いが多少下がったとはいえ[15]、全体としては、ロシア人優位の趨勢がなお残っていることが明らかである。こうした人口状況は、他の多くの諸要因――言語面でのロシア語の優勢、経済的自立性の弱さ、独自の民族エリートの乏しさ、擬似的にもせよ「国家」らしきものを運営した経験(元の連邦構成共和国にはともかくもこれがあった)の欠如等々――ともあいまって、ロシア内部の少数民族地域の独立を困難にする要因となっている。

民族の「本拠地」への集中度は、**表1・4**に示されている。これをみると、ロシア内に自治地域をもつ諸民族のうち、四民族が九割以上、一〇民族が八割以上、一二民族が七割以上と、比較的集中度の高い民族が多数を占める。逆に、集中度が低い――つまり、ディアスポラが多い――のは、アゼルバイジャンにも本拠地のあるレズギン

表1・3　ロシア連邦内の共和国・自治州・自治管区の人口の民族構成による分類(2002年)

人口構成による分類	該当する自治地域	
	数	名称
ロシア人が8割以上	2	ユダヤ，ハカス
ロシア人が7割以上	1	カレリヤ
ロシア人が6割以上	7	アドィゲ，ウドムルト，モルドヴィン，ブリャート，エヴェンキ，ハンティ＝マンシ，ネネツ
ロシア人が5割以上	7	アルタイ，ヤマロ＝ネネツ，コミ，タイムィル，ウスチ＝オルディンスキー＝ブリャート，チュコト，コリャーク
ロシア人が相対第1位	2	バシコルトスタン，マリ
基幹民族が相対第1位	3	ダゲスタン[1]，カラチャイ＝チェルケス，ヤクート(サハ)
基幹民族が5割以上	4	タタルスタン，カバルダ＝バルカル[2]，カルムィク，コミ＝ペルミャク
基幹民族が6割以上	3	北オセチア，チュヴァシ，アギンスキー＝ブリャート
基幹民族が7割以上	2	イングーシ，トゥヴァ
基幹民族が9割以上	1	チェチェン

1)　ダゲスタンではアヴァール人が相対1位ということでこの欄に入れたが，ダゲスタン諸民族の合計では7割以上となる．
2)　カバルダ人の比率からここに分類したが，バルカル人との合計では6割以上になる．
(典拠)
Итоги Всероссийской переписи населения 2002 года. том 4(Национальный состав и владение языками, гражданство). Книга 1. М., 2004, с. 25–122.

人などを別にすれば、ユダヤ人、タタール人(バシコルトスタンなどに多い)、モルドヴィン人、バシキール人(タタルスタンなどに多い)など、比較的わずかである。つまり、ある「民族地域」において基幹民族が少数になっているとしても、それはその民族がそこにあまり住んでいないからではなく、そこに集中して住んではいるが、それでも絶対数が少ないために住民の多数派になれない場合が多いということである。

前著『国家の構築と解体』序章で、ソ連の連邦制をめぐる一連の問題には、「民族問題」として捉えられる側面と「非エスニックな中央・地方関係(政府間関係)」として捉えられる側面の複合性があることを指摘した。ロシア共和国／ロシア連邦の場合、上記の人口状況からして、ソ連の場合に比べ、前者の比重が相対的に低くなる傾向がある。それでも、国家構造に「民族自治」の要素を取り入れている以上、「民族問題」としての色彩が皆無ということもできない。

表1・4　ロシア共和国内に自治共和国・自治州・自治管区をもつ民族がそれらの自治単位内に住む比率(ソ連全体における当該民族の総人口を分母とする)　(1989年，単位%)

トゥヴァ人	96.0	
ヤクート(サハ)人	95.6	
カバルダ人	93.0	
カラカルパク人	91.9	
ネネツ人	85.9	(ヤマロ＝ネネツ，ネネツ，タイムィル〔ドルガン＝ネネツ〕各自治管区の計)
コミ人	84.6	
カルムィク人	84.2	
アルタイ人	83.5	
バルカル人	83.2	
カラチャイ人	83.0	
アヴァール人	82.5	(ダゲスタン自治共和国)
クムィク人	82.2	(ダゲスタン自治共和国)
ブリャート人	81.0	(ブリャート自治共和国，ウスチ＝オルディンスク自治管区，アギンスキー＝ブリャート自治管区の合計)
タバサラン人	80.2	(ダゲスタン自治共和国)
チュクチ人	78.5	
ハカス人	78.3	
ラーク人	77.6	(ダゲスタン自治共和国)
マンシ人	77.6	
チェルケス人	76.9	
チェチェン人	76.8	
ダルギン人	76.8	(ダゲスタン自治共和国)
アドィゲ人	76.5	
アグル人	73.6	(ダゲスタン自治共和国)
ルトゥル人	73.4	(ダゲスタン自治共和国)
ドルガン人	71.2	
コリャーク人	71.1	
イングーシ人	69.0	
オセチア人	66.9	(北オセチア自治共和国56.0，南オセチア自治州10.9の合計)
ウドムルト人	66.5	
コミ＝ペルミャク人	62.7	
カレリヤ人	60.3	
バシキール人	59.6	
ハンティ人	52.8	
チュヴァシ人	49.2	
マリ人	48.3	
レズギン人	43.9	(ダゲスタン自治共和国，なおアゼルバイジャンに36.8)
ノガイ人	37.6	(ダゲスタン自治共和国)
モルドヴィン人	27.2	
タタール人	26.6	
ツァフル人	26.0	(ダゲスタン自治共和国，なおアゼルバイジャンに66.7)
エヴェンキ人	11.5	
ユダヤ人	0.6	

(典拠)
Национальный состав населения СССР. М., 1991, с. 142-156.

つまり、無条件に「民族問題」だとはいえないが、かといって「民族」の要素を完全に無視することもできないような、そういう微妙な対象が本章の主題ということになる。

第二節　ペレストロイカ後期におけるロシア共和国の内部問題

ペレストロイカ期ソ連における自治地域の位置づけおよびそこにおける民族運動への対応の問題が注目され始めたのは、連邦構成共和国とりわけバルト三国やザカフカース諸国に比べるなら、相対的に遅かった。(16) もっとも、いくつかの地域で早い時期に民族運動が登場した例もなかったわけではないが、それらは当時の中央政界ではあまり注目されず、外部世界にもほとんど知られなかった。これらの地域の問題がクローズアップされだすのは、ソ連邦全体での民族問題が政治の中軸をなすようになった一九八九年後半以降のことである。

1　問題の浮上

ソ連全体の大きなフォーラムで自治共和国・自治州・自治管区の問題が大きく取りあげられる最初の場となったのは、民族政策を主要議題とした一九八九年九月のソ連共産党中央委員会総会である(17)(なお、ここでの討論はロシア共和国だけに関わるものではなかったが、自治共和国・自治州・自治管区はロシア共和国に特に多いので、ソ連全体について一般的に論じても、主にロシア共和国内部の地域の問題という性格を帯びる)。民族問題に関する中央委員会政綱は、その一節で自治地域問題に触れ、その権限拡大に言及した。(18) このとき自治地域の問題が取り上げられたのは、連邦構成共和国の民族運動牽制の意図が中央にあったためとも考えられなくはないが、この段階での中央の方針はまだ漠然としたものにとどまっていた。ゴルバチョフはその報告で、一部の自治共和国から連邦構成共和国化の要求が出ていることに触れたが、諸民族の権利を拡大し、それを実質的に保障することが重要だと述べるにとどまり、具体的な対応は示さなかった。[19] 総会討論においては、ウスマノフ・タタール州委員会第一書記が、自治共和国の連邦構成共和国への格上げ、あるいは両者の区分の撤廃論には十分な理由があると述べて、自治地域の地位向上論を代弁した。[20] これに対して、ニシャノフ――少し前までウズベク共産党第一書記だったが、六月にソ連最高会議民族院議長になっていた――は、この提案は考慮に値するが、熟慮が必要であり、急ぎすぎは不可であるとして、慎重論を唱えた。[21] 連邦構成共和国を牽制するために自治共和国・自治州などを利用しようという思惑がいつ頃からソ連中央で有力になったのかは微妙な問題だが、[22] このニシャノフ発言は、この時期にはまだそれほど明確な政策がなかったことを示唆する。

一九九〇年四月のソ連権限区分法採択過程[23]では、自治地域の地位が最大の論争点となった。ソ連最高会議における討論では、自治共和国・自治州・自治管区の代表が次々と立って、自治地域の地位向上を訴えた(細かくいうと、自治共和国と自治州・自治管区の間にも立場の違いがあり、両者の間で若干の論争があったが、ここでは立ち入らない)。自治地域からの意見の例としては、次のようなものがあった。自治共和国がそれまで属していた連邦構成共和国から脱退してソ連直接加盟となる権利を認めよ。[24] 法案は自治地域の主権を認めていないが、そのことは自治地域の反撥を招き、かえって遠心傾向を刺激するだろう。多くの自治共和国が自らを連邦構成共和国と宣言するだろうが、諸民族がそれを勝手に行なう前に、われわれが先手をとって自治地域の権限を上昇させねばならない。[25] 自治共和国に「主権」の語をつけよ、等々である。[26] 他方、自治地域の地位向上に消極的な意見としては、次のようなものがあった。自治地域を「連邦主体」とするのは正しくない。連邦構成共和国の内部事情に干渉せず、共和国内少数民族問題はその共和国自身に決めさせるべきだ。[27] どの領域も多民族的なので、自治地

域に主権を与えることは新たな少数民族を生む、等々である。(28)

このような論争の中で、中央指導者たちは、連邦構成共和国と自治地域の「格」の相違は正当化されるかという問いは難しい問題であり、歴史の結果としてそうなっていると述べるにとどまって、正面からの回答を回避した。(29)自治地域に「主権」を認めるべきだとの声に押されたタラゼヴィチ民族政策委員会議長は動揺して、「主権をもつ」という規定の仕方もありうると述べたが、ルキヤーノフ最高会議議長が口を挟んで、それはだめだ、「主権」と書いたら自治地域ではなくなってしまう、と述べた。(30)ルキヤーノフは、民族《ナロード》の主権と国家的地位は別の問題だとして、次のように続けた。あらゆるナロードは自由で主権的だが、連邦におけるメンバーの位置は異なる。いまこの爆発性の問題に触れるなら、すべてを破壊してしまうだろう。(31)このやりとりから、中央指導部に統一された方針がなかったこと、後に自治地域に肩入れする張本人といわれるようになるルキヤーノフがこの時点ではまだそういう態度をとっていなかったことが明らかとなる。自治共和国について「主権」の語を入れるか否かは紛糾したが、結局、「主権」という言葉を入れない代わりに、自治共和国を「連邦主体」と明記し、連邦および連邦構成共和国に委ねられた以外のあらゆる国家権力を持つ、また自治共和国・自治州・自治管区の連邦構成共和国との関係は協定・条約によるという修正案が採択された。(32)

自治共和国の地位を高めて連邦構成共和国並みにすべきであるという論点は、この後も大きな争点であり続けた。自治地域と連邦構成共和国の間に利害対立があるため、「敵の敵は味方」の論理により、前者とソ連中央が結びつく傾向があらわれ、中央が自治地域を意図的に利用するというような関係もしばしば取りざたされた。もっとも、九〇年四月の討論の記録をみる限り、中央の代表者は連邦構成共和国と自治地域の双方に手を焼いており、後者を「利用」するという余裕はなかったようにみえるが、ロシア政権の側は、その後、この権限区分法こそが自治地域を連邦中央に引きつけて共和国に対抗させる陰謀の出発点だったと主張するようになる。(33)その時点

における ソ連中央の意図はともあれ、その後のロシア政権の側からみれば、ロシア内の自治地域の主権主張はロシア政権の立場を苦しくするから、それがソ連中央の陰謀であるかに映るのは無理からぬところがあった。

2　ロシア主権宣言と内部の自治地域問題

ロシアの主権宣言採択

こうしてソ連全体で自治共和国・自治州・自治管区の地位向上が問題になりだす中で、ロシア共和国レヴェルでも、一九九〇年三月のロシア共和国人民代議員および地方ソヴェト選挙、それをうけた第一回ロシア人民代議員大会(五月一六日―六月二二日)と新しいロシア最高会議発足という過程の中で、この問題がクローズアップされ始めた[34]。新たに発足したロシア政権(エリツィン最高会議議長)とソ連政権は、相互の対抗関係の中で、いずれもロシア内自治地域を自らの側に獲得しようと張り合い、自治地域への働きかけをそれぞれに展開した。こうして、自治地域はソ連中央政権とロシア政権の双方から誘いをかけられ、《ソ連vs.ロシア》の対抗関係に巻き込まれていった。

第一回ロシア人民代議員大会で、主権に関するヴォロトニコフ報告に対抗する演説を行なったエリツィンは[35]、ロシア内部の連邦主体の間の関係は条約に基づいて規制されるとして、ロシアの連邦条約に言及した(以下では、ソ連レヴェルで準備されつつあった連邦条約〔союзный договор; union treaty〕とロシア共和国レヴェルの連邦条約〔федеративный договор; federative treaty〕を区別するため、前者を「連邦条約U」、後者を「連邦条約R」と記す)。このエリツィン演説ではまた、連邦主体は民族的自治単位だけでなく領域的自治単位も含むとして、地方《クライ》・州にも連邦主体としての地位を付与する考えが示唆された[36]。

この大会のロシア主権宣言をめぐる討論の過程では、自治地域の位置づけの問題が大きな争点となった。そこにおいては、①自治地域代表からの地位上昇・権限拡大要求、②ロシア人地方《クライ》・州からの自治地域との同権化要求、③分権化の行き過ぎがロシアの解体につながることを危惧し、ロシアの一体性維持を重視する声、という三通りの立場が表出され、いわば三つ巴の対抗構図になった。(37) 一部では、自治共和国はロシア連邦共和国からの脱退の権利をもつべきだとする声も出た。(38) このように多様な意見が噴出して、討論は紛糾したが、最終的にエリツィンが「人民代議員大会は、自治共和国・自治州・自治管区、また地方・州の権利を大幅に拡大する必要性を確認する。具体的には法律で定める」という折衷案を提出し、この文案が賛成七八〇、反対九三、棄権二五で可決され、すぐ続いて宣言全体が採択された(六月一二日)。(39) この文言は、自治地域からと地方・州からの要求のぶつかり合いの中で双方の権限拡大を約束し、具体的内容はぼかすもので、妥協の産物という性格をもっていた。

採択された主権宣言は連邦条約Rへの言及を含んでいなかったが、大会終盤で採択された今後の立法予定に関する決定は、ロシア共和国の連邦体制および連邦条約Rに関する法律の準備を指示した。(40) このようにして条約作成の方針が確定されたのをうけて、七月一七日のロシア最高会議幹部会決定は、連邦条約R締結作業のために、各地の代表を含む連邦評議会を形成することなど一連の手順を示した。(41) 八月六日の幹部会決定は、連邦条約Rの最優秀案を募る公開コンクールの開催を決定した。(42) その少し後の論文で、ロシア最高会議共和国院議長のイサコフは、連邦条約Uと連邦条約Rの関係および後者の内容について述べる中で、ロシア連邦を自治共和国・地方《クライ》・州などの同盟として、すべてを対等の条件におくのか——この場合、ロシアは中世のような「分領公国」に分割され、ロシアというものがなくなってしまうと論者は危惧する——それとも、ロシア人の国家としてのロシア(Россия - государство русского народа)と非ロシア諸民族とが同盟するのか、という論点を提出した。(43) これはその後一貫して残る大きな論争点に関する先駆的問題提起だった。

ロシア内自治地域の主権宣言

ロシア主権宣言の採択は、二重の意味でロシア内の自治地域を刺激した。第一に、この宣言はソ連全体の法秩序・権限区分を大きく動揺させ、関係者の合意抜きで特定の当事者が独走するという前例を最大の共和国政権がつくったことを意味したため、他のアクターも一斉に権限および資産の分割に走り始め、その過程に自治地域も加わるようになった。第二に、ロシア主権宣言をめぐる討論過程で自治地域と地方《クライ》・州の関係が争点として浮上し、連邦条約Rの作成が始まったことは、より直接に自治地域を政治過程に巻き込んだ。

第一回ロシア人民代議員大会閉幕後、エリツィンは八月にロシア各地を地方遊説し、内部の自治地域の自立の動きに理解を示すポーズを取った。彼はソ連政府がバルト諸国の独立宣言に対してとったような誤りを繰り返したくないと述べ、自治共和国の側が自発的にロシア共和国に委ねる権限のみを受け取る――「取りたいだけのものを取れ」「ほしいだけ飲み込め」――という態度を表明した。[44] アブドゥラチポフ最高会議民族院議長も、このエリツィンの言葉を肯定的文脈で引用した。[45] もっとも、エリツィンの発言は時によって揺れており、地方遊説からモスクワに帰ったときの発言では、タタールはロシアの一部として残る、タタールはロシアを通して全連邦的諸問題の解決に参加する、と述べた。[46]

こうした状況の中で、自治共和国・自治州なども次々と主権宣言を採択し始めた。**表1・5**にみられるように、ロシアの自治地域の主権宣言採択は六月のロシア主権宣言後に始まり、特に八―一〇月に集中していて、エリツィンの地方遊説発言が大きなきっかけとなったことが窺われる。このような自治地域からの主権要求の高まりに対するロシア中央の態度は二面的だった。一方では、夏のエリツィン発言に象徴されるように、自治地域を味方に引きつけるため、それらに好意的なポーズをとろうとしたが、他方では、ロシアの一体性保持の観点から自治

表1・5　ロシア内部の自治地域の主権宣言の日付

元の自治共和国	元の自治州	自治管区
1990年		
北オセチア(7.20)*		
カレリヤ(8.9/10)		
	ハカス(8.15)	
コミ(8.29/30)		
タタルスタン(8.30)		
ウドムルト(9.19/20)		
ヤクート(サハ)(9.27)		
		チュクチ(9.29)
	アドィゲ(10.5/7)	
ブリャート(10.8/10)		コリャーク(10.8/9)
バシコルトスタン(10.11)		コミ＝ペルミャク(10.11)
カルムィク(10.18)		ヤマロ＝ネネツ(10.16/18)
マリ・エル(10.22)		
チュヴァシ(10.24)		
	ゴルノ＝アルタイ(10.25)	
チェチェン＝イングーシ(11.27)		
モルドヴィン(12.7)		
トゥヴァ(12.12)		
北オセチア(12.26)*		
1991年		
カバルダ＝バルカル(1.30)		
ダゲスタン(5.13)		
	ユダヤ(11.5)	

＊　北オセチアは7月20日に自治共和国としての主権宣言を採択したが，12月26日に国名から「自治」の語を削る改正を行なった.

(典拠)

Report on the USSR, 1990, no. 45, pp. 24-25；上野俊彦『ポスト共産主義ロシアの政治』日本国際問題研究所, 2001, p. 123；小杉末吉「タタルスターン共和国国家主権宣言について」(1)『比較法雑誌』第31巻第2号(1997), p. 111などのデータを総合して作成. 典拠によって日付が食い違っている場合は併記した. また，厳密には性格の微妙に異なるものも含まれるが，便宜上それらを一括した(但し，正規の国家機関でない団体・運動が「主権」を宣言したものは含めていない). なお，タタルスタンについては第2章，チェチェン＝イングーシおよび北オセチアについては第3章を参照.

地域の主権化への抵抗感も強かった。その背後には、ロシア共和国に存在する多数の民族地域の遠心化傾向をそのまま容認することは国の空中分解につながりかねないという危機感があった。ミグラニャンは、ロシア共和国は自らが主権宣言を発することによってロシアそのものの分解傾向に道を開いたと指摘した。[47] シャフライも、ソ連邦中央はロシアを分割するために自治共和国を利用したが、ロシア指導部も中央との競争で「主権」をばらまくという誤りを犯したと述べ、事実上、エリツィン発言を取り消そうとした。[48] エリツィン自身は九一年三月に、自治共和国が取りたいだけのものを取るようにとの発言を取り消すつもりはないと述べたが、但し自治共和国が連邦条約Ｒに参加するという条件付きだと付け加えて、事実上の修正を試みた。[49] こうして、「取りたいだけのものを取れ」発言は内部共和国の分離運動をあおる失言だという見方が、ロシア政権中央でも次第に広まっていった。[50] 当時エリツィンの副官だったハズブラートフ・ロシア最高会議第一副議長(民族的にはチェチェン人)は自治共和国・自治州の独立志向について、一面で「下から上へ」の原則を支持しながらも、他面で民族地域における非現地民族の権利も尊重されなければならず、また自治共和国や自治州となっていない地方・州も同権をもたねばならないとして、むしろ釘をさす姿勢を示した。[51] この発言は自治地域の側の激しい反撥をよんだ。[52]

今みたようなロシア権力の態度の二面性の背景として、論理的一貫性にこだわらず、その局面ごとに人気を博しそうな発言を場当たり的に打ち出すエリツィンのリーダーシップの特徴がまず挙げられるが、それにとどまらない構造的要因も考慮せねばならない。当時のエリツィンおよび「民主派」はソ連中央に対しては「反権力」「破壊者」としてふるまいながら、ロシア共和国内においては「権力者」「秩序維持者」になるという二重性をもっていたが、「破壊者」としては自治地域との関係でも遠心力を最大限に煽るのが得策である一方、「秩序維持者」としてはそれに歯止めをかけねばならなかった。この二面性はソ連解体までのロシア政権に一貫してつきまとい、ソ連解体確定後には「秩序維持者」へと純化することになる。[53]

ロシア内自治地域の状況はもちろん地域ごとに異なるが、概していえば、下からの大衆的民族運動は相対的に弱かった。それは、基幹民族の人口比率の低さ、言語・文化面でのロシア化の進行、経済的自立の展望の弱さなどといった要因による。そうした背景のもと、自治地域の主権宣言のイニシャチヴをとったのは、ペレストロイカに伴う政治的流動化の中で政治的基盤再構築の道具として主権宣言を利用しようとした各地の権力エリートである。彼らの主たる要求は、自治共和国という地位から連邦構成共和国への昇格であり、ソ連からの独立論や連邦解体論ではなく、むしろソ連体制維持を前提していた。更に、ソ連中央とロシア政権がそれぞれに自治地域を自分の側に引きつけようとしたことは、現地エリートが漁夫の利を狙うことを可能にし、外見的に急進的な主権要求にお墨付きを与える効果をもった。こうした事情を念頭におくなら、自治地域指導部の主権志向は単純に「民族主義」のあらわれとはいいがたい。しかし、彼らによる「民族的」要求利用の試みが大衆レヴェルでの民族主義を煽った面もあり、「民族」の色彩を完全に捨象することもできない。

自治地域指導部の主張がロシア中央に対抗的な性格を帯びるのに対応して、ロシア政権を支える「民主派」は、その背後にソ連中央の陰謀をかぎつけた。自治共和国などの主権宣言は、ソ連中央がロシア共和国政府と対立させるために意識的に煽っているのだとみなすような観測がそれである。(54) 確かに、自治地域指導者たちの多くは、当時の政治の文脈では、反ロシア＝反エリツィンである分、相対的にソ連中央寄りで「保守的」な傾向を示しがちだった。しかし、だからといって、全てを「保守派の陰謀」に帰するのは単純に過ぎる。一九二〇年代初頭のソ連邦形成時の論争（前述一二頁参照）とアナロジーするなら、自治共和国などのソ連への直接参加論はかつてのスルタンガリエフらの主張を彷彿させるのに対し、ロシア共和国解体を危惧してこれに反対するエリツィン陣営（特にシャフライ）の主張はスターリンの立場と同じ方向性をもっていた。

3　ロシアの新憲法案および連邦条約問題

第一段階――一九九〇年代後半から九一年初頭にかけて

ロシア共和国の国家構造――ソ連とは異なる意味での「連邦制」――をいかに再編すべきかという問題は、ロシア新憲法案作成過程においても大きな論点をなした。一九九〇年一一月に公表された二つの草案――「民主派」主導の憲法委員会による公式案と、会派「ロシア共産主義者」の案――は、それぞれ次のような形で連邦体制を規定した。(55) まず、公式案の第四章は連邦体制について「対等の共和国という憲法的地位をもつ民族的および地域的単位」と「連邦領」という二つの地位を規定している。「民族的および地域的単位」という表現は、民族地域だけが「共和国」となるのではなく、ロシア人地域(従来の地方《クライ》・州)も「共和国」になることを想定するものと解釈できる。(56) つまり、民族地域であると否とにかかわりなくロシア全体を「共和国」(複数)の連邦とし、それとは別に、一部に「連邦領」(連邦直轄地域)をおくという構想である。(57) また、この憲法案は連邦条約Rに言及しておらず、むしろ憲法自体で各構成要素の権限を定める発想に立っている。これに関連して、憲法委員会書記ルミャンツェフの論文は次のように述べた。連邦主体は一種類のみであり、民族的＝領土的単位もロシア固有の地も同一の権利をもつ。部分ごとの主権などはあり得ず、国家主権をもつのは全体としてのロシア連邦のみである。連邦条約Rは、高貴な言葉の陰でロシア解体という汚い目的を追求する道具と化すおそれがあるので、採るべきでない。(58) まとめるなら、民族地域とロシア人地域の同権化、内部共和国の主権性の否定、連邦条約Rについて否定的な評価、といった点が主な特徴ということになる。なお、憲法委員会は大勢としてはいわゆる「民主派」主導だが、「民主派」の中でも連邦体制に関しては意見が大きく割れており、この憲法案はロシアの国家的一体性維持を重視するルミャンツェフ書記——彼はこの後も一貫して連邦条約R不要論である——らの立場を反映していた。

他方、共産党案の第一〇章は、民族地域とロシア人地域を分け、前者のみに連邦原則を規定する従来の構造を受け継ぎながら、いくつかの点で新機軸を導入しようとした。民族地域は、「ソヴェト社会主義共和国」(従来の「自治共和国」を名称の上で昇格させた)、「自治地域」、「民族地区」に分かれ、前の二つが「連邦主体」とされる。ロシア人地域は、従来通り地方《クライ》・州とされ、「連邦主体」とはされないが、ただ財政・経済面および社会・文化の領域では共和国と対等とされ、実質上の接近を図っている。そして連邦主体の法的地位は連邦条約Rによって決定されるとして、権限分配の具体化は連邦条約Rに委ねている。

これら二つの憲法草案の連邦制に関わる対立点は、次のようにまとめられる。一つは、連邦構成単位をどのように規定するかという問題であり、憲法委員会案は基本的にすべての単位を「共和国」ないし「ゼムリャー(邦)」(ドイツのラントに相当する)として統一するのに対し、共産党案は共和国・自治地域・民族地区・地方・州といった異なった名称を維持し、そのうちの共和国と自治地域のみを連邦主体とする——但し、実質上の権限については地方・州についても共和国への近接化を図る——という差がある。もう一つは、連邦条約Rを予定するか否かという問題であり、この点に関しては、第一回ロシア人民代議員大会が連邦条約R方針を採択したにもかかわらず憲法委員会案は消極的で、共産党案の方が積極的という形になっている(59)。公式案は、民族共和国の特権性を否定してロシア人地域と同権化する点でも、また連邦条約Rを否定する点でも、自治共和国などの要求に逆行するものだったという点が注目される。

一九九〇年一二月の第二回ロシア人民代議員大会は、新憲法案そのものを議題とはしなかったが、現行憲法の一部改正を行ない、連邦構造に一定の変化をもたらした。自決権を含む諸民族の主権的権利を尊重すること、内部共和国・自治州・自治管区の主権宣言を肯定的に評価することがうたわれ、連邦条約Rの作成に取り組むことが確認された。これとともに、それまでの自治共和国の「共和国」への呼称変更の方針も確認された。[60]以後、これらの地域の正式名称は「共和国」となるが、最近まで「自治共和国」だったという意味で「(旧)自治共和国」という表現も併用される。

先にみたように、ロシア政権中央の自治地域に対する態度には二面性があり、特に憲法委員会作成の新憲法案は自治地域の要求に対して冷たい姿勢を示していたが、そのことは自治地域の側からの反撥を招いた。第四回ソ連人民代議員大会(一九九〇年一二月)で、バシキール自治共和国(この時点ではまだ正式名称に「自治」の語が付いている)のラヒモフ最高会議議長は次のように述べた。共和国を一級と二級とに分ける政策はもはや時代遅れであり、全共和国を対等とすべきだ。この点、連邦条約U案が連邦構成共和国と自治共和国の区別をしていないのを歓迎する。ソ連への加盟方式として直接加盟と他の共和国を通しての加盟とがあるが、どちらをとるかは当該共和国の自由選択とすべきであり、バシキール・ソヴェト社会主義共和国は主権宣言に従ってソ連に直接加盟する。これはロシアとの関係を断絶するとか、対決するという意味ではない。われわれはロシアとの対等な条約関係を望む。これはロシアが連邦中央に対して望んでいるのと同じことである。われわれはこの夏にエリツィンがタタールとバシキールで述べたことをよく覚えている。[61]

同じ場で、シャイミエフ・タタール自治共和国最高会議議長は次のように発言した。われわれは刷新された連邦に結集する諸民族の主権に賛成する。先週、わが最高会議は連邦条約U案を審議し、それを基本的に支持し、ソヴェト主権共和国同盟の創立者となる意思を表明した。われわれは連邦条約Uに、他の共和国と対等の一員として自主的に〔つまりロシアを通してではなく〕参加する。最近ロシア最高会議が採択した所有に関する法律はその領土内の全ての連邦管轄企業をロシア連邦共和国の財産と宣言したが、これは主権共和国たるわれわれの合意なしに採択されたものであり、受け入れられない。[62] このように、タタールもバシキールもともに連邦条約U直接参加論をとった。但し、そのことがロシアからの独立を意味するのかどうかについては曖昧にされていた。どちらの(旧)自治共和国においても、ロシアからの独立を説く急進民族派とロシアへの帰属を明確にすべきだとするロシア人「民主派」とが対峙している中で、共和国指導部の態度はその中間の位置を占めるものだった。

年が変わって、一九九一年一月末に、連邦条約R草案(ロシア最高会議民族院で審議され、民族問題委員会で承認されたもの)が内部共和国に送られた。その総則は、ロシア連邦は自発的に結合した主体からなるとし、その主体として、民族＝国家的単位(共和国)、行政＝領域的単位、民族＝領域的単位を挙げ、自治州・自治管区は州の資格で連邦に入る、などと規定していた。[63] しかし、タタルスタン(元のタタール自治共和国)最高会議は、ロシア中央の準備する連邦条約R草案が水平原則でなく垂直原則によっていることを不満として、これを議題として取りあげること自体を拒否した(第二章一〇六頁で後述)。またバシコルトスタン(元のバシキール自治共和国)最高会議は、この草案は民主的連邦の原則に立っておらず、事実上単一国家に等しいと、否定的評価を下した。[64]

二月のラヒモフ発言は次のように述べた。昨年八月、エリツィンは、「ほしいだけ飲み込め」と発言し、これは共和国人民に完全な自主性を与えるものとして歓迎された。これに鼓舞されて、その直後にわが最高会議は「ソヴェト社会主義共和国バシコルトスタン」を宣言した。ところが、ロシア最高会議も人民代議員大会も、まだこれを確認する決定をしていない。われわれの主権はいつまでこのような未決の状況に据え置かれるのか。エリツィンはゴルバチョフがロシアの主権をなかなか認めないといって非難しているが、そういう彼自身の内部共和国への態度はどうなのか。ソ連中央を命令主義と非難するなら、自分自身が内部共和国に対して真の民主主義を発揮し、主権の承認を急ぐのが筋ではないか。バシコルトスタンもタタルスタンも、ロシア連邦の主体というのではなく、条約に基づくロシアとの対等のパートナー関係を主張している。これはもともと一九一九年にあった関係であり、当時の「自治」は今日のそれよりもはるかに大きなものを意味した。その地位が一九二二年に奪われたのを回復するのが歴史的公正にかなう。内部共和国はロシア連邦と同様の主権国家である。ソ連の連邦条約U草案が元の連邦構成共和国と自治共和国の区別をなくし、両者を対等化しているのを歓迎する。この点に関するロシア指導部の態度は一貫していない。連邦条約U草案は、たとえどんな欠陥があるにしても、ともかく(旧)自治共和国の主権を認めている点でロシア指導部の態度よりはましであり、バシコルトスタンはこの条約案に賛成する。(65) この発言はエリツィン政権の態度の矛盾をつき、ロシア指導部よりもソ連指導部の方に好意的な態度を明確に示している。そこには一定のイデオロギー性も作用している——ロシア新憲法案が国名から「ソヴェト」「社会主義」を除いたことに疑問を呈している——が、それだけでなく、ロシアの中の共和国という位置に規定された自己利益の主張でもある。ラヒモフは四月にもほぼ同趣旨の発言をしている。(66)

ソ連の連邦条約U作成における一つの中心問題は、(旧)自治共和国を連邦構成共和国と同等の主体とするかどうかという点にあった。ソ連中央はロシアとの対抗上、(旧)自治共和国も連邦構成共和国と同等の主体として参加できるという考えに傾き、(旧)自治共和国の代表もこれに賛成したが、これに対し、ロシア共和国のハズブラートフは、そんなことをしたら(旧)自治共和国のみならず、州も地方もそれぞれ多民族的だからといって連邦の主体になることを要求し、ロシアは数十のミニ国家に分解するだろうと述べて、反対した。(67) シェロフ＝コヴェヂャーエフ(ロシア憲法委員会の連邦体制問題小委員会メンバー)も、ロシア内の共和国が同時にソ連の連邦主体ということはありえないと述べ、(旧)自治共和国のソ連への直接加盟を否定した。(68) シャフライも、ソ連中央がロシアを分裂させるために(旧)自治共和国の地位を向上させるという陰謀を仕組んでいるとして、強い警戒の念を表明した。(69) このように、ロシア政権と自治地域の立場は大きく開き、後者はむしろソ連政権に相対的に近づく傾向をみせた。

第二段階——一九九一年春—夏

一九九一年三月一七日に、ソ連邦維持をめぐる全国レファレンダムとロシア大統領制導入をめぐるロシア独自のレファレンダムとが同時に行なわれることになった際、ロシアの内部共和国がこれにどう反応するかがこの時期のロシア政治の一つの焦点となった。もともとロシア共和国レファレンダム実施委員会の二月半ばの決定によれば、設問は二つとされ、第一問は「ＲＳＦＳＲ(ロシア・ソヴェト連邦社会主義共和国)が刷新された同盟(ソユーズ)の中の単一の連邦的(フェデラチーヴノエ)・多民族的国家として維持されることを必要と考えるか」、第二問は「全人民投票によって選ばれるＲＳＦＳＲ大統領職を導入することを必要と考えるか」となっていた。(70) しかし、このうちの第一問の方は、二月二一日の最高会議幹部会決定およびそれに基づく二六日のレファレンダム実施委員会決定によって取り消された。(71) 第一問はロシア共和国の国家構造に関わるデリケートな論点であり、これを含めると内部共和国からの反対が強まるおそれがあったため、第二問の可決を優先させる見地から撤回することになったものである。(72) しかし、第一問削除後も内部共和国のロシア中央への反逆的態度はおさまらず、いくつかの共和国ではロシア・レファレンダム・ボイコットの気運があることが伝えられた。(73)

結局、三月一七日には、タタルスタン、北オセチア、チェチェン＝イングーシ、トゥヴァの四共和国はロシアのレファレンダムに参加しなかった。(74) それだけでなく、『ソヴェツカヤ・ロシア』紙によれば、ロシア・レファレンダム法により憲法問題での可決は有権者の過半数の賛成を要するが、ロシアに入っている一六共和国のうち一四(バシコルトスタン、ブリャート、カバルダ＝バルカル、カルムィク、カレリヤ、コミ、マリ・エル、タタルスタン、トゥヴァ、北オセチア、ウドムルト、チェチェン＝イングーシ、チュヴァシ、ヤクート)ではレファレンダムは否決の結果となったという。(75) その一方で、民族共和国は概してソ連邦維持に賛成であり、ロシアよりもソ連邦を選んだと論評された。[76] ロシア・レファレンダムに参加しなかった四共和国のソ連レファレンダムへの参加率は、タタルスタン七七・一パーセント、北オセチア八五・九パーセント、チェチェン＝イングーシ五八・八パーセント、トゥヴァ八〇・六パーセントで、チェチェン＝イングーシ以外はかなり高い。それ以外のロシア内共和国のソ連レファレンダム参加率も、地域による多少の高低はあるものの概して高かった。[77] バシコルトスタンの場合、タタルスタンと違ってロシア・レファレンダムをボイコットせず、投票率はどちらのレファレンダムについても高いが、投票者中の賛成率はソ連レファレンダム八五・九パーセントに対し、ロシア・レファレンダム五四・四パーセントという対照をみせた。[78] これらのデータは、多くの内部共和国はロシアに対してよりもソ連中央への忠誠度が高かったことを物語っている(但し、チェチェン＝イングーシはソ連とロシアの双方に対して独立的なので、例外的)。

三月レファレンダムの後、「ロシア共和国の民族的＝国家的構成の基本原則に関する宣言」の草案が公表された。この宣言案は内部共和国の主権宣言を肯定的に評価して、自治地域に対し好意的なポーズを示したが、「連邦主体」の表現は避けた。内部共和国がソ連の連邦条約Uに参加する可能性も認めたが、それはロシア代表団の一部としてだという形で枠をはめようとしており、折衷的な性格のものである。[79] この宣言案と並べて、アブドゥラチポフとシャフライの関連論文が掲載された。二人ともエリツィン政権を支える立場であり、[80] ロシアの解体の可能性に懸念を示す点、それと関連して、民族自決権は絶対的なものではなくあらゆる国家は多民族的であるほかないとする点では共通するが、その上で、ロシア解体の脅威がどこからくるかの認識が食い違っていた。アブドゥラチポフ(アヴァール人)はロシア・ナショナリズムに対してより強い懸念を示し、シャフライ(コサックの血を引くロシア人)はタタールなどの諸民族のナショナリズムをより敵視するという点で、力点の置き方が明確に異なっており、「民主派」主導ロシア政権内の分岐を示した。[81]

三月末―四月初頭の第三回ロシア人民代議員大会におけるエリツィン報告は次のように述べた。「主権のパレード」が始まったのはロシアの主権宣言によってだと言われているが、そうではない。それを始めたのは、一九九〇年四月のソ連権限区分法であり、この法律は自治地域をもつ連邦構成共和国を解体させることを目論んでいた。これに対して、ロシアの主権宣言はロシアの一体性・領土保全を守るものだった。中央こそが「主権のパレード」を始めたのであり、その責任をロシア共和国に転嫁しているのだ。公正のためにいうなら、ロシア共和国指導部、私個人も過ちを犯した。自治地域に対する影響力を中央と競い、主権のばらまきを行なってしまった。しかし、この競争には勝利者はありえない。このようなことを止めるべきときだ。活路は連邦条約Rにある。内部共和国や地方権力機関はロシア法のボイコットを止めねばならない。ロシアもソ連法を、それが連邦の権限に属する限り、遵守する。(82)

これまでにも「取りたいだけ取れ」発言は失言だったとする声が強く、エリツィン自身もときおりなし崩し修正の試みをしてきたが、この報告はより明確に「取りたいだけ取れ」発言を誤りとして、それを撤回するものだった。(83)これに対しては、大会の場で、(旧)自治共和国の代表から激しい反撥の声があがった。タタルスタン、ヤクート(サハ)、バシコルトスタンなどの代表が次々と、このエリツィン発言はわれわれに対する侮辱だ、ロシアは自らの主権も取り消す気か、われわれはエリツィンの「取りたいだけの主権を取れ」発言をうけて主権宣言を採択したのに、いまになって主権のばらまきは自治共和国の歓心を買うための誤りだったなどと言うのは許しがたい、あなた[エリツィン]が本気だったのは、ヤクートに来たときなのか、今ここでなのか、あなたはわれわれの自主志向を支持すると約束し、われわれを鼓舞したのに、数カ月前の約束を取り消すというのは誰の影響でなのか、等々と問いただした。(84)

同じ第三回大会で、連邦条約R、連邦条約U、新ロシア憲法案の相互関係について報告したハズブラートフは次のように述べた。「条約による連邦」という考え方には異論がある。連邦条約Rは「条約による連邦」をつくるものではなく、「条約的＝憲法的連邦」をつくるものだ。連邦主体は民族的自治単位だけでなく地方《クライ》・州も含まれる。連邦主体は基本的な政治・経済権に関し同権だが、連邦機関への権限委譲については独自に定めることができ、まだ不明確な点が残っている。最近のユーゴスラヴィア情勢は国家解体に伴う危険性を明瞭に示しており、ロシアの国家としての一体性保持の重要性を物語っている。旧自治地域が国家主権を宣言したのはよいが、だからといって旧自治地域がロシア共和国と対等になるわけではないし、それらの権限は無制限ではありえない。連邦条約U案調印手続きについては、内部共和国代表は、連邦構成共和国代表団に入りながら、直接署名することもできる。(85)この発言は、連邦条約Rの必要性や内部共和国が連邦条約Uの調印者となる可能性を認めるなどの点で内部共和国への譲歩を含んでいるものの、全体としては、ロシア国家の一体性維持に力点がおかれていた。

この報告をめぐる討論では多くの論点が出されたが、大まかにいえば、民族的自治地域の代表と、ロシア人の地方・州の代表とが対立する構図になった。もちろん、その対立ですべてが尽くされるというわけではない。非ロシア諸民族の間でも、それまでの地位が自治共和国・自治州・自治管区のどれであるか、あるいはどの単位ももたないかで立場が異なったし、当該自治地域の住民構成が相対的に均質的かそうでないかでも異なった。ハズブラートフのように、自分自身少数民族出身でありながらロシア中央指導部を代表すべき立場にある人は、特に批判にさらされやすいため、苦しい立場に立たされていることへの理解を訴えた。(86)論者のイデオロギー的・政治的立場——端的には、「民主ロシア」に属するか、「ロシア共産主義者」に属するか——も発言の内容に影響したが、連邦構造をめぐる発言に関する限り、発言者の党派帰属よりも民族帰属との相関の方が強かったように見える。「民主派」のある代議員は、ロシアにおける民族紛争は共産党および連邦中央の分割統治政策によってでっちあげられたものだとし、悪名高い「主権のパレード」は内部共和国の勤労者のイニシャチヴではなく、共産党の手先によってロシア国家の解体を目論んで組織されたものだと主張した(87)。これに対して、タタルスタンの代議員は、「民主派」は自治地域の運動のことを共産党の手先であるかのように描いているが、「民主派」の「単一不可分のロシア」論こそバルトやザカフカースの独立を受けいれない共産党と同じ立場ではないか、と切り返した(88)。アブドゥラチポフも、他の多くの問題では急進民主派である人たちが民族問題については本物の保守派になっていると指摘した(89)。

ここにおける主要な争点は、民族的自治単位とロシア人中心の地方・州との関係にあった。多くの地方・州ソヴェト代表は全ての連邦主体の平等を要求したのに対し、民族的自治単位の代表はこれに反対し、社会・経済面では全ての連邦主体が平等だが、政治面では「ロシア共和国に加入する共和国」が地方・州よりも大きな権利をもつと主張した。ロシア政権首脳もこの考えに同調した。もう一つの問題は、「ロシア共和国内の共和国」が連邦条約Uにどのように参加するのかという点であり、直接参加できるというのがソ連中央の考え――タタルスタンやバシコルトスタンの指導者も同様――だが、ロシア政権首脳は、これはロシア共和国を解体させるものだとして反対し、「ロシア共和国内の共和国」はロシア共和国代表団の一員として連邦条約U調印に参加するという立場を取った。結局、この大会では「ロシア共和国の民族的＝国家的体制の基本原則について」の決定は基本承認されるにとどまり、最終結論は持ち越された(90)。

こうした討論が続く中、四月半ばに公表された連邦条約R案は以下のような内容のものとなっていた。連邦の主体は、民族的＝国家的単位(共和国)、民族的＝領域的単位(自治州・自治管区)、行政的＝領域的単位(地方・州)、二特別市(モスクワとレニングラード〔まもなくサンクトペテルブルグに改名〕)であり、それらは基本的に同権だが、追加的な権限変更の可能性もある。ロシア共和国には単一の国籍(市民権)が設定される。民族間関係における歴史的経緯を考慮して、連邦主体はロシア語を民族間交流の公用語と認める。条約参加者は、現行の民族的＝国家的、民族的＝領域的、行政的＝領域的単位の保全を必要と考える。共和国はロシア連邦の中にとどまりながら、ソ連の連邦条約Uに参加することができ、共和国代表団は全ロシア代表団の一部として、あるいは直接に連邦条約Uに調印する。[91] この案における連邦条約Uへの直接参加可能性に関する文言は解釈が微妙だが、内部共和国の主張を容認するものであるかにもみえる。[92] 最高会議における連邦条約R案の審議では、この案は長期にわたる努力の産物としてかなりの進歩を示しているが、なお論争点が残ると評価された。具体的には、この案はロシアを八八の共和国に分割するものだとか、ロシア連邦はソ連と違って条約による連邦ではないことが忘れられているなどの批判が提起された。そのような問題点が残ったものの、ロシア共和国の民族的＝国家的体制の基本原則についての決定――第三回人民代議員大会で基本承認にとどまっていたもの――は五月一六日に全体として採択された。[93]

ゴルバチョフとエリツィンの歩み寄りを示す四月二三日の「九プラス一の合意」[94]はロシアの内部問題にも大きな影響を及ぼした。というのも、この宣言は(旧)自治共和国を無視する形で、連邦構成共和国首脳のみによって合意されたものであり、連邦条約U締結の主体となるのは現在の連邦構成共和国だとして、(旧)自治共和国の直接参加の余地を閉ざしたからである。[95] これは当然ながらロシアの内部共和国にとっては不満を残したが、これまで相対的に(旧)自治共和国寄りだったソ連中央がロシア政権に歩み寄ったことで彼らは後ろ盾を失い、その立場は弱まった。五月七日に一六の(旧)自治共和国(ロシア内の一五共和国のほかにアブハジアも)の最高会議議長が集まって出した声明は、「九プラス一の合意」を連邦条約Uへの一歩として一応歓迎するポーズを示しながらも、自治共和国を連邦構成共和国と同格化するという方針が維持されず、交渉から自分たちが排除されていることに強い不満を表明した。この声明は、連邦条約Uに各共和国がどのように参加するか――他の共和国を通してか、それとも自主的にか――はそれぞれの共和国の最高会議が自ら決定すると主張した。[96]

このような(旧)自治共和国からの反撥を宥和するため、ゴルバチョフ、エリツィンおよびロシア共和国内(旧)自治共和国の代表の会談が五月一二日に開かれた。参加者たちは連邦条約Uの早急な締結の必要性という認識で一致し、ソ連もロシア共和国もともに領土保全を維持する必要性を確認した。そして、ロシアの内部共和国はソ連邦およびロシア共和国双方の構成主体として連邦条約Uに調印するという原則が確認された。ただタタルスタンのシャイミエフは、自分たちはソ連邦のみの主体として連邦条約Uに調印し、ロシア共和国との関係はそれと別個の条約で規定するという立場を表明した。(97) エリツィンはこの会談を高く評価し、ロシア内部の共和国は一部の権限をソ連邦へ、一部の権限をロシアへ委ねることで合意したと楽天的に語った。(98) 五月下旬の第四回ロシア人民代議員大会で連邦条約Uについて報告したハズブラートフは、「九プラス一の合意」を境に連邦中央からの歩み寄りがみられるとして、連邦条約U調印へ向けての条件が整いつつあるとの認識を示したが、同時に、残る最大の問題はロシア内の共和国の位置の問題であることを明らかにした。彼によれば、内部共和国も連邦条約Uに直接調印するが、それはロシア全体の代表団の枠内でだというのが基本方針だとされた。(99) 同じ場で補足発言に立ったエリツィンもハズブラートフ報告を確認し、この考えをゴルバチョフも了承しており、反対なのはタタルスタンだけだが、シャイミエフと接触してタタルスタンを説得するつもりだ、と述べた。(100)

こうして、この時期にはゴルバチョフとエリツィンの歩み寄りによって(旧)自治共和国の自己主張は押さえ込まれるかにみえた。エリツィンがゴルバチョフと同盟した見返りとして、ゴルバチョフがこの点でエリツィンを助けたとも解釈できる。(101) とはいえ、(旧)自治共和国のロシア中央(エリツィン政権)への不信はなお強く、安定的な和解はもたらされなかった。六月のロシア大統領選挙に際しては、タタルスタンでは投票率が著しく低かったし(第二章一〇九頁参照)、北オセチア、トゥヴァ、ブリャート、ゴルノ＝アルタイなどではエリツィンの得票率が低かった。(102) このように民族地域での支持が低いことは、その後もエリツィンのアキレス腱であり続けた。

八月政変からソ連解体へ

一九九一年八月政変はロシア中央と民族地域の双方に大きな変化をもたらした。首都における政治対抗が《ロシア政権 vs.ソ連政権》という形をとったことと関係して、モスクワ「民主派」の間で「ロシアの勝利」「ロシアの復活」という感覚とともにロシア・ナショナリズムが高揚したが、そのことはかえって非ロシア諸民族地域のモスクワに対する反撥と対抗意識を強めた。もっとも、それらの地の指導部はクーデタ支持派が多かったため(103)、政治的威信を一時的に失墜させ、当時上昇気流に乗っていたエリツィン・ロシア政権と正面対決することはできなかった。その結果、彼らはロシア共和国政権への忠誠と対抗の微妙な使い分けを余儀なくされた。

八月政変直後に発せられたロシア内一〇共和国の声明(北オセチア、カレリヤ、ヤクート〔サハ〕、ウドムルト、カルムィク、ダゲスタン、コミ、バシコルトスタン、モルドヴィン、マリ)は、自分たちはクーデタのときに合法的なロシア政権を支持したと述べ、次のように続けた。ロシア連邦が単一不可分の国家として維持されることに賛成する。この間に生じた事態を考慮しつつ連邦条約Uを仕上げることが必要であり、その連邦条約Uには、単一のロシア連邦として調印すべきである(104)。このように内部共和国指導者はロシア中央への忠誠を誓ってみせたとはいえ、対抗の要素が消えたわけではなく、一部は民族主義運動の台頭を自己の政治資源として利用しようと試みた。完全独立に突き進んでいたチェチェンは別格としても、他の共和国でも大なり小なり民族主義の高まりと、それを利用した政治的駆け引きが進行した。

ロシア内だけでなく、ソ連全体の範囲での旧自治地域の連帯を目指す動きも、この時期にはまだ続いていた。沿ドネストルのティラスポリで一一月一四―一五日に開かれた会議には、バシコルトスタン、カレリヤ、南北オセチア、タタルスタンなどが参加を表明した(気象条件のせいで代表が来られなかった所を含む)。参加者たちは、ロシアなどからの脱退は考えないが、重要なのはソ連邦の維持だとした。彼らは一九日にモスクワに場所を移して記者会見を行ない、あらゆる共和国・自治地域が連邦条約U調印の権利をもつための運動を推進するとし、調整委員会を設置したことを発表した。(105) これはソ連邦再編への独自の主体としての参加要求だが、これまで所属していた連邦構成共和国(ロシア、モルドヴァ、グルジア)からの離脱は考えないと明言することで、後者との正面衝突を避けようともしていた。こうした民族共和国指導部に対し、主としてそれらの地に在住するロシア人からなる「民主派」運動は、ロシア内民族地域の民主勢力コングレスを一二月一四―一五日に開き、ロシア分解の可能性に懸念を示した。彼らは、民族地域での民主勢力はモスクワやペテルブルグよりも弱いとの認識のもと、各民族がそれぞれに国家をつくるという考えは成り立たず、それら地域のノメンクラトゥーラの生き残り策に過ぎない、と批判した。(106) これは民族共和国指導部がロシア中央に批判的な態度をとっていることに対抗してロシアの一体性維持論を押しだしたものだが、現に民族感情が高まっていることを無視できないという不安感も窺える。

この時期のロシアにおける連邦制再編構想をめぐる主要争点は、これまでも議論されてきたことだが、民族共和国の特別な地位を維持するか、それとも共和国と地方・州を同権化するかという点にあった(これまで大きな争点だった連邦条約Uへの参加形態の問題は、この時期には背後に退いた)。(107) 元来のロシア共和国の国制では両者がはっきりと分けられていたが、八月政変後に臨時的に導入された新しい地方制度も共和国と地方・州とで異なった扱いを前提していた。それ以前に選挙されていた首長を大統領が解任し、行政長官を上から任命する制度や、大統領特使(представитель)派遣の制度が導入された際、その適用対象は地方・州・自治州・自治管区だけとされ、共和国については、中央と共和国とに相互の代表部(представительство)を設置するにとどまった。(108) このような扱いは、共和国が地方・州・自治州・自治管区とは別格の位置づけを与えられていたことを意味する。しかし、後者の側からの同格化要求も強く、二本立て維持か一本化かをめぐる論争はなかなか決着をつけることができなかった。

憲法委員会がこの時期にまとめた憲法草案は連邦条約Rを含まず、また共和国とゼムリャー(邦)――それまでの地方・州を大きくまとめたもの――の同権化を予定していた。これは民族地域の代表からみれば、民族共和国の特権性を否定するものであり、彼らはこの案に強く反撥した。(109)一年前の憲法委員会案と比べると、連邦条約Rへの言及を含まない点は同じだが、民族的共和国・地域的共和国・連邦領(連邦直轄地域)という三本立てから、連邦領が削除され、また地域的共和国がゼムリャー(邦)の名になった点が違っている。(110)憲法委員会書記ルミャンツェフは最高会議でこの案を説明して、次のように発言した。連邦条約Rではなく憲法こそが連邦国家の原則を定着させることができ、法律の戦争、主権の戦争、始まりつつある独立の戦争――一部の旧自治地域はこれを目論んでいる――に終止符を打つことができる。条約による連邦ではなく、憲法による連邦を定着させねばならない。権限を補足的に修正する条約はありうるが、それはあくまでも憲法の基礎の上でなくてはならない。(111)条約でなく憲法による連邦というのはルミャンツェフの持論だが、「始まりつつある独立の戦争」という表現をとったあたりに、ロシア解体への強い危機感が窺える。

この草案に対して、一方では、連邦主体に譲歩しすぎてロシア連邦の一体性を危うくしているという批判、他方では、民族共和国をロシア人の州と同等化するのは民族自治を軽視するものだという批判があり、早急な採択は困難視された。(112)また経済学者のポポフ(当時モスクワ市長)は、民族とかかわりなく地域を基礎にしたアメリカ型の連邦制――全国を一〇―一五のゼムリャーに分ける――を提案した。(113)民族自治を全廃して全面的な地域自治に移行するというのは、特定地域に集住しておらず民族共和国をつくれない少数民族の立場からの発想――ポポフはギリシャ人――だが、地域的民族自治の否定という限りでロシア人の主張と合致するものをもち、民族共和国からは強い反撥を招いた。おそらくそうした事情から、この提案は採用されなかったが、連邦構造の非対称性の根源としての民族原理・地域原理二本立てへの批判は、ロシア人からも特定地域を拠点としない少数民族からも、この後も提起され続けた。

一〇月末から一一月初頭にかけて開かれた第五回ロシア人民代議員大会後半部では、この憲法案について憲法委員会議長としてのエリツィンが報告して、次のように述べた。われわれの国家は条約による連邦ではなく、憲法による連邦である。と同時に、連邦主体間でもロシア連邦と諸主体間でも条約的基礎を排除するものではない。新憲法案は連邦条約Rを排除するものではなく、むしろその締結を促進する。これなくしては、ロシアの諸共和国の主権もロシア全体の主権も擁護する明確な保障はありえない。人権はどこでも同じように保障されねばならない。単一のロシアの保持が重要である。内部共和国の憲法はロシア連邦憲法と矛盾してはならない。民族共和国解体の提案が一部にあるが、これはもちろん間違っている。[114]この報告は一方で条約による連邦ではなく憲法による連邦だと明言しながら、他方で、連邦条約Rを排除しないという折衷性を帯びている。また、ロシア国家の一体性保持に主眼をおきながら、内部共和国にも主権があることを前提しているという点でも折衷的なものである。

この報告をめぐる大会討論では、主として民族地域から強い不満が表明された。たとえばカバルダ＝バルカルの代議員は次のように述べた。われわれ民族地域代表にとってこの憲法草案は受けいれられない。草案は共和国および自治地域の諸民族の主権を無視している。これは少数民族の地位をさらに悪化させるものだ。民族的領土の概念さえもなくなり、地理的な居住環境にすり替えられている。これは連邦制の否定であり、ロシアを単一国家にするものだ。民族共和国の主権が否定されているが、民族の主権なしではロシアは偽りの連邦、単一国家となる。憲法委員会はわれわれからの提案を無視し続けた。[115]カラチャイ＝チェルケスの代議員は、ゼムリャー構想はロシア国家の歴史を踏まえておらず、ドイツやアメリカを真似たものだと批判した。有権者の三分の二以上の賛成でその地位を変更することができるとあるのは、基幹民族が少数派になっている地域が民族共和国としての地位を取り消される危険性をはらむ。憲法委員会はわれわれの声を無視し続けてきた。憲法委員会の作業グループに自治地域からの専門家を追加すべきであり、連邦条約Ｒ作成に戻るべきだ、と彼は述べた[116]。この憲法草案はまるでジリノフスキー（自由民主党党首、民族自治の否定論者）が起草したみたいだという声も聞かれた[117]。民族地域からの発言の間にも微妙な差異があるが、大まかにいうと、共和国の地位がゼムリャーと対等化されることで引き下げられることへの不満が彼らの発言の基調をなした。またアブドゥラチポフ民族院議長も、この憲法案では連邦条約Ｒが言及されていないが、後者を先にすべきだとの意見を述べた[118]。

これに対し、ロシア人の代議員は概して民族共和国の特権性保持志向に反論し、民族に関わらない連邦制論に傾いた。連邦制を専ら民族原理に立脚させることはユーゴスラヴィアのような悲劇を招くとして、むしろ連邦制を民族原理から切り離す発想が示された[119]。憲法委員会書記ルミャンツェフは、ある者はロシアが単一国家（унитарное государство）になることを望み、ある者は民族共和国が特別な地位をもつことを望んでいるが、中間の道を探す必要があると述べた。われわれが民族地域の声を聞いていないという人もあるが、そんなことはない。われわれは「取りたいだけの主権を取れ」という誤った路線から離れた。ロシアは統一国家（единое государство）でなくてはならず、大統領もこれを明言した、と彼は述べた[120]。

こうした討論の後、憲法問題に関する大会決定の採択に移ったが、一方では、この草案は受けいれられないという声、他方では、はっきりと「是認する」とすべきだという声が出て、討論は紛糾した。結局、「留意する」という中間的な定式が採択にかけられ、賛成七五八、反対三八、棄権一九で可決となった[121]。こうした経緯は、この問題に関し、「民主派」主導のロシア政権首脳に連邦制をめぐる大きな亀裂があり、ソ連解体のイニシャチヴをとったロシアが自らの連邦制に関して同種のディレンマに苦しめられることを予示した。

第三節　ソ連解体直後のロシアにおける内部共和国問題

1　ソ連解体からロシア連邦条約調印へ

一九九一年一二月のソ連解体は、ロシアと内部共和国の関係に大きな変化をもたらした。これまでは、多くの内部共和国政権はロシア政権に対抗しつつ、ソ連邦の維持――旧来のままの形での存続はありえないにしても、何らかの形で分権的再編を施しつつ維持するという可能性――と、そこへの独自主体としての参加を求めていた。しかし、ソ連解体後は、もはやソ連という傘を求めることはできなくなり、彼らはロシア政権と直接向き合わざるをえなくなった。これは問題の基本前提の大きな変化を意味した。

ソ連解体直後の状況

ソ連解体直後の時期には、これがロシアの解体につながるのではないかという疑問が多くの人々によって提起された。もっとも、多くの内部共和国指導部が唱えた「主権」や「独立」は、チェチェンを除けば明確な分離独立要求ではなく、振り返って考えるならロシア解体の現実的可能性がそれほど高かったわけではない。とはいえ、ソ連解体という未曾有の大事件の中で状況が極度に流動的になっているさなかにおいては、あたかも多くの内部共和国が次々と分離独立するかの如き雰囲気が一時的に広まったのも無理からぬ面があった。付随的要因として、一九九二―九三年にはロシア中央で執行府と議会の間の激しい政治闘争が展開したため、双方とも共和国や地方《クライ》・州の指導者を自己の味方に引きつけようとして、様々な約束をばらまき、状況を一層混沌とさせた。分離独立の現実的可能性がどこまであったかは別として、ヴォルガ地域・北カフカース・シベリアなどが「ロシアの一部」であるということは、少なくとも無条件に確定しているわけではないという意識が広まった。一九九二年三月末にモスクワで行なわれた世論調査によれば、ロシアは今年中は維持されるだろうと答えた者は三九パーセントに過ぎず、今年中にいくつかの自治地域が離脱するだろうとする者が二四パーセント、今年中に複数の国家に分解するだろうという回答が二一パーセント、無回答が一六パーセントだった[122]。

現実問題としてロシア内の諸共和国の完全独立の蓋然性が高くなかったのは、いくつかの条件による。大半の共和国は大きな比率のロシア人住民をかかえており（前出の表1・2および表1・3参照）、もし分離独立志向の急進的民族運動が突出するなら民族間対立と社会的不安が激化することが明白だったため、責任ある地位についている政治家の大半は、レトリックは別として現実的にそうした路線をとることを避けた。また、地理的条件として、周囲をロシアに取り囲まれていて外国との接点がないところも多い（この点、北カフカースの諸共和国は地政も人口条件も例外的であり、相対的には独立の条件が高い）。経済自立の展望も、地域差があるとはいえ、概して低い。さらに、元来「自治共和国」「自治州」などとされていた地域の国家機構は、かつてソ連に直接加盟していた一五共和国の国家機構に比べて、整備されていた度合が低く、それを支える現地エリートも相対的に乏しかった。それに加えて、欧米諸国はバルト諸国などの独立運動に対してはかねてより好意的だったのに対して、ロシア連邦を揺るがしかねない内部共和国の独立には同情を示さなかった。こうした事情のため、当事者の多くも、チェチェンを除けば、完全独立よりはむしろロシア内部での権限拡大を志向する立場を取った。しかし、当時の雰囲気としては、ソ連解体の後を追うロシア解体の可能性は、少なくともそれほど空想的なものではないという感覚が広まったのである。

こうした雰囲気の中で、ロシア中央政界では、内部共和国の分離の可能性に怯え、それらの離反を認めず、ロシア国家の一体性を維持すべきだという考えが急激に強まった。先にみたように、一九九〇—九一年のロシア政権は「破壊者」としての性格と「秩序維持者」としての性格の二重性をもっており、内部共和国に対して、ひたすら分権化と遠心力を煽る態度——「取りたいだけ取れ」——とそれに歯止めをかけてロシア国家の一体性を保持しようとする志向の二面性に引き裂かれていたが、ソ連解体とともに前者の側面は消滅し、後者に純化した。こうして、かつてロシア革命直後の時期に反革命派のものとされていた「単一不可分のロシア」のスローガンが、ロシア中央の政治家たちの、他の論点での立場の相違を超えた共通の立場になった。右翼愛国派が民族地域の独立を認めないのはもとより、いわゆる「民主派」も、ソ連邦を直接構成していた共和国は独立させても内部の諸民族には絶対に自決を認めないという態度を明確にした。たとえば、西欧でもフランスはコルシカに、スペインはバスクに、イギリスはスコットランドに自決権を認めていないといった例を挙げて、タタルスタン、チェチェンなどの分離主義を批判する論調が、代表的な「改革派」知識人によって提示された。(123)

関連して、「民族自決」への評価も大きく変化した。ルミャンツェフは、あらゆるエトノスに国家を与えるべきだというサハロフの考えは非現実的であり、そもそも「民族自決権」というのはレーニンの思いつきであって、破滅的な考えだと述べて、民族自決の原則そのものを明確に否定した。(124) 自決権の否定は彼だけの特異な発想ではなく、科学アカデミー民族学研究所長でロシアの民族問題国家委員会議長になったティシコフも、同様の考えを述べた。(125) かつては「民族自決」が肯定的価値であることは当然視され、レーニンやスターリンが「自決」の原則を掲げていながらそれを実現しなかったという点が批判されていたが、いまや、「自決」論はレーニン主義的だから否定すべきだという発想へと逆転したのである。

ロシア連邦条約問題への取組みの再開

ロシアの連邦条約Rの準備は一九九〇年から九一年にかけて取り組まれ始めていたものの、八月政変までにはまだ最終段階にこぎ着けていなかった。後のある説明によれば、九一年七月にようやく条約草案が調整されたが、直後に八月政変が起きたため、一旦棚上げとなった。(126) 別の説明は、連邦条約Rの作業は原因不明の理由で六月以降に停止され、ようやく一二月に再開されたが、今度は条約の対象を権限区分だけに切り縮める権限区分条約となったとしている。(127) この二つの説明の間には齟齬があるが、いずれにしても連邦条約R構想が一時後退したことは確かである。そこで、その間の事情を新憲法案作成問題ともからめて検討しておきたい。

もともと策定されるべきロシア新憲法と連邦条約Rの関係は不明確であり、「民主派」の間でも異なる立場が競合していた。ロシアの国家形態を「連邦」(128)とするという限りでは大まかな一致があったが、それを「条約による連邦」とするか「憲法による連邦」とするか、連邦を構成するのは民族か地域か、それと関係して共和国と地方《クライ》・州の二本立てを維持するかそれとも一本化するかなどの論点があり、中央、地方・州、共和国の間で複雑な対抗が繰り広げられていた。九―一〇月の段階の新憲法案が連邦条約Rに言及していなかったことは前述したが、それは連邦条約Rそのものの否定を意味するのかどうかも明示されていなかった。

ちょうどソ連解体が決定されようとしている一二月に、ロシア共和国の国家機関と内部共和国の国家機関の間の権限区分に関する共同提案の条約草案というものが発表された。この文書は「条約」という名前が付いているが、条約によって連邦を形成するという意味ではなく、むしろ権限区分は連邦法で定められるという前提のもと、その具体的内容に関する提案を一連の共和国が共同で行なうための共和国間条約という性格のものである。前文では、ロシア共和国諸民族の国家的一体性の維持、ロシア連邦の領土保全が強調されている。具体的な管轄の内容をみると、連邦管轄および共同管轄がかなり広く、共和国の単独管轄は比較的狭い。共同管轄事項において連邦法と共和国法が合致しないときは連邦法が適用されるとしていて、コンフェデレーション的解釈の余地を明確に排除し、ソ連の二の舞を避けたいという志向が強くあらわれている。[129] これはそれ自体としては結実しなかった一草案に過ぎないが、「条約」の語を使いつつ連邦条約構想から離れ、権限区分条約ないし協定への転換を志向するものとみることができる。

ソ連解体の正式決定は、ソ連としての連邦条約Uの問題を最終的に消滅させたばかりでなく、ロシアの連邦条約R作成の作業も背後に退かせ、条約作成への懐疑論を一時的に優位にした(これ以後の時期については、ソ連の連邦条約Uはもはや問題にならないので、「連邦条約」の語にU・Rの文字を付すことをやめ、ただ「連邦条約」と書くだけでロシアのそれを指すことにする。但し、稀にかつての「連邦条約U」構想を思い起こすような文脈ではU・Rの文字を付す)。そうした状況を象徴して、ルミャンツェフは九二年一月に次のように発言した。ロシアがソ連同様に崩壊するのを防がねばならず、連邦条約はとるべきでない。ソ連と違ってロシアは連邦の主体によって創設されたのではないのに、条約を結ぶことは条約締結者が連邦創設者だという幻想を生む。少数民族は全ロシア人口の一七パーセントしかいないのに、寛大にも面積では五〇パーセントも割り当てられている。アブドゥラチポフは条約を憲法の基礎にするというが、自分は反対だ。アドィゲではアドィゲ人が人口の二割しか占めていないのに共和国を宣言しているが、これはナンセンスである。[130]

このルミャンツェフ発言に対しては、非ロシア民族に属する人々の間から反撥があった。たとえばチェルケス人(あるいはカバルダ人)の法律家カルムィコフは、次のように激しく反論した。少数民族は一七パーセントしかいないのに寛大にも五〇パーセントもの面積を割り当てられているというが、それらの土地はロシアによってこれらの民族に与えられたのではなく、元来これらの民族の土地だったのをロシアが征服したに過ぎない。また、アドィゲ人の人口が今ではごく少数になっているのは、カフカース戦争の過程でロシアによって大量虐殺されたり、トルコに流出を余儀なくされたからであって、このように初歩的な事実を憲法委員会の責任者が知らないのは驚くべきことだ。[131]

またヤクート(サハ)の論者は次のように憲法草案を批判した。新憲法案作成者はロシア連邦はソ連と違って条約によってつくられたものではないとして、憲法による連邦を唱えている。しかし、すべての自治共和国が主権宣言を発したことで質的に新しい状況が生まれたことを認めるべきである。憲法案作成者は、共和国の国民国家性を承認せず、主権を認めようとしていない。新憲法は全ロシア・レファレンダムによって採択されることになっているが、ということは、多数派の意思が少数派に押し付けられることになる。そうではなくて、共和国と連邦機関の間の連邦条約——対等な共和国の同盟(ソユーズ)としての、刷新されたロシア連邦を定める——こそが憲法の基礎とならねばならない。共和国と違って、地方《クライ》・州は連邦条約に参加せず、その地位は憲法によって定められるべきである。連邦条約が単なる権限区分条約にすりかえられようとしているが、条約の対象を権限区分だけに切り縮めるようなアプローチには賛成できない。[132]

憲法か条約かという選択の背後には、この論者が指摘するように、憲法は全ロシア規模の多数決で採択されるため、人口の少ない民族共和国の意思は無視されやすいという危惧があった。これに対して、条約締結に参加するのは民族共和国のみで、ロシア人中心の地方・州は参加しない——憲法制定後に統合してゼムリャーになってはじめて連邦主体となるのであり、今のところはまだ連邦主体ではない——とする構想はロシア人中心の地方・州からは受けいれがたいものであり、この対抗を解決するのは容易ではなかった。

連邦条約調印——一九九二年春

このように論争が続くなか、一九九二年初頭の段階で、連邦条約構想に代わるものとして、権限区分協定構想が急速に浮上した。[133] この案は一二月の案(前注(129))と違って、共和国だけでなく、地方・州・自治州・自治管区も含むとされた(二特別市は含まない)。内容的には、一二月の案に比べ連邦管轄領域がやや広くなっているが、共同管轄領域に関して連邦法が共和国法より優位という点は変わらない。また一月二〇日の最高会議幹部会の決定は、共和国についての連邦制とそれ以外の単位についての単一国家制の並立を想定しながらも、地方・州なども権限区分条約の主体にする構想を示した。[134] 連邦条約と権限区分協定の一つの違いは、前者の締結に加わるのは二〇共和国だけと想定されていた——前注(132)の個所で紹介したヤクートの論者はその一例——のに対し、後者は共和国だけでなく自治州・自治管区、そして主にロシア人の住む地方・州も全て加わるという点にあり、後者では共和国の特権性が低下することになる。また、前者は「条約」であるので個々の共和国が自らの判断で調印・批准することで発効するのに対し、後者は各参加単位の合意を得た上でロシア最高会議で承認することが予定された。[135]

こうして連邦条約に代替する形で権限区分協定案が提起されたことに対して、内部共和国の代表は強い不満を示した。もともと連邦条約締結の方向で準備が進んでいたのに、突然方針が変わったことへの不信感がそこにはあった。[136] ロシア中央レヴェルでも、権限区分協定による決着を目指すルミャンツェフと、連邦条約を最終的に仕上げて共和国と調印すべきだと主張するアブドゥラチポフとの間に対立が続いた。[137] こうして協定案は広汎な賛成を得ることができず、急遽、連邦条約構想が再浮上することとなった。

民族共和国の立場を代弁するアブドゥラチポフのこの時期の論文は次のように述べた。ソ連指導部の誤りは、新連邦条約Uを最初のうち拒否していたことにあった。現在、ロシアも連邦条約Rという方針から離れることで同じ誤りを繰り返そうとしている。この方針は昨年四月の〔第三回〕人民代議員大会で承認され、五月二二日に私は正式調印の日取りを確定すべきだとエリツィンに進言した。しかし、これは実現せず、連邦条約は忘れられた。新憲法において条約原理を完全に捨てようという試みが現われた。私は憲法委員会に、連邦条約を憲法の一部として含めるようにと提案したが、これは受け入れられなかった。私の反対者〔ルミャンツェフのこと〕は、連邦制は憲法のみによって確定されるべきであり、さもないとロシアは解体するだろうと主張した。しかし、その結果はどうか。チェチェンはもとより、タタルスタンもロシアに入らないと主張している。モスクワの最大の誤りは、リージョン・共和国を従属者としてみる態度をとったことにある。これは帝政期やスターリン時代にあった帝国的思考法である。諸民族が自己を対等者と感じるためには、権限を下から上へと委譲する連邦構成が必要だ。憲法委員会の憲法案は、ロシア人地域をゼムリャーにしようとしているが、これは民族共和国の意義を薄めるものだ。(138)

ルミャンツェフとアブドゥラチポフの二人の立場は正反対というわけではなく、ロシアがソ連に続いて解体することを恐れる点では共通している。その上で二人の違いは、前者は条約原理をとって分権化を強めるとそれが更なる遠心化につながることを恐れ、後者はむしろ、中央が分権化を抑制するとそれがチェチェンやタタルスタンのような反逆を生んで、ソ連の二の舞になると恐れたという点にある。このような対立において、一時はルミャンツェフの見地が優越するかにみえたが、結局、アブドゥラチポフの巻き返しが功を奏した形になった。三月一三日には、タタルスタンとチェチェン＝イングーシを除く一八共和国により、連邦条約案の仮調印がなされた。この条約案は、共和国については「主権共和国」「共和国(国家)」という表現を用い、連邦に委ねられた以外のすべての国家権力としての権限を行使すると規定した。共和国の領土は当事者の合意なしに変更され得ない、共和国に資源の管理権を与える、共和国は国際関係・対外経済結合に自立的に参加できる、といった規定もある。

但し、「国際法の主体」という表現は避けられ、また厄介な争点たる連邦税制の問題は棚上げにされた。この連邦条約は新憲法の一部となり、その変更には全参加者の合意を要することとされた。一八共和国の仮調印を確保するため、ハズブラートフは今後の立法はこの連邦条約案に合致させると約束した。[139]

この連邦条約は、少なくとも文面上はロシア中央の思い切った譲歩であり、ルミャンツェフらの構想からはかなり離れるものだった。憲法委員会としては連邦条約が憲法にとって代わることで憲法を不要にしてしまうことが最大の懸念事項だったが、これが辛うじて回避されたという理由で、憲法委員会も不承不承この条約を受けいれた。このような譲歩の背景として、三月二一日に予定されたタタルスタンの主権レファレンダム（第二章第三節で後述）が近づいており、分離主義の波の高まりを食い止める必要に迫られていたことがある。[140] なお、この時期に公表された新憲法第三次案（三月二四日の憲法委員会決定で公表）では、前年秋の「ゼムリャー化」が撤回され、従来通りの共和国、地方・州、自治州・自治管区という表現に戻ったが、「主権」共和国とはしていない。[141]

連邦条約は連邦と共和国の間で結ばれるだけでなく、他の連邦主体とも順次締結されて三層構造となり、その意味では、権限区分協定構想との折衷という性格をも帯びることとなった。連邦と共和国の間の条約に続いて、一八日には地方・州およびそれらと同格の地位を認められたモスクワ、ペテルブルグ両市との権限関係を定めた条約が仮調印され（ベルゴロド、カムチャッカ、クバン〔クラスノダール〕、サハリンの各州・地方は不参加）、更に自治州・自治管区との権限区分を定めた条約も二〇日（別の報道では二三日）に仮調印された。[142] こうしたステップを経て、三月三一日には連邦条約全体としての正式調印がなされた。直前の予想に反して、当初消極的だったバシコルトスタン、ベルゴロド、サハリンなどもみな調印し、不参加は、全面拒否のチェチェン＝イングーシ[143]と、対等の二国間条約を要求するタタルスタンのみにとどまった。[144] 北オセチアは、仮調印された条約案に若干の修正を提案しつつ、基本的に受けいれた。[145] 内部共和国の「主権」性を認めるかどうかという論争的問題に関して、この時点では、反抗的な共和国をなだめるため、中央としても共和国主権を認めているのだということを強調する態度がとられた。同時期のエリツィン発言も、刷新された民主的ロシアには内部共和国への帝国的態度というものはありえない、われわれは内部共和国の主権の強化に賛成だ、と述べた。(146)

最も微妙だったのはバシコルトスタンの動向である。三月二八日召集のバシコルトスタン最高会議特別会期は、この連邦条約では共和国に与えられる権利があまりにも少ないとし、代表団がその問題を中央で交渉し、満足が得られたなら調印するという条件付きの決定を行なった。モスクワに来たラヒモフ最高会議議長は、バシコルトスタンはその条件が満たされない限り調印しないと声明した。(147) 結局、調印式の直前にロシア指導部が特別の譲歩をして、バシコルトスタンの要求を大幅に容れる「付録」を連邦条約に添付することを決めたため、ラヒモフは調印に踏み切った。この「付録」の主な内容は、バシコルトスタンは刷新されたロシア連邦の自主的な主体であることを確認する、バシコルトスタン国家主権宣言(土地・資源は共和国所有など)に立脚する、バシコルトスタンは自発的にロシア連邦に委ねた部分を除き、国際関係・対外経済関係の自主的主体である、税制・司法・検察システムなどにおいて自主性を保つ、などといったものである。ロシア指導部としては調印共和国の数を一つでも増やす必要があったため、このような譲歩を行なったものとみられる。しかし、バシコルトスタンのみに特別の権利を与えるなら、他の共和国から同様の要求が提出される可能性があり、かといってそれを避けるためにロシア指導部がこの「付録」を空文化するならバシコルトスタンが条約を批准せずに分離路線に走る可能性もあり、きわどい綱渡りであることが指摘された。(148) その後も、バシコルトスタンは予算配分などをめぐって中央への不信と対抗姿勢を持続した。

連邦条約を構成する三つの条約の関係は微妙である。一応別々の文書の体裁をとり、異なった主体によって調印されているので、その意味では、三つの連邦条約があると複数形でいわなくてはならないはずである。ところが、公式のコメンタリーによると、学術的には三つの文書の正式名称を並列しなくてはならないが、一般的には、それらの総称として単数形の連邦条約と呼んでよいとある。(149) 実際、その後の公式文献でも、三つをあわせて単数形で連邦条約と呼ばれるのが常である。三つの文書が別々のものになっているのは、それらの参加者の格の違い（共和国、地方・州・二特別市、自治州・自治管区）を前提しているはずだが、それでいながら、調印者のいずれもが「連邦の主体」とされている。しかし、ロシア連邦が条約によって創設された連邦だとはされていない。「条約」という形をとるのは、調印者の主体性を認めるかのようだが、条約は調印の日から発効とされ、個別主体による批准手続きを予定していない。また、憲法の一部になるという点についても、後述のようにその解釈は不確定だった。かなり曖昧な要素を残したまま、とりあえず急いで調印した政治的文書という性格が濃厚である。

2 ロシア憲法制定へ

連邦条約調印後の憲法論争

連邦条約調印後まもない四月の第六回ロシア人民代議員大会におけるエリツィンの連邦条約に関する発言は、次のように楽観的なトーンのものだった。各種連邦構成単位の間で意見対立があり、合意は困難だったが、とうとう最適の結合を見出すことができた。タタルスタンとチェチェン以外のすべての共和国が調印したばかりでなく、この両共和国とも交渉中であり、若干の追加的条件を付けることで彼らも調印させるような妥協的解決ができるだろう。これによって、ソ連に続いてロシアも解体するのではないかという臆測に終止符を打つことができる。連邦条約は一体として新憲法に入り、ロシアを解体から保障するだろう。(150) この発言をうけて、大会は連邦条約を承認し、その内容を憲法の構成部分として含めるという決定を賛成八四八、反対一〇、棄権四〇で採択した

（四月一〇日）(151)。なお、大会の議事日程として憲法改正全般の討論に先立って連邦条約問題を独立に取りあげたのは、内部共和国からの要求によるもの（カレリヤのステパノフが提案）であり、この問題が内部共和国にとって大きな意味をもつものだったことを物語る。決定文中における「その内容を憲法の構成部分として含める」という文言は曖昧なもので、幾通りかの解釈の余地があり、まさしくこの点がその後の議論で問題となる。

すぐ続いた憲法改正案審議では、連邦条約が本日承認されたことにより、この文書《アクト》は憲法的な意味をもち、憲法の中に取り入れられねばならない、との提案がなされた(152)。しかし、ルミャンツェフはこれに異論を唱えて、次のように述べた。連邦条約の内容が憲法に盛り込まれるのは正しいが、憲法の中に連邦条約への言及があるのは正しくない。前者の場合、あくまでも憲法が連邦体制を定めるのに対し、後者の場合、憲法と連邦条約が同格の憲法的文書となり、連邦条約が変わればそれに応じて憲法も変わらねばならないことになる。これは憲法体制を破壊するものだ(153)。ルミャンツェフの他にも、主としてロシア人の代議員から同趣旨の発言があった。逆に、非ロシア人の代議員の多くは、連邦条約はそれ自体が憲法の一部分として取り込まれるべきだと主張した。結局、一種の妥協として、連邦条約を憲法の「付録」とすることが合意されたが、その「付録」ということの法的意味についての解釈は一様でなかった(154)。なお、自治地域の指導者たちが連邦条約に固執するのは、さもないと、より急進的な民族運動が分離主義を唱えるかもしれず、ロシア連邦維持のためには連邦条約を尊重するしかないという発想によるものであり、彼らも分離主義とは一線を画していた。他方、多くのロシア人代議員の発言の中には、ソ連の後を追ってロシアも解体するかもしれないという危機意識がにじみ出ていた。結局、大会最終日の四月二一日に採択された憲法改正法は、現行ロシア憲法の各所に大幅な改正を加えたほか、三つの連邦条約を憲法の「付録」として添付することになった(155)。

当面の憲法改正とは別に、将来の新憲法草案をめぐる議論の中でも、共和国の地位に関わる発言があった。たとえばバシコルトスタンのガビトフは次のように述べた。憲法草案は連邦条約を踏まえていない。連邦条約の意義は単なる権限区分にとどまるものではない。その主たる意味は、ロシア連邦の条約的性格を認めた点にある。連邦条約が内部共和国の主権宣言を認め、共和国を主権国家とした点が特に重要である。条約は共和国の同意なしには変更・増補することができず、条約こそが第一次的である。こうしたことを憲法に盛り込まねばならないにもかかわらず、憲法草案にはそれが反映されていない。ロシア連邦内部の主権共和国を州並みの自治に引き下げようとする試みが最近まで続けられてきたが、草案もそうした試みからあまり隔たっていない。草案のどこにも、ロシア連邦が条約による連邦だということがうたわれていない。このようなことが、連邦条約調印後に許されるのか。バシコルトスタン最高会議はこの憲法草案について審議したが、いくつかの個所について異論がある。共和国の主権を認めるのか否か、共和国を国家と認めるのか否か、共和国とロシア連邦の二者間条約を認めるか否か、条約的連邦か否か、等々である。この草案はわれわれの国家主権宣言を無視しており、大幅な改訂を要する。[156]この発言は、条約による連邦を強く否定するルミャンツェフとは対照的である。

連邦条約調印から間もない時期に書かれた三人の法学者共同執筆の論文は、次のように述べた。以前は、ロシア国家のうち自治共和国・自治州などは連邦原理、地方《クライ》・州などは単一国家原理ということで、ロシアは「半連邦制(полуфедерация)」だったが、今や、後者も含めて全体に連邦原理が行きわたることになった。しかし、連邦主体間には憲法上の地位の違いがある。共和国は自らの憲法と国籍(市民権)をもつ国家だが、地方・州は憲法ならぬ憲章(устав)をもつのみで、その法的規制範囲は狭く、国籍も設定しない。これまでのロシア連邦は専ら憲法によって定められていたが、今や、憲法と条約によって定められるという形になった。連邦条約が憲法の上に立つというのではなく、法的には同位にある。ソ連は条約によって創設されたが、ロシア連邦は条約以前に存在しており、条約によって創設されたわけではない。連邦主体の離脱権——これを認めるのは連邦よりもコンフェデレーションにふさわしい――は認められていない。条約は連邦主体の権限をこれまでになく広げた。連邦の立法は連邦主体による批准や承認を要せず、全連邦にわたって効力をもつ。(157) この論文はコンフェデレーションを明示的に否定しているが、条約と憲法を同格とし、連邦主体は同権だが共和国と地方・州の間に違いがあるとする点で折衷的な性格を帯びている。

九月に発表されたルミャンツェフ論文は次のように述べた。連邦条約Rを連邦条約Uのような国家創設文書にしようというアプローチをとる者もいたが、その危険性が適時に気づかれたため、それは避けられた。権限区分については条約ではなく憲法に依拠することになる。もっとも、憲法と条約は権限区分の大枠を定めるのみであり、柔軟性の余地を残している。ロシア連邦は非対称的連邦であり、そこに柔軟性がある。連邦主体ごとにその権限の範囲は異なってよい。タタルスタンはロシア連邦に準加盟という形で入るだろう。補足的個別条約で権限の再分配を決めることもできる。これは、連邦の性格を憲法的＝条約的なものにするのではなく、大枠が憲法で規定された権限区分を柔軟に補足するものだ。連邦国家の支柱として、連邦税、単一通貨、連邦軍、抵触法がある。バシキール（バシコルトスタン）やヤクート（サハ）が連邦税否定論を出しているが、これは危険だ。遠からずロシア憲法が制定されるはずだが、ロシア連邦の憲法と共和国の憲法や地方・州の憲章に齟齬があってはならない。バシキール憲法（第一読会通過）、トゥヴァ憲法案、ヤクート憲法（既に採択）、「極東共和国」（これは非公認の存在）憲法構想は、連邦を掘り崩す危険をはらんでいる。共和国・地方・州がロシア連邦内にあるということを無視するような憲法・憲章の採択は違憲である。(158) この論文は連邦条約調印後に書かれているために条約をそのものとして正面から否定することはしていないが、その意義を努めて薄め、条約ではなく憲法が連邦の基礎だという立場を示している。その上で、具体的な権限区分については補足的な条約による修正の余地があるとして、柔軟化の余地を認め、タタルスタンについては準加盟を示唆するなどして反抗的な共和国を抱き込もうとしている点も注目される。

新憲法制定作業と政治闘争

一九九二年後半から九三年にかけての新憲法制定準備過程において、共和国の位置づけが大きな論点となったが、そこには二つの要素がからんでいた。一つには、制定されるべき憲法において共和国・地方《クライ》・州にどのような位置づけを与えるべきかをめぐる論争が熱心に繰り広げられたことはいうまでもない。もう一つには、中央レヴェルで行政府と立法府が激しい政治闘争を繰り広げたため、両者とも共和国や地方《クライ》・州を味方につけようとし、その結果、中央の政治闘争に共和国や地方・州のエリートも巻き込まれた。

政治闘争渦中の一九九二年九月二八日に発せられた一四共和国指導者の声明(アドィゲ、アルタイ、バシコルトスタン、ブリャート、ダゲスタン、カルムィク、カラチャイ＝チェルケス、カレリヤ、モルドヴィン、ヤクート〔サハ〕、トゥヴァ、ウドムルト、ハカス、チュヴァシ)は、モスクワでの権力闘争に関し、最高会議およびその議長ハズブラートフへの度はずれた非難を批判するという形で、相対的に議会側支援の態度を示唆した。[159] エリツィン陣営はこれに対抗すべく、一〇月一五日に共和国首脳を呼び集めて共和国首脳評議会設置を決定した。これはエリツィンが議会に対抗して共和国掌握を誇示しようとしたものという意味をもつ。[160]

一〇月二八日のバシコルトスタン最高会議声明は、ロシア政府に対してロシア最高会議およびハズブラートフ議長を擁護する態度を示した。もっとも、ラヒモフ最高会議議長はエリツィンとハズブラートフのどちらか一方に決定的に加担するのではなく、両天秤をかける態度をとっていると観測された。[161] 一一月初頭の地方指導者アピール(バシコルトスタン、チュヴァシ、マリ・エル、モルドヴィンの四共和国と、アストラハン、ニジニノヴゴロド、オレンブルグ、サマラ、チェリャビンスク、ヴォルゴグラード、ペンザ、ウリヤノフの八州の指導者の連名)は、ロシア議会と政府の対立を憂慮し、不毛な対立をやめるようにとロシア最高会議および大統領に呼びかけた。[162] このような政治的駆け引きは、共和国の権限をどのように規定するかという問題とかかわっており、共和国指導者たちは、エリツィン支持の見返りとして、共和国の権限拡大を要求した。ラヒモフは、大統領も政府も連邦条約を真剣に受けとめていないと批判し、徴税権を共和国のみに一元化する——連邦には定率の納付金のみとする——よう要求した(これはタタルスタンの立場でもあった)。[163]

この時期のある論文は、ロシアの解体を恐れる立場から次のように論じた。連邦国家には「憲法による連邦」と「条約による連邦」とがあるが、後者は例も少なく、不安定である(ソ連、ユーゴスラヴィア、アラブ共和国連合、マリ連邦、中米共和国連邦)。ロシアの連邦条約は、ロシアが「条約による連邦」にならないように工夫をこらしてあるが、なお不明確な点もあり、そこに解体の危険性が潜んでいる。新憲法草案は、連邦条約とは違って、ロシア内の共和国を主権共和国とはせず、共和国がその領土内で国家権力を実現するという文言も削除した。しかし、タタルスタン指導部は、他の連邦主体よりも高い位置を与えられるという条件でロシアと条約を結ぶといっている。ロシア憲法に「連合」という概念がないのに、そのような条約を結ぶことはできない。[164] この論文はロシア国家の一体性を確保するためには条約原理をできる限り抑制しなければならないという考えを反映しているが、そのような考えがモスクワで表明されることは民族共和国からの反撥を強める効果をもったため、この時期にはこれでもって決着とすることはできなかった。

ロシア全体の憲法制定作業と平行して、内部の共和国ごとの新憲法制定も進行していたが、それらは往々にしてロシア連邦の一体性保持志向と抵触する面をもっていた。九月二八日のロシア最高会議幹部会決定は、四月に採択されたヤクート(サハ)憲法および現在審議中のバシコルトスタン、ブリャート、カルムィク、タタルスタン、トゥヴァその他の共和国憲法草案の中に、現行ロシア憲法とも新ロシア憲法案の基本内容(第六回人民代議員大会で承認されたもの)とも合致しない部分があると指摘した。[165] 九二年末の時点における一連の共和国憲法草案を比較分析したある論文は、共和国憲法作成における連邦法との整合性の必要を強調し、共和国法と矛盾する連邦法の効力を共和国領土内で停止するのはロシア連邦の共通立法システム発展を阻害すると述べた。[166] これはペレストロイカ期に連邦構成共和国がソ連中央に対して突きつけた要求を今度は内部共和国がロシア連邦に対して突きつけていることへの防御反応ともいうべきものであり、かつての「反逆者」が今や内部からの反逆を恐れる「秩序維持者」になったことを象徴していた。各地の分離主義傾向をまとめるなら、チェチェン憲法が「独立国家」を規定したのは別格としても、タタルスタン憲法はロシアとの「連合」関係を規定し(第二章第三節参照)、トゥヴァ、カレリヤ、ヤクート(サハ)、カルムィク、ブリャート、バシコルトスタンなどは共和国法のロシア連邦法への優位を規定していた(トゥヴァ憲法草案はロシア連邦からの脱退の権利をうたっていた)。さらに、ロシア人中心の地方・州のうち、沿海地方、クラスノヤルスク地方、西シベリア一帯、ロストフ州、クラスノダール地方、スターヴロポリ地方などは「共和国」の地位を要求しており、ロシア連邦は各地からの要求で引き裂かれて解体するのではないかという危惧が多くの論者から表明された。[167]

一九九三年三月二〇日にエリツィンがテレビ演説で特別統治導入を宣言した——まもなく撤回——ことは政治対立を一挙に高めたが、このとき多くの内部共和国はエリツィン発言に対する強い反撥を示した。[168] 続いて四月二五日にロシア大統領・議会などの信任を問うレファレンダムが行なわれたとき、内部共和国がどのような反応を示すかが注目されたが、結果としては、二一共和国のうち、不参加が一(チェチェン)、低投票率で不成立が一(タタルスタン)、エリツィン信任が全国平均以下のところが一四、これに対し、エリツィン支持が全国平均を上まわったのは五共和国のみだった[169](このような結果は、後述するように一二月の憲法レファレンダムでもほぼ同じように繰り返される)。なお、このレファレンダムに際し、バシコルトスタンは共和国の経済主権に関する独自設問を加えたが、ラヒモフ議長は、もしこの独自設問がなかったなら、タタルスタン並みに低い投票率になったろうと語った[170]。

このレファレンダムの前日に、大統領のイニシャチヴで準備された新憲法草案の骨子が公表され[171]、その直後に全文が公表された[172]。この憲法草案は、第一編が人権や統治機構について定めた通常の憲法、第二編が三つの連邦条約、第三編が経過規定という構成であり、連邦条約——そこにおいては、内部共和国は「主権共和国」とされている——そのものを憲法の一つの編として取り込んだものである。これはこのときの新機軸というわけではなく前年四月以来の方針だが、共和国への譲歩を改めて再確認するという意味をもった。この草案に対抗して、憲法委員会の作業に基づいた草案も五月上旬に発表された(元来、憲法委員会はエリツィンを名目的な議長としていたが、この頃までにエリツィンと憲法委員会の距離が大きくなり、後者は大統領とは別個の作業を進める形になっていた)。この憲法草案は連邦体制については二通りの文案を並記していたが、いずれも大統領案とは違って連邦条約を独自の編とする形をとらず、憲法本文の中に取り込んでいた。第一案は、三つの連邦条約を憲法第七七条(共和国との権限区分)、七八条(地方・州・特別市との権限区分)、七九条(自治州・自治管区との権限区分)として含めており、また第二案は、三つの連邦条約の内容をまとめ直して七七—八二条に盛り込むもので、共和国に「主権」の語はつけていない[173]。連邦条約を憲法に取り込むことは第六回人民代議員大会で決定済みなので、そのことを真正面から否定することはできなかったが、第二案は、そのままの形での吸収を避けており、また第一案は一応連邦条約そのものを取り込んでいるものの、その体裁が憲法の一部分に埋め込まれたような形になっていて、憲法の他の部分と対等の重みをもつ独立文書ではないということを示唆している。このようにルミャンツェフを筆頭とする憲法委員会は、あくまでも連邦条約に消極的な姿勢を保持した。

中央が共和国の支持獲得のため共和国に譲歩したことは、今度は地方《クライ》・州からの共和国との同権化要求を誘発し、各地で独自に「共和国」を名乗る例が増大した。どの程度本気かはともかく、「ウラル共和国」「ヴォルガ共和国」「クバン共和国」「エニセイ共和国」「ヴォログダ共和国」「シベリア共和国」「極東共和国」「沿海共和国」などが様々な時点に名乗りを上げた。(174) 連邦の分解を恐れる立場からは、民族共和国よりもむしろロシア人地域における遠心化と「共和国」化志向こそが危険だという考えが表明されたりした。(175) 内部共和国の立場からは、民族共和国が不可譲の民族自決権の実現であり主権国家であるのに対し、地方《クライ》・州はただの地域的単位であり、主権国家ではないから、民族共和国と地方・州の非対称性は維持すべきであると主張された。(176)

六月の憲法協議会開催に際して、内部共和国は概して消極的な態度を示した。イングーシとハカスは憲法協議会に不参加を表明し、カレリヤは大統領案も議会案もともに不満足だとした。(177) 当初参加していたタタルスタンは途中で不満を露わにし、これ以上憲法協議会の活動に参加することはできないとの態度を表明した。(178) もっとも、シャフライは共和国代表は敢えて憲法協議会から退場まではしていないとして、楽観論を示した。(179) ともかく七月一二日の憲法協議会最終日に、協議会は草案を賛成多数で承認した。但し、連邦主体からは十分な支持が得られず、共和国代表で賛成票を投じたのは五人にとどまったため、大統領周辺としては、人民代議員大会によらずに憲法を正式採択するには連邦主体の説得に努める必要に迫られることとなった。(180)

憲法協議会で承認された憲法案の第五条は共和国を「主権国家」と規定しており、四月案同様、第二編として三つの連邦条約――これも共和国を「主権共和国」としている――を含んでいる。もっとも、「主権国家」たる共和国と他の連邦主体(地方・州など)を区別しておきながら、「すべての連邦主体は同権」という文言を含むという曖昧性があった(181)(最終的には、後述のように、共和国の主権性が削られ、すべての連邦主体の同権性のみが残ることとなる)。続いて八月一三日に開かれた共和国首脳会議で、エリツィンは各連邦主体の立法府・行政府の代表からなる連邦評議会の設置を提案した。人民代議員大会を回避して、この場で新憲法を採択し、またこの機関を将来の上院にするという構想である。(182) この構想のうち連邦評議会設置はその後の上院創設に接続するが、憲法採択はこの構想の延長上では進まなかった。

一応の決着――一九九三年秋の権力闘争とロシア憲法採択

一九九二―九三年を通じて継続していたロシアの憲法制定をめぐる政治闘争は、九三年秋に頂点に達した。九月二一日のエリツィンの大統領令による人民代議員大会・最高会議の機能停止、一〇月三―四日の武力衝突、一連の政党の活動禁止、新聞発行停止、そして矢継ぎ早に出された一連の大統領令による多くの基本的政治制度の一方的変更などにより、一種の非常時体制ともいうべき状態が現出した(なお、このような対決状況の中で、地方勢力は大統領と議会の間に立って調停を試みたが、この努力は実を結ばなかった)。(183) 憲法制定については、大統領のイニシャチヴによって新たな草案が一一月一〇日に公表され、一二月一二日(議会選挙と同日)のレファレンダムで採択されるに至った。それまで膠着状態にあった行政府と立法府の対立は、こうして強権発動によって突破され、短期決戦的に決着がつけられた。このような推移は中央における権力闘争に決着をつけると同時に、地方(民族共和国とロシア人中心の地方《クライ》・州の双方)に対しても中央の優位をとりあえず確立した。一つには、議会砲撃という実力行使によって、中央がいざとなればいかなる措置をも辞さないという決意を誇示したことは、口先のレトリックとして主権や独立をもてあそんでいた一部の地方指導者をより慎重にさせる効果をもった。もう一つには、中央で権力闘争が続いている間は、地方を味方につけるために地方への一定の譲歩が必要とされ、後者は「漁夫の利」を狙うことができたが、もはやそのような構図は解消された。

採択された憲法の連邦制に関わる最大の特徴は、四月と七月の案では連邦条約が憲法の一部に組み込まれていたのに対し、それをやめた点である。憲法の付則は、憲法の規定と連邦条約の規定が整合しない場合には憲法の規定が有効となるとして、連邦条約に対する憲法の優位性を確認した。これと関連して、内部共和国の「主権」性規定が削られた。[184]「主権」の語は一九九二年三月の憲法草案にはなく、連邦条約およびそれをうけた九三年四月および七月の草案で認められていたものだが、最終的に削られて元に戻った形になる。(これらの特徴は、最終草案が正式に公表される直前の新聞記事で既に指摘されていた)。[185]これまでの多くの憲法草案にあった内部共和国の国籍(市民権)設定への言及も削除された。[186]共和国・自治州・自治管区という民族的単位と、地方・州・二特別市という地域的単位の二本立ては維持されたが、同時に、これらは同権の連邦主体と位置づけられた(五条)。前年春の連邦条約が三通りに分けて結ばれたのは、それら三層の法的地位の違いを前提していたのに対し、憲法ではそれらの違いは名目的なものにとどまり、法的な差異はほとんどなくなった。[187]

他面、一九九三年憲法体制には一定の折衷性と不明確性があり、これは非対称的連邦制か対称的連邦制かという解釈論争を呼び起こすもととなった。すべての連邦主体が同権という面を重視すれば対称的連邦だが、共和国・自治州・自治管区・地方・州・特別市という異なったカテゴリーが併存している点に着目すれば非対称的と捉えられるし、また憲法制定後の実態――個別の権限区分条約締結という法制面でも、その運用面でも――からいえば、より非対称性が強いという両義性があるからである。ソ連時代のロシア共和国が明らかに非対称的な連邦制であり、九二年連邦条約もそれを受け継いだのに比べれば、九三年憲法は相対的に対称性を強めたが、むしろそれだけに、「にもかかわらず、実際には非対称性があるのではないか」という批評を生むもととなり、連邦制における非対称性論争が繰り広げられることになった。[188]

いずれにせよ、新憲法はそれまでの多くの憲法草案に比べて共和国の位置を引き下げるものであり、そのこととも関係して、憲法レファレンダムにおいて共和国では十分な支持を集めることができなかった。二一共和国のうち、完全ボイコットが一(チェチェン)、低投票率で不成立が一(タタルスタン)、それ以外に、賛成票の有権者数に対する比率で全国平均以下が一四あり、平均以上は五だけにとどまったし、投票者中の賛成率でみても、チェチェンを除く二〇共和国の平均で四六・五一パーセントと、五割を切った。[189] このような不安定要因がはらまれてはいたが、憲法採択はとりあえず連邦制問題に一応の決着をつけた。大多数の共和国指導部は内心の不満はともかくとして、採択された憲法に服従の姿勢を示した。憲法レファレンダムと同じ日に行なわれたロシア新議会選挙をボイコットしたのはチェチェンだけであり、タタルスタンは低投票率のため選挙不成立となったが、そのタタルスタンも後に中央と和解して議員を出した（第二章一四一頁で後述）。こうして、ロシアの国家体制に徹底して反逆し続けるのはチェチェンのみということになった。

結び　小括と展望

一九九三年憲法採択以後の経過については別個の研究課題となるため、ここでは駆け足の概観にとどめる。一九九三年秋—年末に中央レヴェルの権力闘争に決着がつき、ロシア連邦憲法も採択されたことで、連邦と共和国の対抗関係は一段落したかにみえたが、各地の政治家に残った不満はくすぶり続け、中央はその慰撫に努めねばならなかった。共和国の憲法の中には依然として「主権」の語を保持していたり、共和国の法律の優先性をうたったりしているものがあり、連邦法制との齟齬は続いた。[190] もっとも、チェチェンを唯一の例外として、分離独立とか内戦とかの兆しはなく、対抗関係は基本的に平和裡の条件闘争という性格のものである。一九九四年以降のチェチェン侵攻は一連の共和国で抗議運動を引き起こし、一旦やわらいだ共和国の反抗姿勢が再び強まるかにみえたが、結果的にはそれほど深刻化するに至らなかった。多くの共和国指導者は、内部における種々の野党に対抗して権力を維持するためにも、モスクワと適当なところで妥協する必要性に迫られていた。その妥協を象徴するのが、各共和国がモスクワと次々と権限区分条約を結ぶようになったことである。

もともと、新憲法制定以前の時期にタタルスタンやバシコルトスタンから、ロシア連邦と共和国の間の二者間条約が提案され、中央はこれを退けていた経緯があったが、今や憲法によって連邦体制の骨格が定められたことを前提して、中央も共和国との個別条約で権限区分を補足的に調整するという方針をとるようになった。一九九四年二月にタタルスタンとの間に結ばれた権限区分条約がその最初の例である。チェチェンを別として内部共和国中で最も反抗的だったタタルスタンとの間で権限区分条約が結ばれたことは、曖昧な妥協的要素を含みつつも、ともかくもタタルスタンを連邦体制にだきこむ意味をもった（第二章第三節2参照）。これに続いて、カバルダ＝バルカル（九四年七月）、バシコルトスタン（八月）、北オセチア（九五年三月）、サハ（六月）、ブリャート（七月）、ウドムルト（一〇月）、コミ（九六年三月）、チュヴァシ（五月）などとの間で次々と権限区分条約が結ばれた。更には、共和国だけでなく地方・州とも権限区分条約が結ばれ、一九九八年六月までに四〇以上の連邦主体が条約を結んだ。(191)

こうした権限区分条約締結は、モスクワが統御しきれない地方政権を連邦体制につなぎとめる意味をもった。一九九六年大統領選挙を控えた時期に特に集中的に権限区分条約が結ばれたのは、エリツィン陣営が選挙対策から地方行政府を味方につける必要を感じていたためである。こうして権限区分条約は政治的安定確保の意味をもち、エリツィン再選にも貢献したが、他方では、権限を共和国や州に譲りすぎ、ロシア連邦の国制を「憲法による連邦」ではなく「条約による連邦」と化す可能性があるとか、連邦制の非対称性を強め、法的斉一性を失わせるという批判論がモスクワの論者の間に広がった。むしろ、全連邦的な法律によって連邦制度を再編し、全国を斉一化すべきだという声が強まった。共和国主権論、コンフェデレーション論、「下から上へ」の原則などは国家を解体に導くものだとして強く批判されるようになった。(192)

このような批判論の高まりをうけて、連邦の統合強化を目指す試みはエリツィン時代末期に本格化した。連邦中央機関と構成主体の権限区分に関する連邦法採択の試みは、曲折の末、一九九九年六月に正式の公布に至った。(193)続いて一〇月には、構成主体の代議機関および執行機関の組織の一般原則に関する法律が公布された。(194)この二つの法律は、連邦の構造を連邦法で斉一的に定めようとする志向を示す。(195)このような統一化の志向は、二〇〇〇年のプーチン大統領就任後に一層強まることになる。

プーチン政権は発足直後に一連の連邦制改革を進め、連邦構成主体（共和国であれ地方・州であれ）に対する統制を強め、分散化に対して求心化を進めようと試みた[196]。連邦法と齟齬する共和国の憲法・法律については、連邦法に合致するように改正が指示された。この時期に憲法裁判所の一連の判決が連邦全体の法的空間統一の姿勢を示した（前注(184)参照）のもこれと符節をあわせる意味をもった。もっとも、そうした整合化が全面的に達成されたわけではなく、その実効性についても諸説がある。ともあれ、このような流れをうけて二〇〇四年に発足した第二期プーチン政権は、連邦国家の求心化・集権化の方針をさらに進めようとしている。特に〇四年九月、北オセチアにおける学校人質事件の衝撃の中でプーチンが打ち出した連邦制改革案は集権化を更に一歩進め、連邦主体の首長を事実上の任命制——大統領が候補を指名して地方議会が承認する——に代えるというもので、一二月に法制化された[197]。

このようにみるなら、一九九〇年以来、分散化と求心化の綱引きが続いており、ジグザグを含みながら求心化の試みが積み重ねられてきたことがみてとれる。一般に革命期には国家の遠心力が強まり、革命後の権力再建期には求心力の回復が課題となるから、革命の指導者は、旧政権への反逆者である間は遠心力拡大を促進する反面、自らが権力者となった後は、それまでと逆の課題に直面することになる。かつてのスターリンもそうだったが、エリツィンのジグザグもこのディレンマを象徴している。一九九〇—九一年のエリツィンはソ連中央との対抗上、内部の自治共和国に対して「主権を取りたいだけ取れ」というレトリックを弄したが、そのことはその後のロシア政権を苦しめるもとになった[198]。一方ではこれを取り消して斉一的な国家体制をつくろうとする努力、他方では、政治闘争の波動の中で地方指導者を味方につける必要から譲歩を重ねる動き——この矛盾する二つのヴェクトルが、せめぎ合いながら共存し、小刻みな変動を繰り返した。一九九三年憲法である程度の統合が進むかに見えたのとは裏腹に、九〇年代半ばにはむしろ分散化のヴェクトルが目立ったが、九〇年代末、そしてより決定的に二一世紀に入って再集権化の試みが進行した。第二次プーチン政権はそれをさらに強め、ある種の飛躍を実現しようとしているかに見える。だが、その着地点は未確定である。

（1）塩川伸明『民族と言語——多民族国家ソ連の興亡Ⅰ』岩波書店、二〇〇四年、第一章参照。

（2）出生・死亡・出入国統計は、そもそもセンサスに比べて掌握度が低い上に、センサスと違ってパスポートに基づいて民族帰属を記録しているため、民族的自己意識の変化を捉えられないといった問題が指摘されている。Социологические исследования, 2001, № 10, с. 88-93(Д. Д. Богоявленский). なお、右の論文には三つの統計表が掲げられているが、細かく民族名を挙げた表1とそれを大まかにグルーピングした表2とでなぜか総人口が異なっている(表3は表2に基づいてパーセンテージを出している)。本書の表1・1は同論文の表1に沿って比率を計算してあり、表3とわずかに食い違う個所がある(細かくいえば、表1にも誤植とおぼしい個所があり、その点は訂正した)。

（3）それぞれのデータの性格が異なっているだけでなく、同じ人の民族帰属申告に時期による変化がありうるため、統計上の変化は実体的な人口変動の反映とは限らない。というのも、センサスにおける民族帰属申告は、必ずしもパスポートの民族欄記載——これは一旦記載された後は変わらない——と合致せず、センサスごとに異なる民族帰属を申告することがありうるからである。こうした変更自体はソ連時代にもありえたが、当時はどちらかというとパスポートに引きずられた申告になりやすかったと考えられるのに対し、一九九七年に新しいロシアのパスポートで民族欄が廃止されたことは、民族帰属変更をより生じやすくさせたと考えられる。

（4）人口センサスに関するティシコフの予想を参照。Независимая газета, 5 ноября 1995 г., с. 4(В. Тишков).

（5）タタール人およびバシキール人の動向については本書第二章九七—九八頁、チェチェン人、イングーシ人については第三章一七八—一七九頁および二三四頁の注(53)参照。

（6）二〇〇二年センサスにおける民族構成について、表1・1の他、Социологические исследования, 2005, № 9, с. 64-74(В. В. Степанов, В. А. Тишков)の解説も参照。

（7）連邦制における対称性／非対称性という概念については、塩川伸明『国家の構築と解体——多民族国家ソ連の興亡

Ⅱ』岩波書店、二〇〇七年、一〇—一一頁参照。

（8）但し、ソヴェト期にはこのことは自明視されていたせいか、特に議論の対象にならず、「対称的／非対称的連邦」という概念も滅多に使われなかった（珍しい例として、ソ連邦形成時の討論の中でのスターリン発言については、塩川『国家の構築と解体』三五頁で触れた）。この概念が種々の論争を伴いつつ広く使われるようになるのは、ソ連解体後のロシア連邦においてである。ただ、歴史的にみるなら、もともとソ連時代のロシア共和国が非対称的連邦制だったことが後につながる意味をもつ（詳しくは後述）。

（9）Известия ЦК КПСС, 1991, № 4, с. 161–163. ここで彼の提案する「ロシア共和国」の「ロシア」には「ロシースカヤ」の語が使われているが、自治地域を含まないので共和国名から「連邦」の語は除かれている。「狭義のロシア（ルスキー／ルスカヤ）」と「広義のロシア（ロシースキー／ロシースカヤ）」の区別については、塩川『国家の構築と解体』一一九、一三三、一三五、二〇四—二〇五頁など参照。

（10）И. В. Сталин. Сочинения. М., 1946–1951, т. 5, с. 151–152（『スターリン全集』大月書店、一九五三—五四年、第五巻、一六二—一六三頁、訳文は改めた）。

（11）従来、スターリンはロシア中心的発想をとっていたとするのが通説だったが、むしろロシアが独自の政治的主体として登場することこそがソ連中央にとって最も恐れられる事態だったというのがここでの解釈である。ソ連解体前後の時期の民族主義の噴出がおさまり、歴史的存在としてのソ連を距離をおいてみられるようになった二〇世紀末頃から、このような新しい観点の研究が増えてきた。代表例として、Jeremy Smith, *The Bolsheviks and the National Question, 1917–23*, London: Macmillan, 1999, chapters 7 and 8; Terry Martin, *The Affirmative Action Empire: Nations and Nationalities in the Soviet Union, 1923–1929*, Cornell University Press, 2001, pp. 394–400; *id.*, "The Russification of the RSFSR," *Cahiers du Monde russe*, vol. 39, no. 1-2, January-February 1998, pp. 99–118. 塩川『国家の構築と解体』一一九、一四九、二〇二—二一〇、二一七—二一九頁など参照。

（12）Martin, *The Affirmative Action Empire*, pp. 283–285.

（13）塩川『国家の構築と解体』二〇七—二〇八、二一七頁参照。

(14) 本文では一九八九年の人口を挙げたが、二〇〇二年センサスによれば、最小のアルタイが二〇万、最大のバシコルトスタンが四一〇万となっている。人口一〇〇万以上として挙げた共和国は、チェチェン＝イングーシの個所にチェチェンが入る以外は順位に変わりないが、サハ、ブリャートは人口が減って一〇〇万を割った。一九八九年センサス・データは、Национальный состав населения СССР. М., 1991, с. 34–49. 二〇〇二年センサス・データは、Итоги Всероссийской переписи населения 2002 года. том 4 (Национальный состав и владение языками, гражданство). Книга 1. М., 2004, с. 25–122.

(15) 民族地域におけるロシア人比率が一部の例外はあれ概して低下の傾向をみせているのは、ロシア人の自然減、民族地域からロシア人地域への移動、また民族共和国では基幹民族としての登録が政策的に奨励されがちであること、などといった要因による。こうした変化については、二〇〇二年センサス実施に先立ってある程度予測されていた。Российские вести, 30 октября 1997 г., с. 2 (Э. Паин, А. Сусалов); Независимая газета, 19 июля 2001 г., с. 5 (М. Тульский). 表1・2と表1・3にみられる一九八九年と二〇〇二年の間の変化として最も大きなものは、チェチェン＝イングーシがチェチェンとイングーシに分かれ、それぞれ基幹民族比が九三パーセント、七七パーセントという高率になったことである。それ以外に、基幹民族比が上昇したところとして、カバルダ＝バルカル、カルムィク、カラチャイ＝チェルケス、ダゲスタン、北オセチア、タタルスタン、バシコルトスタン、ブリャート、トゥヴァ、ヤクート(サハ)など、逆にロシア人比率の上昇したところとしてウドムルト、カレリヤ、ハカス、ユダヤなどがある。

(16) ナゴルノ＝カラバフ自治州は例外的に早い時期に注目を浴びたが、これはロシア共和国の外の問題である。

(17) この総会に先立ち、総会へ向けての討論の中で自治地域の問題を集中的に取り上げた例として、Что такое сегодня автономия? // Дружба народов, 1989, № 5, с. 153–183.

(18) 八月に公表された草案は、Правда, 17 августа 1989 г., с. 1–2. 九月に正式採択されたものは、Правда, 24 сентября 1989 г., с. 1–2.

(19) Правда, 20 сентября 1989 г., с. 2.

(20) Правда, 22 сентября 1989 г., с. 2 (Г. И. Усманов). なお、ウスマノフはこの総会でソ連共産党中央委員会書記に選

出された。Правда, 21 сентября 1989 г., с. 1. 自治共和国の格上げという主張そのものが認められたわけではないにしても、自治地域出身の人間を中央指導部に入れて、ロシア共和国内の民族問題に対応させる必要性が感じられたためと思われる。彼は翌年の第二八回党大会の民族問題分科会でも、自治共和国をソ連の構成主体とし、他の自治地域も法的地位を向上させるべきだと述べているが、このときはもはやこれは党中央を代表する見解となっていた。XXVIII съезд Коммунистической Партии Советского Союза. Заседание секции "Национальная политика КПСС". Бюллетень для делегатов съезда. М., 1990(Российский государственный архив социально-политической истории, ф. 646, оп. 1, д. 17), с. 9.

(21) Правда, 21 сентября 1989 г., с. 3(Р. Н. Нишанов).

(22) 塩川『国家の構築と解体』六九―七二頁参照。

(23) この前後の状況については、同右、六一―六二、七一頁参照。

(24) Третья сессия Верховного Совета СССР. Стенографический отчет. М., 1990, ч. III, с. 253.

(25) Там же, ч. VII, с. 81–82.

(26) Там же, ч. VII, с. 70–71, 84–85, 88, 89.

(27) Там же, ч. IV, с. 77–78.

(28) Там же, ч. IV, с. 84–85.

(29) Там же, ч. IV, с. 21–23.

(30) Там же, ч. VII, с. 88–89.

(31) Там же, ч. VII, с. 89–90.

(32) Там же, ч. XI, с. 14, 18.

(33) 多くの発言があるが、典型的には、第三回ロシア人民代議員大会でのエリツィン報告、同時期のシャフライ発言など。Третий(Внеочередной)съезд народных депутатов РСФСР. Стенографический отчет. М., 1992, т. I, с. 134–136; Российская газета, 27 марта 1991 г., с. 2(С. Шахрай).

(34) 第一回ロシア人民代議員大会開会前夜の関連発言の例として，Советская Россия, 10 мая 1990 г., с. 2.

(35) このときの前後関係については，塩川『国家の構築と解体』二三二―二三三頁参照。

(36) Первый съезд народных депутатов РСФСР. Стенографический отчет. М., 1992–1993, т. I, с. 569–570. このときの討論では，エリツィンの他にも連邦条約Rに言及した発言の例がいくつかある。Там же, т. I, с. 603–604.

(37) Там же, т. I, с. 586–604; т. II, с. 8–154; т. III, с. 470–513; т. IV, с. 120–182, 204–251 など参照。

(38) Там же, т. IV, с. 161–162, 167 など。

(39) Там же, т. IV, с. 250–251. 経過の解説として，Советская Россия, 13 июня 1990 г., с. 1. 採択された主権宣言は，Советская Россия, 14 июня 1990 г., с. 1; Ведомости Съезда народных депутатов РСФСР и Верховного Совета РСФСР, 1990, № 2, ст. 22. ロシアの主権宣言採択については，塩川『国家の構築と解体』第三章第三節2も参照。

(40) Ведомости Съезда народных депутатов РСФСР и Верховного Совета РСФСР, 1990, № 4, ст. 55.

(41) Советская Россия, 20 июля 1990 г., с. 1; Ведомости Съезда народных депутатов РСФСР и Верховного Совета РСФСР, 1990, № 8, ст. 112.

(42) Советская Россия, 7 августа 1990 г., с. 1.

(43) Советская Россия, 11 августа 1990 г., с. 3.

(44) タタールでのエリツィン発言は，Советская Татария, 8 августа 1990 г., с. 1; 12 августа 1990 г., с. 2.(第二章一〇二―一〇三頁も参照)。バシキールでの発言は，Советская Башкирия, 14 августа 1990 г., с. 1. 中央紙での報道として，Советская Россия, 8 августа 1990 г., с. 1; Правда, 9 августа 1990 г., с. 2; Литературная газета, 1990, № 33(15 августа), с. 2(С. Бесщетнова); Московские новости, 1990, № 33(19 августа), с. 5(А. Минеев). ロシア指導部は七月二〇日の連邦評議会・大統領評議会合同会議でも，自治共和国が引き受けるすべてのものを与えると声明していたという。Советская Абхазия, 28 августа 1990 г., с. 3.

(45) Советская Россия, 26 августа 1990 г., с. 2.

(46) Советская Россия, 2 сентября 1990 г., с. 2.

(47)　Известия, 20 сентября 1990 г., с. 3(А. Мигранян).

(48)　Российская газета, 27 марта 1991 г., с. 2(С. Шахрай).

(49)　Комсомольская правда, 14 марта 1991 г., с. 2.

(50)　たとえば、Новое время, 1991, № 27, с. 9(В. Лукин); Известия, 6 мая 1992 г., с. 2(Н. Андреев). 第三回ロシア人民代議員大会のエリツィン報告については後述三三一—三四頁参照。

(51)　Московские новости, 1990, № 35(2 сентября), с. 8(Р. Хасбулатов); Известия, 24 сентября 1990 г., с. 2(Р. Хасбулатов).

(52)　Советская Россия, 24 октября 1990 г., с. 2.

(53)　なおロシアに限らず、一般に連邦構成共和国の政治家は、ソ連中央に対しては「主権」の実質化を要求し、事実上の連邦解体への勢いを生み出しながら、内部の民族地域に対してはその主権要求に歯止めをかけ、国家の単一性を断固として守ろうとするという二面性を示した。こうした状況は、グルジア(対アブハジア、南オセチア関係)、モルドヴァ(対沿ドネストル、ガガウス人地域関係)、ウクライナ(対クリミヤ関係)などに共通する。

(54)　Московские новости, 1990, № 50(16 декабря), с. 8-9(Г. Старовойтова). 後注(69)のシャフライ発言も参照。

(55)　両案とも、Советская Россия, 24 ноября 1990 г. に掲載されたほか、憲法委員会の案は、Аргументы и факты, 1990, № 47 および Российская газета, 22 ноября 1990 г. にも掲載された。

(56)　この点に関し、次の解説も参照。Советское государство и право, 1991, № 3, с. 9(Л. С. Мамут).

(57)　上野俊彦の紹介によれば、一〇月一九日付のパンフレットでは、「共和国」「ゼムリャー(邦)」「連邦領」の三本立てで、前二者が連邦主体とされていた。上野『ポスト共産主義ロシアの政治』日本国際問題研究所、二〇〇一年、一二四頁。とすると、憲法委員会は一〇月段階では「共和国」「ゼムリャー」「連邦領」という三本立てをとっていたのが、一一月になって前二者をともに「共和国」にするよう変えたことになる。もっとも、「共和国」と「ゼムリャー」が完全に同権と考えられていたとするなら、「共和国」という名に統一するのは、名前だけの違いともとれる。後注(110)も参照。

(58)　О. Г. Румянцев. Новая конституция для России: Наши подходы(Конституционные записки)//Конституционный вестник, № 2(октябрь 1990), с. 11.

(59)　この点に関する解説(共産党案に近い立場からのもの)として、Советское государство и право, 1991, № 3, с. 20-22 (И. П. Ильинский).

(60)　Ведомости Съезда народных депутатов РСФСР и Верховного Совета РСФСР, 1990, № 29, ст. 395. 自治共和国の「共和国」化の正式確認は翌九一年五月二四日の憲法改正。Ведомости Съезда народных депутатов РСФСР и Верховного Совета РСФСР, 1991, № 22, ст. 776. なお、この時点では元の自治共和国だけが「共和国」へと名称変更されたが、九一年七月三日には、アドィゲ、ゴルノ=アルタイ、カラチャイ=チェルケス、ハカスの各自治州も「共和国」に格上げする法律が採択され(Известия, 4 июля 1991 г., с. 2; Ведомости Съезда народных депутатов РСФСР и Верховного Совета РСФСР, 1991, № 27, ст. 930, 931, 932, 933, 934, 935)、ロシア内の共和国は二〇になった(ユダヤ自治州のみが「自治州」として残った)。

(61)　Четвертый съезд народных депутатов СССР. Стенографический отчет. М., 1991, т. 1, с. 515-519.

(62)　Там же, т. 1, с. 522-525.

(63)　この草案はチェチェン=イングーシの新聞に掲載された。Голос Чечено-Ингушетии, 31 января 1991 г., с. 1. ほぼ同時期の『ソヴェト・バシキリヤ』紙には、多少違った別の案が公表されている。Советская Башкирия, 13 февраля 1991 г., с. 2.

(64)　Советская Башкирия, 15 марта 1991 г., с. 2.

(65)　Советская Россия, 13 февраля 1991 г., с. 3. なお、ラヒモフの言及する一九一九年の条約関係については、塩川『国家の構築と解体』二六頁および本書第二章九四頁参照。

(66)　Советская Россия, 17 апреля 1991 г., с. 2.

(67)　Правда, 26 февраля 1991 г., с. 2; Московские новости, 1991, № 11(17 марта), с. 1.

(68)　Конституционный вестник, № 4(б. г.), с. 11(Ф. В. Шелов-Коведяев). この号には刊行年月が記載されていないが、後の第一三号掲載の総目次によれば一九九〇年一一月刊。

(69) Комсомольская правда, 27 марта 1991 г., с. 2(С. Шахрай). シャフライは(旧)自治共和国の動きをソ連中央の「陰謀」と決めつける発想で一貫しており、後年のインタヴューでも同様の見解を披瀝している。Комсомольская правда, 7 декабря 1996 г., с. 2(С. Шахрай); Независимая газета, 10 декабря 1996 г., с. 5(С. Шахрай).

(70) Советская Россия, 20 февраля 1991 г., с. 1.

(71) Советская Россия, 27 февраля 1991 г., с. 1.

(72) 第三回ロシア人民代議員大会でのハズブラートフの説明を参照。Третий (Внеочередной) съезд народных депутатов РСФСР, т. II, с. 204–205.

(73) Российская газета, 8 марта 1991 г., с. 1.

(74) Известия, 26 марта 1991 г., с. 2.

(75) Советская Россия, 20 марта 1991 г., с. 3. これに対する反論は、Третий (Внеочередной) съезд народных депутатов РСФСР, т. II, с. 213–214.

(76) Российская газета, 28 марта 1991 г., с. 1–2. このときのタタルスタンの動きについては第二章一〇六頁、チェチェン＝イングーシについては第三章一八四―一八五頁を参照。

(77) Известия, 27 марта 1991 г., с. 3.

(78) Советская Башкирия, 20 марта 1991 г., с. 1. 原資料では、ロシア・レファレンダムについては有権者に対する比率が挙げられているが、ソ連レファレンダムとの比較のため、投票者中の比率を算出した。なお、ロシア・レファレンダムの有権者中の賛成率は四四・五パーセントであり、注(75)の文献がバシコルトスタンで否決と報じたのはこれを根拠としている。

(79) Российская газета, 27 марта 1991 г., с. 2.

(80) アブドゥラチポフは二月に、エリツィンを批判する「六人の声明」(Советская Россия, 22 февраля 1991 г., с. 1. この声明については、塩川『国家の構築と解体』二四五―二四六頁参照)に名を連ねたが、その後もロシア最高会議民族院議長として政権を支える立場にとどまった。

(81)　Российская газета, 27 марта 1991 г., с. 2(Р. Абдулатипов); 27 марта 1991 г., с. 2(С. Шахрай).
(82)　Третий(Внеочередной)съезд народных депутатов РСФСР, т. I, с. 134–136.
(83)　特に，Там же, с. 134. こうしてエリツィンは一九九〇年八月の態度を翻したが，一九九四年にカザンを訪れた際には，「取りたいだけ取れ」という発言を取り消すつもりはないと述べて，あたかも九〇年八月に戻るかの態度を示した。Сегодня, 31 мая 1994 г., с. 1(Е. Трегулова). これはタタルスタンを連邦体制に取り込むことに成功した直後という特殊な雰囲気を反映したものである(第二章一四〇―一四一頁参照)。
(84)　Третий(Внеочередной)съезд народных депутатов РСФСР, т. II, с. 218; т. IV, с. 171; т. V, с. 56, 98.
(85)　Там же, т. II, с. 195–211.
(86)　Там же, т. II, с. 218.
(87)　Там же, т. IV, с. 168.
(88)　Там же, т. V, с. 31–32.
(89)　Там же, т. V, с. 76.
(90)　Известия, 6 апреля 1991 г., с. 1, 3. 大会決定(本文は短いが，長文の付録が付いている)は，Ведомости Съезда народных депутатов РСФСР и Верховного Совета РСФСР, 1991, № 16, ст. 501. また，連邦条約Uに関する決定は，Ведомости Съезда народных депутатов РСФСР и Верховного Совета РСФСР, 1991, № 16, ст. 502.
(91)　Российская газета, 18 апреля 1991 г., с. 2.
(92)　これとはやや異なる内容の連邦条約R案が少し後に雑誌に公表された――正確な作成時点および起草主体は不明――が，それは民族的自治単位のロシア連邦からの脱退可能性に触れ，また共和国は「憲法」をもつが，自治州・自治管区は基本規程，地方・州は基本規程ないし規約をもつとして，三種類の連邦主体の間に「格」の違いがあることを示唆している。民族共和国の地位を高める志向の草案といえる。Народный депутат, 1991, № 7, с. 25–28.
(93)　Российская газета, 17 мая 1991 г., с. 1.
(94)　この合意については，塩川『国家の構築と解体』六六―六七頁参照。

(95) Известия, 24 апреля 1991 г., с. 1. アカーエフ・キルギスタン大統領ははっきりと、「自治地域は、連邦構成共和国になると宣言したところも含めて、それらが領土的に属している連邦構成共和国によって代表される。……同盟(ソユーズ)を形成する国家となるのは、現憲法で連邦構成共和国として列挙されているところだけだ」と述べた。Комсомольская правда, 27 апреля 1991 г., с. 1.

(96) 声明のテキストは、Советская Татария, 14 мая 1991 г., с. 1; Советская Башкирия, 14 мая 1991 г., с. 1; Голос Чечено-Ингушетии, 14 мая 1991 г., с. 2 など。モスクワ紙での解説として、Независимая газета, 12 мая 1991 г., с. 3; Известия, 13 мая 1991 г., с. 1–2(Г. Алимов); 17 мая 1991 г., с. 1; Коммерсантъ, 1991, № 20(13–20 мая), с. 13(Г. Зайченко)など。

(97) Известия, 13 мая 1991 г., с. 1.

(98) Известия, 23 мая 1991 г., с. 3.

(99) Четвертый съезд народных депутатов РСФСР, т. IV, с. 49–50.

(100) Там же, т. IV, с. 63.

(101) Коммерсантъ, 1991, № 22(27 мая–3 июня), с. 11(М. Соколов).

(102) Известия, 17 июня 1991 г., с. 1(А. Давыдов); Независимая газета, 22 августа 1991 г., с. 3(М. Лисина).

(103) 八月政変の時点における内部共和国の指導部の対応については、クーデタが時間的に短かったせいもあり、情報が乏しい。実態がどうだったかとは別に、モスクワの政治家の多くは内部共和国指導者に不信をいだいており、後者の大多数はクーデタ支持、あるいは日和を見ていたと判断した。タタルスタンおよびチェチェン＝イングーシについては第二・三章で後述。北オセチアについて、Независимая газета, 22 августа 1991 г., с. 3(М. Лисина); Российская газета, 24 августа 1991 г., с. 2(А. Алешкин); 7 сентября 1991 г., с. 3(И. Муравьева). バシコルトスタンについて、Российская газета, 30 августа 1991 г., с. 2(М. Валиулин); Независимая газета, 3 сентября 1991 г., с. 3. モルドヴィンにおける「民主ロシア」による指導部更迭要求は、Известия, 17 сентября 1991 г., с. 1.

(104) Российская газета, 30 августа 1991 г., с. 1; Северная Осетия, 31 августа 1991 г., с. 1.

(105)　Независимая газета, 21 ноября 1991 г., с. 2(Е. Висенс); Республика Абхазия, 21 ноября 1991 г., с. 1.

(106)　Известия, 16 декабря 1991 г., с. 2(И. Демченко); Независимая газета, 17 декабря 1991 г., с. 2(Е. Висенс); Московские новости, 1991, № 51(22 декабря), с. 2(М. Подзорова).

(107)　九―一〇月の段階でゴルバチョフ周辺によって準備されたいくつかの連邦条約U案では、「他の国家を通して加盟する国家」が言及され、(旧)自治共和国も新しい連邦(同盟)の主体たりうるという八月政変以前の考えが維持されていた。Архив Горбачев-Фонда, ф. 5, № 10822, лл. 3-4; № 10826, лл. 4-5. しかし、これはロシア共和国の反対で削除された。Там же, № 10835, л. 3; № 10839, л. 3. このことは、(旧)自治共和国は連邦条約Uに参加の余地がないというロシア指導部の立場が貫かれたことを意味する。

(108)　Ведомости Съезда народных депутатов РСФСР и Верховного Совета РСФСР, 1991, № 34, ст. 1125; 1991, № 34, ст. 1146.

(109)　九月段階の討論経過について、Российская газета, 27 сентября 1991 г., с. 1.

(110)　一〇月に公表された第二次憲法草案および解説は、Российская газета, 11 октября 1991 г., с. 3-7. 移行規程によれば、従来の共和国はそのまま新憲法下の共和国に移行するのに対し、従来の地方・州・自治管区はいくつかずつ合同して新しいゼムリャーに移行することが想定された。草案の解説によれば、共和国・ゼムリャーあわせて四〇程度の連邦主体ができると予定された。なお、九月一六日付の単行パンフレット(Конституция Российской Федерации. Проект. М., 1991)と、一〇月に新聞に公表されたものを比べると多少の差異があるが、ここでは後者によった。前注(57)で触れた上野俊彦の紹介する九〇年一〇月の案には「ゼムリャー」の語があったので、今回の「ゼムリャー」化はいわば元に戻った形になる。

(111)　Конституционный вестник, № 8(октябрь 1991), с. 3-4(О. Г. Румянцев).

(112)　Московские новости, 1991, № 40(6 октября), с. 3(В. Шейнис).

(113)　Известия, 3 октября 1991 г., с. 3(Г. Попов).

(114)　Пятый(Внеочередной)съезд народных депутатов РСФСР. Стенографический отчет. М., 1992, т. III, с. 147-

149.

(115) Там же, т. III, с. 155–156.

(116) Там же, т. III, с. 159–160.

(117) Там же, т. III, с. 167–169.

(118) Там же, т. III, с. 174.

(119) Там же, т. III, с. 157–158, 163–164, 165–166.

(120) Там же, т. III, с. 176–177. 憲法委員会の名目上の議長であるエリツィンと，ルミャンツェフ主導の憲法委員会の間には微妙なズレがあり，このルミャンツェフ発言は動揺するエリツィンを自分の側に引きつけようとするものととれる。これに対しアブドゥラチポフは，エリツィンは「憲法的＝条約的」連邦という考えに全面的に賛成していると述べて「憲法的連邦」論のルミャンツェフを牽制し，誰が憲法委員会を指導しているのか，と問いただした。Там же, т. III, с. 174. 別の発言者は，エリツィンは憲法委員会議長であるのに，今年一度も会議に出てこなかったと指摘した。Там же, т. III, с. 164.

(121) Там же, т. III, с. 178–180.

(122) Московские новости, 1992, № 14(5 апреля), с. 2.

(123) Московские новости, 1992, № 9(1 марта), с. 5(Е. Амбарцумов).

(124) Московские новости, 1992, № 10(8 марта), с. 8.

(125) Московские новости, 1992, № 39(27 сентября), с. 6–7.

(126) Независимая газета, 19 февраля 1992 г., с. 3(В. Портников).

(127) Конституционный вестник, № 10(февраль-март 1992), с. 45–46(А. П. Илларионов).

(128) ソ連邦については，союз; union という用語が使われていたため，それが「連邦(フェデレーション)」なのか否かという概念上の問題があったが(塩川『国家の構築と解体』第一章参照)，ロシアについては，ソ連時代もその後も一貫して федерация; federation の語が使われているので，この点での紛れはない。しかし，用語の上では問題がなくても，その

「連邦（フェデレーション）」の内実を具体的にどう定めるかについては選択の余地があり，まさしくその点が問題となった。

(129)　Конституционный вестник, № 9(декабрь 1991), с. 115–119.

(130)　Российская газета, 15 января 1992 г., с. 3.

(131)　Независимая газета, 14 февраля 1992 г., с. 5(Ю. Калмыков). なお，カバルダ人，チェルケス人，アディゲ人は親近民族であり，そのことと関係して，カルムィコフの民族帰属についてはチェルケス人といわれるときとカバルダ人といわれるときとがある。

(132)　Конституционный вестник, № 10(февраль-март 1992), с. 39–47(А. П. Илларионов).

(133)　権限区分協定案は，Российская газета, 28 января 1992 г., с. 3.

(134)　この決定の解説として，Московские новости, 1992, № 7(16 февраля), с. 20(О. Глезер)参照。

(135)　Российская газета, 28 февраля 1992 г., с. 3(А. Алюшин).

(136)　タタルスタンについては第二章第三節で後述する。カレリヤ共和国首脳の見解は，Независимая газета, 19 февраля 1992 г., с. 3(В. Портников). バシコルトスタン共和国について，Независимая газета, 28 февраля 1992 г., с. 3(Р. Батыршин). カルムィク共和国について，Известия, 22 февраля 1992 г.(М), с. 1. 共和国化を目指すクラスノヤルスク地方について，Известия, 15 февраля 1992 г., с. 1など。

(137)　Российская газета, 15 февраля 1992 г., с. 1; Независимая газета, 19 февраля 1992 г., с. 1.

(138)　Народный депутат, 1992, № 3, с. 15–16(Р. Абдулатипов); Российская газета, 29 февраля 1992 г., с. 1.

(139)　Независимая газета, 14 марта 1992 г., с. 2(С. Пархоменко); 18 марта 1992 г., с. 2(С. Пархоменко); там же(В. Тодрес); Российская газета, 14 марта 1992 г., с. 1. 条約案は，Российская газета, 18 марта 1992 г., с. 2.

(140)　Независимая газета, 17 марта 1992 г., с. 3(В. Портников).

(141)　新憲法案の第七および七七条。Аргументы и факты, 1992, № 12, с. 3.

(142)　Коммерсантъ, 1992, № 12(16–23 марта), с. 18(М. Соколов); Независимая газета, 24 марта 1992 г., с. 1; Известия, 31 марта 1992 г., с. 1(В. Кононенко).

(143) この当時、一体としての「チェチェン＝イングーシ共和国」は事実上存在しなくなっており、分離独立論を明確にしていたチェチェンは当然ながら連邦条約に参加しなかった。他方、イングーシはロシア連邦内での自治を求めていたが、この時点ではまだロシア中央はチェチェンとイングーシの分離を認めておらず(六月に分離を決定)、「チェチェン＝イングーシ共和国」が存在しているという建前をとっていたため、「イングーシ共和国」としての参加をすることはできなかった。

(144) Российская газета, 31 марта 1992 г., с. 1; Московские новости, 1992, № 14(5 апреля), с. 2; Известия, 1 апреля 1992 г., с. 1(Н. Андреев).

(145) Северная Осетия, 27 марта 1992 г., с. 1; 31 марта 1992 г., с. 1.

(146) Российская газета, 21 марта 1992 г., с. 1. これはタタルスタンのレファレンダム前夜にタタルスタン市民に呼びかけたもの。

(147) Российская газета, 31 марта 1992 г., с. 1.

(148) Независимая газета, 1 апреля 1992 г., с. 1(Р. Батыршин); Литературная газета, 1992, № 15(12 апреля), с. 9 (В. Радзиевский).「付録」の全文は、Советская Башкирия, 3 апреля 1992 г., с. 1; Независимая газета, 4 апреля 1992 г., с. 2.

(149) Федеративный договор. Документы. Комментарии. М., 1992, с. 18.

(150) Шестой съезд народных депутатов Российской Федерации. Стенографический отчет. М., 1992, т. II, с. 19–20.

(151) Там же, т. II, с. 20.

(152) Там же, т. II, с. 31.

(153) Там же, т. II, с. 62.

(154) Там же, т. II, с. 66, 89–90; т. IV, с. 51–69.

(155) Ведомости Съезда народных депутатов РСФСР и Верховного Совета РСФСР, 1992, № 20, ст. 1084.

(156) Шестой съезд народных депутатов Российской Федерации, т. V, с. 56–58.

(157) Государство и право, 1992, № 11, с. 29–37(И. П. Ильинский, Б. С. Крылов, Н. А. Михалева). なお、「コンフェデレーション(国家連合)」と「フェデレーション(連邦)」の区別と関連については、塩川『国家の構築と解体』七―八、三五―三六、五七―六〇、八四―八七頁など参照。

(158) Конституционный вестник, № 12(сентябрь 1992), с. 5–14(О. Г. Румянцев).

(159) Российская газета, 1 октября 1992 г., с. 1; Независимая газета, 29 сентября 1992 г., с. 3(Р. Батыршин).

(160) Независимая газета, 16 октября 1992 г., с. 1(В. Кузнецова). 共和国首脳評議会設置に関する大統領命令(一〇月二三日付け)は、Российская газета, 30 октября 1992 г., с. 4.

(161) Независимая газета, 29 октября 1992 г., с. 1(Р. Батыршин).

(162) Российская газета, 4 ноября 1992 г., с. 2.

(163) Независимая газета, 24 ноября 1992 г., с. 1(Р. Батыршин).

(164) Московские новости, 1993, № 2(10 января), с. A8–A9(В. Орлов).

(165) Ведомости Съезда народных депутатов РСФСР и Верховного Совета РСФСР, 1992, № 42, ст. 2350.

(166) Конституционный вестник, № 14(декабрь 1992), с. 19.

(167) Аргументы и факты, 1993, № 2(январь), с. 1–2; Московские новости, 1993, № 6(7 февраля), с. A8–A9(В. Емельяненко); 1993, № 27(4 июля), с. A9(П. Анохин); *RFE/RL Research Report*, 1993, no. 15, pp. 10–11.

(168) *RFE/RL Research Report*, 1993, No. 15, pp. 8–13.

(169) Российская газета, 19 мая 1993 г., с. 2. このときのタタルスタンの対応については第二章一三八頁参照。

(170) Независимая газета, 29 апреля 1993 г., с. 1–2.

(171) Российские вести, 24 апреля 1993 г., с. 1–2.

(172) Известия, 30 апреля 1993 г., с. 3–5.

(173) Российская газета, 8 мая 1993 г., с. 9–13.

(174) Государство и право, 1993, № 5, с. 29(В. Н. Синюков)；上野俊彦、前掲書、一二七頁など。

(175) Государство и право, 1993, № 5, с. 28–34(В. Н. Синюков).

(176) Государство и право, 1994, № 3, с. 55–58(Ф. Х. Мухаметшин).

(177) *RFE/RL Research Report*, 1993, no. 24, supplement, p. 4.

(178) И. Р. Тагиров. История национальной государственности татарского народа и Татарстана. Казань, 2000, с. 301. 第二章一三九頁も参照。

(179) Московские новости, 1993, № 27(4 июля), с. А8(О. Бычкова).

(180) Независимая газета, 13 июля 1993 г., с. 1, 3(В. Кузнецова).

(181) 草案テキストは、Российские вести, 15 июля 1993 г., с. 3–6. 森下敏男による邦訳(一二月に最終採択されたものとの対比を含む)が『神戸法学年報』第九号(一九九三年)にある。

(182) Российская газета, 14 августа 1993 г., с. 1.

(183) Независимая газета, 28 сентября 1993 г., с. 1, 3(И. Родин).

(184) もっとも、第五条に「共和国(国家)」という文言があり、国家である以上は当然に主権をもつ——共和国に限らず、地方・州などの連邦主体も——という解釈もある。Государство и право, 1995, № 3, с. 5(Б. С. Эбзеев, Л. М. Карапетян). しかし、二〇〇〇年六月のロシア憲法裁判所判決(アルタイ共和国憲法に関するもの)は、一九九三年憲法は二層の主権的権力の存在を認めておらず、連邦構成主体に主権を認めてはいないと指摘した。Собрание законодательства Российской Федерации, 2000, № 25, ст. 2728. 関連する一連の判決を含めた紹介として、小森田秋夫「ロシア憲法裁判所の判決から・6・ロシア連邦を構成する共和国は『国家』だが『主権』はもたない」『ユーラシア研究所 News Letter』第五二号(二〇〇二年五月)、樹神成「ロシアにおける連邦制改革と憲法政治」『ロシア・東欧研究』第三〇号(二〇〇一年版)、二〇〇二年、一五一一六頁、渋谷謙次郎「現代ロシアの国家統一と民族関係立法」三『神戸法学雑誌』第五三巻第四号、二〇〇四年、二二一〇—二三三頁。

(185) Независимая газета, 5 ноября 1993 г., с. 1(И. Родин).

(186) 国籍問題については、塩川伸明「国家の統合・解体とシティズンシップ——ソ連解体前後の国籍法論争を中心に」塩川伸明・中谷和弘編『国際化と法』東京大学出版会、二〇〇七年所収参照。

(187) 共和国と他の連邦主体の間の僅かな違いとしては、共和国は「憲法」をもつのに対し、その他は「憲章」をもつ(五条、六六条)、共和国は独自の国家語を設定できる(六八条二項)などの点が残った。首長の名称は共和国では「大統領」、その他では「知事」とされることが多いが、これは絶対的な差異ではない。

(188) ソ連時代のロシア共和国および一九九二年連邦条約における非対称性については前述。しかし、「非対称性」という概念はこの頃まではあまり使われず、むしろこの後に盛んに議論の対象となった(相対的に早い時期にこの語を使った例として、Конституционный вестник, № 12(сентябрь 1992), с. 7(О. Г. Румянцев); Московские новости, 1993, № 2(10 января), с. А8–А9(В. Орлов); Государство и право, 1993, № 5, с. 28–34(В. Н. Синюков); Государство и право, 1994, № 3, с. 55–58(Ф. Х. Мухаметшин)など)。憲法の文面上では非対称性がやや抑えられ、対称的連邦制に近づいたようでいながら、なおかつ非対称性の要素が残る——しかも、実態においては憲法の文面以上にそれが大きい——という矛盾した状況が生じたために、それまであまり意識されていなかった論点が人々の強い注意を引くようになったようにみえる。「非対称性」概念が論争を伴いつつ広く使われだす経過については、小杉末吉「ロシア連邦の『非対称性』について」『(中央大学)法学新報』第一〇七巻第三・四号(二〇〇〇年九月)参照。欧米の論者の間でも、一九九〇年代半ば以降、にわかにロシアの連邦制における非対称性に関する議論が増えたが、その多くは歴史的経緯の認識が不十分である。Gail W. Lapidus and Edward W. Walker, "Nationalism, Regionalism, and Federalism: Center-Periphery Relations in Post-Communist Russia," in Gail W. Lapidus(ed.), *The New Russia: Troubled Transformation*, Westview Press, 1995; Gail W. Lapidus, "Asymmetrical Federalism and State Breakdown in Russia," *Post-Soviet Affairs*, vol. 15, no. 1(January-March 1999), pp. 74–82; Jeff Kahn, "The Parade of Sovereignties: Establishing the Vocabulary of the New Russian Federalism," *Post-Soviet Affairs*, vol. 16, no. 1(January-March 2000), pp. 80–86; Alfred Stepan, "Russian Federalism in Comparative Perspective," *Post-Soviet Affairs*, vol. 16, no. 2(April-June 2000), pp. 133–176など。欧米研究者は概して非対称的連邦制を否定的に捉えるのに対し、ティシコフはむしろそれを積極的に擁護している。Valery Tishkov, *Ethnicity, Nationalism*

and Conflict In and After the Soviet Union: The Mind Aflame, London: Sage Publications, 1997, p. 277. 非対称的連邦制の擁護論として、前注(158)のルミャンツェフ発言も参照。タタルスタンの論者も、ロシアの進むべき未来は非対称的連邦制にあると主張する。И. Р. Тагиров. Очерки истории Татарстана и татарского народа (XX век). Казань, 1999, с. 448–449. 是々非々的な立場として、Государство и право, 1994, № 8–9, с. 150–154 (В. Е. Чиркин). また、非対称的連邦制はあくまでも憲法の枠内においてのみ許容されると唱える議論として、Государство и право, 1995, № 3, с. 8–12 (Б. С. Эбзеев, Л. М. Карапетян).

(189) 上野俊彦、前掲書、一三〇頁の表を参照。タタルスタンについては第二章一三九―一四〇頁参照。

(190) Государство и право, 1995, № 3, с. 4–5 (Б. С. Эбзеев, Л. М. Карапетян); 1995, № 4, с. 3–10 (Н. А. Михалева); Российская Федерация, 1995, № 12, с. 20–23 (А. Асочаков, И. Умнова) など。ロシア内自治地域の「分離主義」の度合いを量的に測定し、その要因を探ろうとした試みとして、Daniel Treisman, "Russia's 'Ethnic Revival': The Separatist Activism of Regional Leaders in a Postcommunist Order," *World Politics*, vol. 49, no. 2 (January 1997).

(191) 権限区分条約を結んだ連邦主体の数は、論者によって八九のうち四九、四七(うち、二一共和国中の一一)、四六などとされる。Kahn, *op. cit.*, p. 83, n. 35; 樹神成、前掲論文、九頁、渋谷謙次郎、前掲論文(三)、一八五頁。

(192) 一例として、Российская Федерация, 1995, № 12, с. 20–23 (А. Асочаков, И. Умнова).

(193) Собрание законодательства Российской Федерации, 1999, № 26, ст. 3176.

(194) Собрание законодательства Российской Федерации, 1999, № 42, ст. 5005.

(195) 樹神成、前掲論文、渋谷謙次郎、前掲論文(三)、一九五―二〇八頁参照。後者には、第二の法律のその後の改正を含んだ抄訳も掲載されている。

(196) Собрание законодательства Российской Федерации, 2000, № 31, ст. 3205; 2000, № 32, ст. 3336; 2003, № 27, ст. 2709 など。

(197) Собрание законодательства Российской Федерации, 2004, № 50, ст. 4950.

(198) 「主権を取りたいだけ取れ」という言葉があまりにも有名になったため、ジャーナリスティックな解説では、これがエリツィンの一貫した立場であったかに解釈され、分権化志向のエリツィンと集権化志向のプーチンという風に両極的に対比されることがよくある。しかし、本章で明らかにしたように、一九九〇年八月に発せられたこのスローガンは、その直後から、エリツィンの側近たちによって「失言」とみなされ、エリツィン自身もなし崩し撤回を図るなど、決して一貫して保持されたわけではない。九〇年代のエリツィン政権の政策は一貫性が乏しいが、九〇年代末には明確に再集権化を志向するようになり、それがプーチンに引き継がれた。第二期プーチン政権下のより決定的な集権化政策については別に論じなくてはならないが、少なくともエリツィン時代末期と第一期プーチン政権の間には明瞭な連続性がある。

第二章　ヴォルガ＝ウラル地域の場合——タタルスタンを中心として

この章と次章では、ロシア共和国／ロシア連邦内部の民族地域の二大事例として、ヴォルガ＝ウラル地域と北カフカースを取りあげ、中でもタタルスタン共和国とチェチェン共和国について論じる。この二つの事例は、これまでもロシアの民族地域の中で最も大きな注目を集めてきた。特にソ連解体直後の時期には、この両者を二大反逆者として並列する解説もしばしば行なわれた。しかし、その後の経過としては、ゲリラ戦争と暴力的対立の続くチェチェンと、平和裡に推移しているタタルスタン——ロシア中央との種々の対抗関係は持続しているが、それはいわば「馴れ合い」的な闘争の様相を呈している——という風に大きく分かれた。そのように対照的な二つの例を並べることで、ロシア内部の民族問題についての一面的な像を避け、選択の幅の広さを示したい。両地域の差異の大きさに鑑み、本章と次章では基本的にそれぞれの地域の各論的な分析を行ない、次章の末尾で簡単な比較を試みる。

はじめに

ロシア内の非ロシア諸民族のうちで最も人口が多いのはタタール人である(一〇頁の表1・1参照)。民族の人口とは別に、その民族が本拠地とする地域の人口についていうと、タタール自治共和国(一九九〇年に「タタルスタン共和国」と改称)はバシキール自治共和国(同年に「バシコルトスタン共和国」と改称)と並んで、他の自治共和国を引き離す規模をもっていた(一九八九年にバシキール自治共和国は三九四万人、タタール自治共和国は三六四万人、二〇〇二年には四一〇万と三七八万人)[1]。歴史的にも、タタール人は古くから固有の民族エリートと伝統をもっており、また現代政治においてもタタルスタン共和国はロシアの内部共和国のうちで特に目立った位置を占めている。そうした事情から、この地域の動向はこれまでにも多くの人の注目を集めており、先行研究も多い[2]。

本章の主要対象はタタール自治共和国/タタルスタン共和国であるが、それを取り巻くヴォルガ＝ウラル地域全般の民族状況について簡単に確認しておくなら、この地域の諸民族のうち、チュルク系のムスリムという特徴づけが当てはまるのはタタール人とバシキール人だけであり、その他の民族は元来それぞれ民間宗教をもっていたところへキリスト教(正教)とイスラームが布教された。チュヴァシ、ウドムルト(かつてはヴォチャーク人と呼ばれた)、モルドヴィンではキリスト教が強く(ウドムルトにはムスリムもいる)、マリ(かつてはチェレミス人と呼ばれた)では固有信仰が強いという。言語の系統としては、モルドヴィン、マリ、ウドムルトはフィン＝ウゴル系(ウラル系)であり、チュヴァシはチュルク系である(チュヴァシについてはフィン＝ウゴル的要素も混じっているといわれる)。これらの諸民族は正教徒が多く、またいわゆる「タタール・ヘゲモニー」に脅威を感じることから、相対的に親ロシア的傾向をもつことがしばしば指摘されている。ここには、モスクワ——帝政ロシアにせよソヴェト政権にせよ——がタタールと対抗するためにいわゆる「分割統治」策を利用したという面もあるが、民族間対抗を純然たる「人為的」な政策の産物とまで言い切れるかは微妙である。

バシキールの場合、チュルク系のムスリムという点ではタタールとの共通性が大きいが、そうした近接性は他面で対抗意識のもとともなる。一般に親近関係にあるエスニック・グループの間では、人口規模その他の要因による勢力の差から「兄」と「弟」の関係になぞらえられるような関係がしばしばみられるが、そこにおいて「兄」とみなされる側は自己のヘゲモニー下での統一を当然視するのに対し、「弟」の側は「兄」に対する愛憎半ばした微妙な感情をいだくことが珍しくない。タタールとバシキールの間でも、タタール人の方は、タタールとバシキールはもともと一体であり、ソヴェト政権は両者の連帯を破壊するために意図的に分断を持ち込んだという見方をとりがちであるのに対し、バシキール人の方からすれば、「バシキール人はタタール人の一部だ」という言い方はバシキールの主体性を否定するものと受けとめられて、反撥される。このように、この地の諸民族の間には、「タタール人を中心とする団結」論と「タタール・ヘゲモニーに対する他の諸民族の反撥」という相矛盾する要素があり、これとロシア人との関係が交錯しながら複雑な政治過程が織りなされることになる。

第一節　背　景

1　歴史概観

モンゴル帝国来襲以前のヴォルガ中流域には、ヴォルガ・ブルガール人が独自の文明を築いていた(一〇―一三世紀)。その末裔がチュヴァシ人だと一般にいわれているが、今日のタタール人をヴォルガ・ブルガール人の子孫とする見方もあり、チュヴァシとタタールの間で、どちらがブルガールの正統な子孫かをめぐる論争がある。また、タタール人の起源を主にブルガールに求めるか、それともキプチャク・ハン国に求めるかをめぐっても論争がある。(3) 起源論はともかく、一三―一五世紀にはヴォルガ中流域を含む広い領土がキプチャク・ハン国の統治下におかれたが、そこから分かれたカザン・ハン国が一四三七ないし三八年に建設された。その首都カザンはヴォルガ中流に位置する交通の要衝であり、東西商業の中心として栄えた。

ロシアとヴォルガ・タタール人(4)の間では、何度も戦争が繰り返されたため、対抗の側面が強調されがちだが、商業をはじめとする交流もあり、ロシアがタタールから吸収した文化的要素も少なくない。ロシアははじめのうちタタール勢力(キプチャク・ハン国およびその継承諸国家)よりも劣勢だったが、徐々に従属状態から脱し、イワン四世(雷帝)時代の一五五二年にカザンを陥落させ、カザン・ハン国を併合した。一三―一五世紀におけるロシアのモンゴル・タタールへの従属のことを「タタールのくびき」と呼ぶのがロシア人の間では一般的な捉え方だが、これに対しては様々な角度から異論も唱えられている。ロシア人の間にも、西方に対抗する上で東方との同盟に意義を見出す見方――いわゆる「ユーラシア主義」――があるし、タタール人の側からは、タタールのロシア支配はそれほど苛酷なものではなく、むしろ当時の先進国だったモンゴルの文化のロシアへの流入は文明化を意味したとされる。また、ロシアが「タタールのくびきからの解放」とみなす一六世紀以降の歴史は、現代のタタール民族主義者の立場からすれば、むしろタタールが隷従化され、「ロシアのくびき」のもとにおかれたということになる。(5) そうした現代的政治論はさておくとしても、ロシア人が「母」と呼ぶヴォルガ川の中流にカザンが位置していること、そしてロシアがタタールから多くの文物を受け入れたことからも明らかなように、ロシアにとってタタールは単純に「外なる存在」「異質な者」「対極者(アンチポド)」ではなく、むしろ「内側」に深く食い入った独自な「他者」であり、しかも、かつての支配者として脅威の念をもってみられる対象でもあった。

カザンとその周辺がロシア領になった後も、もともとタタールが独自の文明を誇っていた歴史的背景もあり、一挙に同化(ロシア化)が推し進められたわけではない。キリスト教(正教)の布教も行なわれたが、この地域で正教に改宗した者の多くは、深くイスラーム化したタタール人よりもむしろチュヴァシやフィン＝ウゴル系の農民が中心だったといわれる。一八世紀後半のエカチェリーナ二世時代には、イスラームは「啓蒙宗教」とみなされ、イスラームに対して相対的に寛容な政策がとられた。この政策はエカチェリーナ死後に放棄されたが、ともかくロシアの対タタール政策は、「中心」による「周辺」への一方的な抑圧・同化という単線的なものではなく、かつて高い文明と繁栄を誇った隣接者への脅威感・畏怖・対抗意識などの入り混じったデリケートなものだった。

タタール人の中には商業従事者も多く、彼らはロシア各地の広い地域にわたって活動した。そうしたタタール人の広域的活動はロシア帝国のムスリムの相互接触を広げ、彼らの間に連帯の気運を育てることに貢献した。一九〇六年に生まれたロシア・ムスリム同盟(イティファク)の中でも、タタール人が主導的な役割を果たした。(6) 二〇世紀初頭には、クリミヤ出身のガスプリンスキーの始めた新教育運動(ジャディード運動)も活発になった。

一九一七年革命におけるロシア・ムスリムの動きはきわめて複雑であり、具体的経過に詳しく立ち入ることはできないが、重要なのは、どのような空間的範囲で国家ないしそれに準ずる領域単位を形成するかをめぐる構想が複数存在し、それらが対抗しあっていたことである。概していって、タタール人はその居住地域が分散しているため領土的自治よりも広域統一国家(旧ロシア帝国の全体)内での文化的自治論に傾いたのに対し、アゼルバイジャン人やウズベク人などは固有の領土における自治と連邦論に傾くという対抗関係があった。しかし、一〇月革命後の新しい情勢の中で、元来は領土的自治に消極的だったタタール人の民族運動も、ボリシェヴィキ政権に対抗するため領土的自治論に転換し、ヴォルガ＝ウラル地域を広く包括する「イデル＝ウラル国家」を構想した(「イデル」とはタタール語でヴォルガのこと)。ソヴェト派はこれに対抗して、一九一八年三月に「タタール＝バシキール・ソヴェト共和国」をロシア連邦共和国の中の自治共和国として打ち出した。しかし、当該地域が内戦の舞台となったため、いずれの構想も一旦棚上げになった。

白軍撤退後の一九一九年にソヴェト政権が再建されるに際して、今度はタタールとバシキールが別々の自治共和国をつくることになった。その背景としては、ゼキ・ヴェリディ・トガン(ロシア名ヴァリドフ)の率いるバシキール民族派政権がモスクワとの間で三月に条約を結び、ロシア連邦共和国内で広汎な自治をもつ「バシキール自治共和国」が宣言されたことが挙げられる。これに対してスルタンガリエフらのタタール人革命家は「タタール＝バシキール国家」建設の再開を目指したが、バシキール自治共和国創設が既定の方針となっていた以上、これは受けいれられなかった。ここに示されるように、タタールの側ではタタールとバシキールの一体性を重視して、両者が一つの共和国をつくるのを当然とする——両者が分けられたのはモスクワによる人為的な分断だとする——考えが強い。欧米でも、タタールとバシキールの統一を恐れたボリシェヴィキによる分断政策という解釈がしばしば出されている。[7] これに対して、バシキール人の間では、そのような考えはタタールの覇権主義であり、バシキール人の自決権を無視したものだと反撥される(スルタンガリエフは、タタール人はバシキール人やカザフ人よりも高いところに位置しており、後者はタタール人に同化すべきであるとしていた[8])。

ともかく、こうして「タタール＝バシキール国家」建設はありえなくなり、一九二〇年五月二七日にはタタール自治共和国形成の布告が出されたが、その後もスルタンガリエフらは、タタール自治共和国の領土をできるだけ広くして大ムスリム国家をつくること、およびその地位の向上を試みた。一九二二年末のソ連邦形成に際しては連邦構成共和国の地位を獲得しようとして認められず、自治共和国にとどめられた[9]。その後も、自治共和国から連邦構成共和国への昇格要求は、一九三六年憲法制定時や一九六〇―七〇年代などに繰り返し提出されたが、その都度、外国と接する国境をもっていないからという口実で拒否されてきた[10]。

タタール自治共和国は、民族エリートの歴史の古さや規模の大きさなどの点で一連の自治共和国の中で上位に位置し、いくつかの連邦構成共和国と肩を並べる。人口規模は一九二六年時点で二五九万で、アゼルバイジャン、アルメニア、タジク、トルクメンよりも大きく、グルジアとほぼ等しかったし、一九八九年時点では三六四万で、ラトヴィア、エストニア、アルメニア、トルクメンよりも大きく、リトワニアとほぼ等しかった[11]。周囲がすべてロシア共和国に囲まれていて外国との国境をもたないという事情や、住民の民族構成において基幹民族が優位でないという事情――スターリンは三六年の演説でこれらの点を連邦構成共和国化拒否の主な理由として挙げた[12]――は確かに独立を相対的に困難にする要因であるとはいえ、絶対的障害とまでいえるかには疑問の余地がある(ヴァティカン市国もサンマリノも周囲をイタリアに囲まれている。また人口比で基幹民族がそれほど優勢でなくてもソ連の連邦構成共和国だった例としてはカザフスタン、ラトヴィア、キルギスタンが挙げられる)。中央アジアが一九二〇年代半ばから三六年にかけて連邦構成共和国としての地位を認められたのにタタールが自治共和国にとどめられたのはスターリン演説だけでは説明できず、やはり中央の側に強大なタタールへの危惧があったからではないかと推測する余地を残している。(13)

2 人口と言語

一九八九年ソ連人口センサスによれば、タタール人はソ連全体で六六五万人、ロシア共和国に五五二万人おり、この規模はソ連の諸民族の中で多い方から第七位、ロシア共和国の中では第二位に当たるが、そのうちタタール自治共和国に住んでいたのは一七七万人、つまりソ連のタタール人の約四分の一に過ぎなかった(隣のバシキール自治共和国に住む一一二万をあわせても二八九万で、ソ連全体のタタール人の半分以下である)。(14) また二〇〇二年ロシア連邦センサスでは、ロシア連邦におけるタタール人の数は五五六万で、以前同様に第二位だが、そのうちタタルスタンに住むタタール人は二〇〇万人となっている。(15) こういうわけで、タタール人の人口は総数としてはソ連・ロシアの中でかなり多い方に属するが、そのうちタタールという名称を与えられている地域に住む者はごく一部だけということになる。これは、ロシア各地にタタール人が分散居住しているという言い方もできるが、もともとタタールの土地だったところがロシア領にされたのだという見方も可能であり、実際、タタール民族主義者の側からはそのような主張が現われた。(16) いずれにせよ、タタール人はその「本拠地」外に居住するディアスポラが多い点が一つの顕著な特徴をなす。

タタール自治共和国の人口の民族構成については、**表2・1**に示されている。(17) みられるように、タタール人とロシア人が拮抗しており、その比率はソ連時代を通じてほぼ安定していた(二〇〇二年センサスでは一定の変化が記録されているが、この点についてはすぐ後で検討する)。しかし、都市部をとりだしてみると、タタール人の比率が一九二六年の二三・二パーセントから一九八九年の四二・一パーセントへと着実に上昇したという変化がある。別の言い方をすると、一九二六年にはタタール人のわずか五・六パーセントが都市に住むだけで、九四・四パーセントが農村に住んでいた(ロシア人はこの比が一八・三パーセントと八一・七パーセント)のが、一九八九年には六三・四パーセントと三六・六パーセント(ロシア人については八五・七パーセントと一四・三パーセント)となった。(18) つまり、両民族とも長期的に都市化が進行したが、タタール人の方がより急ピッチに都市人口比が上昇し、ロシア人に迫っているということになる。このことは、都市に住んで高い教育を受け、エリート的地位につこうとするタタール人の増大と、そうした地位をめぐる民族間の競合の激化を意味する。これはタタール民族主義興隆の一つの基盤となった。(19)

ソ連解体後最初のロシアにおける国勢調査である二〇〇二年センサスでは、タタール人比率の顕著な上昇とロシア人比率の低下がみられるが、これを解釈する際には、以下のような事情を考慮に入れなくてはならない。このセンサス・データによれば、タタルスタンでは一九八九年から二〇〇

表2・1　タタール自治共和国の人口の民族構成（単位1000人，括弧内は%）

	1926	1939	1959	1970	1979	1989	2002
タタール人	1,164	1,422	1,345	1,536	1,642	1,765	2,000
	(44.9)	(48.8)	(47.2)	(49.1)	(47.6)	(48.5)	(52.9)
ロシア人	1,119	1,251	1,252	1,329	1,516	1,575	1,493
	(43.1)	(42.9)	(43.9)	(42.4)	(44.0)	(43.3)	(39.5)
総人口	2,594	2,915	2,850	3,131	3,445	3,642	3,779

（典拠）

1926：Всесоюзная перепись населения 1926 года. т. III, М., 1928, с. 190–191.

1939：Всесоюзная перепись населения 1939 года. Основные итоги. М., 1992, с. 67.

1959：Итоги Всесоюзной переписи населения 1959 года. СССР(Сводный том), М., 1962, с. 203.

1970：Итоги Всесоюзной переписи населения 1970 года. т. IV, М., 1973, с. 144.

1979：Численность и состав населения СССР. М., 1985, с. 80.

1989：Итоги Всесоюзной переписи населения 1989 года. т. VII, ч. 1, East View Publications, 1992, с. 178–183.

2002：Итоги Всероссийской переписи населения 2002 года. том 4 (Национальный состав и владение языками, гражданство). Книга 1. М., 2004, с. 74–75.

二年の間にタタール人が一三パーセント増、バシキール人が二二パーセント減、これに対しバシコルトスタンでは、この間にタタール人が一二パーセント減、バシキール人は四一パーセント増となっている。このようないされさか不自然な人口動向は、民族共和国においてそれぞれの基幹民族と登録する者が顕著に増大した——本人がその方が有利と判断したにせよ、当局の誘導ないし偽造にせよ——ということを物語っている。[20] 実体的な変動が全くなかったということではないが、少なくとも**表2・1**にみられる変動は実際の変動を誇張してみせていると考えるべきである。

母語の状況を一九八九年センサスでみると(二〇〇二年センサスでは母語は調査対象とされなかった[21])、自治共和国に住むタタール人のうちタタール語を母語とする者の比率は九六・六パーセント(タタール自治共和国外を含めたソ連全体のタタール人の中ではタタール語を母語とする者はやや低く、八三・二パーセント)、ロシア人の間でロシア語を母語とする者の比率は九九・九パーセントということで、どちらも民族語を母語としている率が高く、人口の民族構成と母語構成とはほぼ対応している。しかし、第二言語をみると、タタール人がロシア語を習得している比率は七七・二パーセント、ロシア人がタタール語を習得している比率は一・〇七パーセントと、大きな格差があった。[22] この統計を解釈する際、タタールでは全家族の三分の一が混合家族(異なった民族を含む家族)なので、各人の民族帰属自体が一義的ではないこと[23]、またここでいう「母語」とは、最もよく習得している言語ないし最もよく使用する言語とは限らず、実際にはロシア語の方が上手なのに「母語はタタール語」と答える者が少なくないという点に注意しなくてはならない。[24] いずれにせよ、住民中のロシア人比率の高さ、混合家族の多さ、ロシア語浸透度の高さは、純粋な「民族国家」化を非現実的なものとする要因となっている。

第二節　ペレストロイカとタタール自治共和国

1　民族運動の登場から主権宣言へ

ペレストロイカの中でタタール情勢が中央の関心を引き始めたのは一九八八年頃のことである。一方では、自治共和国統治エリートの間から経済的自主性拡大(地域独立採算)論が現われ、それはまもなく政治的地位の向上論、連邦構成共和国への昇格要求へと展開していった。[25] 他方では、自治共和国政権に批判的な各種の非公式団体が登場し、民族派と「民主派」に分かれながら、それぞれに大衆運動を組織した(なお、「民主派」という言葉づかいには政治宣伝的含意がつきまとっているので、すべてカッコ付きで使うことにする)。「民主派」は主にカザンなど都市部の知識人からなり、ロシア人およびロシア化されている度合いの高いタタール人が中心だった。彼らの主要関心事はソ連全体の政治・経済改革であり、タタール固有の要求に関してはあまり具体的な方針をもたず、そのため都市知識人以外に支持を広げることができなかった。他方、民族派はタタール人の人文インテリが中心で、主に言語・文化などに関わる民族的要求を掲げた。彼らは運動体としてはあまり強固な組織をつくれなかったが、その要求事項はタタール人の間で支持を集めやすい性格をもっていたことから、自治共和国の統治エリートは民族派の要求を自らも取りあげ、その推進のヘゲモニーを「過激派」から奪おうとする戦略をとった。こうして、統治エリート、「民主派」、民族派の三つ巴の構図が形成された。[26]

民族派の中心となったのは、「タタール社会センター(Татарский общественный центр; 略称トーツ)」である。第一九回ソ連共産党協議会とほぼ時を同じくした一九八八年六月に、タタール言語・文学・歴史研究所およびカザン大学の知識人たちが中心になって運動の組織化が進められ、他の民族運動団体をも糾合してトーツが結成された。一つの特徴は、自治共和国内だけでなく、他の地域に住むタタール・ディアスポラに対しても積極的宣伝活動を行なった点にある。初期の正式名称が「ペレストロイカを支持するタタール社会センター」だったことに示されるように、基本的にはペレストロイカ路線の枠内の合法団体として登場し、公的マスメディアでも発言の機会を与えられ、必ずしも統治エリートと敵対的関係に立つわけではなかった。統治エリートのトーツへの態度は、モスクワ(ここでの「モスクワ」とは、ソ連中央よりもむしろロシア共和国中央を指す)への圧力として民族運動を利用しつつ、同時に「過激派」的傾向の抑制に努めるという二面性をもっていた。(27) 一九八九年二月一七—一八日のトーツ創立大会開催に際し、党機構は事前に組織者に働きかけて、あまり過激な要求を掲げないよう工作していたが、現実には、党エリートの思惑を超える急進的要求も大会の場で発せられた。トーツの主な目標としては、自治共和国から連邦構成共和国への昇格、タタール語を国家語とすること、経済主権、ソ連全土に散在するタタール人ディアスポラの文化的・精神的一体性の回復促進などが掲げられた。(28)

これらの要求事項は、民族的な色彩をもたないもの(連邦構成共和国への昇格や経済主権要求など)と、特殊民族的な要求(言語問題など)とに分かれる。前者だけならば現地のロシア人も同調することができたが、後者が前面に出るとロシア人は警戒心をいだくことになる。民族派と「民主派」の分岐はそうした背景によっていた。「民主派」は民族的要求そのものを否定はしなかったものの、それが排他的民族主義につながることを警戒したからである。民族派がタタール語のみの国家語化を要求したのに対し、「民主派」がタタール語・ロシア語双方の国家語化を主張したのは、その象徴的な例である。こうして在野勢力の間で民族派と「民主派」の分岐が生じる中で、自治共和国当局は両者の中間を縫って、民族間対抗を調停し、安定と秩序を維持するリーダーシップというイメージをつくりあげようとした。

タタール自治共和国の連邦構成共和国化要求は、前述のように古い歴史的背景をもっている。ペレストロイカの中で早期にこれを公然と唱えたのはトーツだが[29]、八九年九月のソ連共産党の民族政綱案をめぐる事前討論の中で、共産党タタール州組織も[30]、連邦構成共和国化要求を掲げた[31]。ソ連共産党中央委員会総会の場でも、ウスマノフ・タタール州委員会第一書記は、多くの自治共和国は若干の連邦構成共和国に劣らない大きさと力をもっているのに、各種の権限において後者より下位におかれているのは不当だと、不満をもらした。彼によれば、タタール自治共和国での世論調査の結果、連邦構成共和国への格上げに賛成の者の比率は六七パーセントにのぼった[32]。この六七パーセントという数字は住民中のタタール人比率よりもずっと高く、もしこれが信じられるならロシア人の間にも支持がかなり広がっていたことになる。

一九九〇年春、トーツの中から、より急進的な立場をとる運動体としてイティファクが登場した（「イティファク」とは「同盟」「統一」といった意味の言葉だが、二〇世紀初頭のロシア・ムスリム同盟《イティファク》の名前を引き継ぐものでもある）。三月のタタール自治共和国最高会議選挙では、旧来からの統治エリートとその支持者たちが議席の多数を占めたが、民族派はトーツのムリュコフとイティファクのバイラモワを当選させ、また「民主派」は二五〇議席中の約二〇議席を得た。四月の最高会議議長選挙では、シャイミエフ（八九年九月にウスマノフ第一書記が中央に出たため、その後任の第一書記となっていた[33]）が七割の得票で圧勝した（二位バイラモワ、三位ムリュコフ）[34]。

六月にロシアの主権宣言が採択されると、自治共和国指導部はこれと対抗しつつ、独自の主権主張に向かった。統治エリートは民族派の支持をとりつけるため、言論統制をゆるめ、民族派の大衆集会の開催を容認した。大衆集会ではロシアからの分離独立論さえも登場した。このように当局がエリツィンのロシアに対抗して民族派を利用するのをみて、「民主派」――ちょうどこの時期に、ロシア民主党のカザン支部が結成された――は警戒の念を示した。「民主派」もタタールの主権自体を否定したわけではないが、そのひたすらな強調は「民主的なロシア」からの影響遮断の試みではないかとの疑念を隠さなかった。(35)

このような情勢の中で、自治共和国の国家主権問題をめぐる議論が活発化した。七月にモスクワで開かれた第二八回ソ連共産党大会において、サビーロフ・タタール自治共和国首相は、タタール、バシキール、ウドムルトの三自治共和国を代表する発言として、綱領的宣言案中の「連邦構成共和国の主権強化」という文言を、「連邦構成共和国および自治共和国の」と修正すべきだと述べた。(36)またシャイミエフは大会の民族政策分科会で発言して、次のように述べた。二〇年代に定められた自治共和国の地位はその後の現実に照応していない。近年、自治共和国と連邦構成共和国の同権化や、自治共和国の権限向上などの議論が出ているが、一向に結論が出されていない。ロシアの主権宣言は自治共和国の地位引き下げをもたらすおそれがある。いくつかの自治共和国は近く主権宣言を採択し、ソヴェト社会主義共和国と名乗るだろう。これは気まぐれではなく、世論の要請だ。わが共和国の人民代議員はみな選挙キャンペーンの過程で共和国の地位向上問題に触れ、そのために闘うと約束した。予期していなかった文書の採択で不意を打たれたりすることのないよう、この問題を直ちに取り上げることを要請する。(37)更に、八月三日の州党委員会総会では、シャイミエフが国家主権問題について報告し、総会はこの報告に基づいて主権宣言採択の方針を承認した。(38)つまり、タタール自治共和国の主権宣言はトーツなどからの要求を背景としつつも、直接には現地党指導部のイニシャチヴで具体的政治日程に上ったのである。

ロシア最高会議議長になったエリツィンがタタールを訪問した(八月六―九日)のは、まさにこのような背景の中でのことだった。このときエリツィンは、自治共和国はどの権限をソ連とロシア共和国に委ね、どの権限を自らに残すかを自分自身で決定できると述べ[39]、自治共和国の主権化への動きに弾みをつけた。これとほぼ時を同じくして、現地では様々な主権宣言案が公表された。「民主派」の案は、国名から「自治」の語を削らず、ロシアの中の存在であることと明示したが、その他の案はどれも国名から「自治」の語を削っていた。トーツの案はソ連にもロシアにも言及せず、ほとんど全面独立論であるのに対し、公式案はソ連の中ということを強調し、ロシアに対してはほとんど分離論であるかにみえる。もっとも、どの案も政治的配慮から多少ぼかしたところがあるが、敢えて図式的に単純化していえば、「ロシアの中」、「どちらからも独立」、「ソ連の中」の選択となる。ここには、ロシア人中心の民主運動、タタール民族運動、現地指導部の三つ巴の関係が反映されている[40]。エリツィン来訪後の八月一三日には、自治共和国最高会議幹部会が主権宣言草案を承認したが、この案は「タタール・ソヴェト社会主義共和国」は主権国家であり、刷新されたロシア共和国およびソ連の主体だとするもので、ロシアとソ連との二重帰属を明示していた[41]。この案がロシア共和国の中と明示しているのはエリツィンの工作が功を奏したことを示すかにみえるが、それだけに反撥もあり、この草案がそのまま採択されることにはならなかった。

八月二七日開会の自治共和国最高会議会期は、街頭で大衆集会が続く緊迫した雰囲気の中で始まった。開会日採択の最高会議から勤労者・市民への呼びかけは次のように述べた。われわれはタタール人民の民族自決への志向も理解しているし、他の諸民族がいだく懸念も理解している。バランスのとれた決定をすることが重要である。あれこれの噂を真に受けたり、挑発的なスローガンに呼応したりしないよう呼びかける。会期中、大衆集会や抗議の意思の極端な形態での表示などを自制するよう訴える。議会が熟慮された決定を採択することができるように、平静、生産的労働、秩序、節度ある態度などを呼びかける[42]。ここには、タタール人と他の諸民族（主にロシア人）の両方の主張に理解を示しながら、何よりも「噂」「挑発」による突発事態の勃発を恐れ、平静と自制を強く呼びかける姿勢が明示されている[43]。

最高会議会期における討論の中で、民族派の代議員は民族自決権は至上の価値であると主張し、宣言案にある「ロシア共和国およびソ連邦の主体」という文言の削除を要求した。[44] 同様の修正を要求する発言は他にも数多かったが、「ロシア共和国およびソ連邦の主体」という文言の削除はロシアにもソ連にも入らない絶対独立論を意味するとは限らなかった。ソ連邦およびロシア共和国の再編作業が進行途上であるので、結論を急がず、とりあえず主権宣言を採択した後で、ロシア中央やソ連中央と交渉しながら地位を決めればよいという発想に立つ論者も多かったからである。[45]

それ以外の主な論争点として、主権宣言採択に関するレファレンダムの要否（レファレンダム必要論は即時採択を阻止しようとする立場からのもの）、国名から「ソヴェト」「社会主義」の語を除くかどうか（当面は維持されることになった）[46]、共和国の経済主権、言語問題などがあった。このような論争があったものの、ともかくも八月三〇日に主権宣言および人民権力法が採択された。宣言には、「共和国の多民族的人民（ナロード）」という箇所と、「タタール民族（ナーツィヤ）、共和国の全人民（ナロード）〔この二つの言葉は単純に並列されている〕の不可譲の自決権」という箇所とがあり、タタール民族主義的発想と多民族共存志向を曖昧な形で同居させていた。[47] ロシア共和国から離脱して連邦構成共和国になるということを直接明示してはいないが、自治共和国という地位は今後の発展にふさわしくないと述べ、国名を「ソヴェト社会主義共和国」とする——「タタール・ソヴェト社会主義共和国」という国名と「タタルスタン共和国」という国名を同等のものとして採用——ことで、ソ連への直接加盟論を明確にした（関連して、ソ連の連邦条約に、その主体として参加するという立場をとった）。直前の幹部会案にあった「ロシア共和国およびソ連邦の主体」という表現は削除された。[48] この宣言は、基本的には連邦構成共和国への格上げを志向し、民族主義的要求を体制内的に吸収することで急進民族派の伸張を防ごうとする方向性のものだが、同時に、ロシアからの離脱の明示を避け、ロシアとの対立が抜き差しならなくなるのを防ごうとする折衷性ももっていた。タタール語とロシア語の双方を国家語としたのも同様の折衷性の現われである。この主権宣言採択における票決は、賛成二四一、反対〇、棄権一という圧倒的なものであり、種々の論争にもかかわらず、とにかく妥協的文言によって主権を宣言するという限りで全潮流が一致した。(49) 急進民族派と「民主派」の間に立ちながら、調停者としての地位を占めようとするシャイミエフの政治路線はこのようにして確立した。

2　ソ連・ロシア共和国・タタルスタンの三者関係

一九九〇年秋以降、ソ連の連邦条約U（「連邦条約U」「連邦条約R」という表現については第一章二一頁参照）案をめぐる議論が高まる中で、シャイミエフは元の自治共和国も連邦構成共和国と対等の資格で、刷新された連邦（同盟）の創立者になるという理解のもとに、連邦条約U案に賛意を示し、(50) 一二月一三日のタタルスタン最高会議決定は、タタルスタンはソ連邦の共同設立者となり、連邦条約Uに独自に――つまりロシア共和国の一部としてではなく――調印するという方針を決定した。(51) こうしてタタルスタンがソ連への直接参加という態度を明確にしたことは、ロシア共和国中央との関係を複雑化させた。

一九九一年二月初頭に発表された世論調査の結果は、タタルスタンにおける政治意識の民族間の差異を明らかにした。たとえば共和国主権への賛成率はタタール人の間では四分の三にのぼるが、ロシア人の間では三九・五パーセントにとどまった。タタルスタンのあるべき将来について、ロシア人の七〇パーセントがロシア内にとどまることに賛成なのに対して、タタール人の間では、連邦構成共和国化賛成が四六パーセント、独立国家賛成が二四パーセントにのぼった。この調査結果を紹介した中央紙の記事の筆者は、民族間で意見が違うというよりも、農村部・低教育者の間で主権宣言支持率が高い点に注目すべきだとして、教育の高い人たちほど民主的な傾向になると指摘した。[52] この解説は、タタール民族運動は「意識の低い」人々に依拠していて反民主的・親共産党的だという、モスクワ知識人の間に広まった見解を反映したものだが、まさにそのことによってタタール民族派から激しい反撥を招いた。[53] なお、八月に発表された世論調査によれば、タタール人の間ではロシアからの離脱支持が七割を占めるが、ロシア人の間では離脱反対が七割にのぼるという対比がみられた。[54]

二月初頭のタタルスタン最高会議会期では、ロシアの連邦条約Rへの対応が問題となった。二月八日の最高会議決定は、モスクワで準備された連邦条約R草案はタタールの主権宣言と矛盾しているとして、この草案を議題に取り上げること自体を退けた。ロシアとの関係は連邦条約Rではなく、連邦条約Uの後に調印されるべき二者間条約によって定められるという立場が基本方針とされた。[55]

三月一七日の二つのレファレンダム――ソ連邦維持にかかわる全連邦レヴェルのそれと、ロシア大統領制導入にかかわるロシア・レヴェルのそれ――へと向かう中で、共産党共和国委員会は二月下旬の声明で、ロシア・レファレンダムはソ連を解体に導くものだという否定的見解を示す一方、ソ連レファレンダムについてはソ連邦維持の結果となるよう全力を尽くすという態度を明らかにした。[56] 投票当日の少し前には、共和国最高会議幹部会も、ソ連レファレンダムのみに参加し、ロシア・レファレンダムは行なわないことを正式に決定した。[57] これに対し、「民主派」はエリツィン支持の立場から、タタルスタン指導部のロシア・レファレンダム不参加決定を批判し、大衆集会を開いて、ソ連レファレンダムに反対投票、ロシア・レファレンダムに賛成投票を呼びかけた。[58] 結果としては、ソ連レファレンダムについては投票率七七・一パーセント、賛成率八七・五パーセントで、圧倒的に支持となったのに対し、[59] ロシアのレファレンダムはボイコットした。[60] こうして、ロシア政権に対してよりもソ連政権に対して忠誠を誓う態度が明示された。四月一六日のタタルスタン最高会議声明は、ソ連解体の危険を食い止める道は連邦条約Uの早急な調印だとし、三月一七日のソ連邦維持レファレンダムが当地で圧倒的に賛成だったこ

とに基づき、タタルスタンはソ連の連邦条約Uに直接かつ自立的に参加するという方針を確認した。(61)

ロシア大統領制導入がタタルスタンのボイコットにもかかわらずロシア全体として決定されたことは、タタルスタンもロシア大統領選挙に参加するのか、またタタルスタン独自の大統領制を導入するのかという問題を発生させた。民族派はロシアの大統領選挙よりも先にタタルスタンで大統領を選挙すべきだと要求したが、「民主派」はロシアとタタルスタンに別々の大統領が生まれることに反対し、ロシア大統領選挙への参加を主張した。(62)こうした中で、四月一八日付の憲法改正法は、前年八月の主権宣言をうけて国名変更および主権国家であることを確認し(古い条文ではロシア共和国の一部とあったが、それも削除した)、また共和国大統領制の規定を導入した。(63)タタルスタン大統領制導入は民族派の要求でもあったが、統治エリートの独自利害として、ロシア大統領が直接選挙で国民の支持を誇示しようとするのに対抗して、タタルスタンでは別の大統領が国民の支持を得ていることを示すという考慮もあった。

この時期に全ソ連レヴェルで「九プラス一の合意」が公表され、その合意から旧自治共和国がはずされたこと(第一章三七頁参照)は、タタルスタンでは、自分たちに対する陰謀と受けとめられた。タタルスタンの最高会議幹部会、閣僚会議、共産党共和国委員会、コムソモール(青年共産同盟)、労働組合の共同声明は、「九プラス一の合意」を批判して、タタルスタンはあくまでも連邦条約Uに直接参加するとの意を表明した。(64)これに続いて、多数の文化人が連名で、「九プラス一の合意」を非難する声明を発表した。(65)これに対し、ロシア中央の側では、内部共和国とりわけタタルスタンに対する強硬姿勢が示された。第四回ロシア人民代議員大会におけるハズブラートフ報告(五月二五日)は、ソ連の連邦条約Uに内部共和国も参加するが、それはあくまでも単一のロシア代表団の枠内においてだとし、これに異論を唱えているのはタタルスタンのみだと語った。彼はまた、ソ連は連邦構成共和国に自由離脱権を認めているが、ロシアは内部共和国に自由離脱権を認めていないという差異を指摘して、もし内部共和国が連邦構成共和国への格上げを主張するなら、それはロシアの国境変更になるから、当該共和国のレファレンダムだけでなくロシア全体でのレファレンダムも必要だ、これはタタルスタンとの関係において現に生じている問題だ、と述べた(66)。

こうしたモスクワの高姿勢に対し、五月一二日に再開されたタタルスタン最高会議会期では、タタルスタン大統領制導入に関連する憲法改正法——四月の憲法改正法(前注(63))をうけて、それを具体化するもの——が採択された。大統領になることができる要件としては、年齢三五歳以上六五歳以下、タタール共和国に一〇年以上常住、国家語〔複数〕を習得などが挙げられた。この会期はこれとあわせて大統領選挙法を採択し、また来るべきロシア大統領選挙については、共和国中央選挙管理委員会が実施に当たるが、この選挙はタタルスタンにとっては法的意味をもたないとする決定を採択した(67)。

イティファクをはじめとする急進民族派は、ロシア大統領選挙をタタルスタン領土内でも実施する——法的には意味をもたないという中途半端な形にもせよ——という決定に激しく反撥した。イティファク指導者のバイラモワはハンストを決行し、自分はかつてはシャイミエフを支持していたが、彼は最近頻繁にモスクワに行くようになり、大きく変わったので、タタルスタン大統領選挙をボイコットすると語った(68)。このような急進派の突き上げの中で、タタルスタン憲法監督委員会決定(五月一八日)は次のように定めた。選挙管理委員会はロシア大統領選挙を組織する義務はなく、ただ選挙に参加したい市民を助けることが許容されるに過ぎない。ロシア大統領選挙に参加するかしないかは専ら自発的な選択による。ロシア大統領選挙の結果がタタルスタン領土内では法的意味をもたないというのは、この選挙がタタルスタンの主権の基礎に触れるものではないという意味である(69)。これをうけて最高会議は先の決定を修正し、タタルスタン共和国は主権国家としてロシア大統領選挙に公式には参加しないが、市民の権利を尊重し、投票したい者にはその選挙権行使を援助するとした(70)。

こうしてロシア・タタルスタン双方の大統領選挙が六月一二日に実施されることとなり、準備過程が始まった。「民主派」はロシア大統領選挙への参加とエリツィンへの投票を呼びかけ、民族派は迷った末にタタルスタン大統領候補としてシャイミエフ支持を決定したが、彼のための選挙運動は行なわず、むしろロシア大統領選挙の妨害——投票率を五割以下にして選挙無効にする——に重点をおいた。(71) 結果としては、タタルスタン大統領選挙は投票率六三・四パーセント、シャイミエフ支持七〇・六パーセントで、彼の当選が確定する一方、ロシア大統領選挙への参加は有権者中の三六・六パーセントにとどまり、無効となった。(72)

大統領選挙後のタタルスタン最高会議会期において、シャイミエフは連邦条約U案に関する報告で次のように述べた。この草案では連邦構成共和国だけが主体とされ、元の自治共和国は第二級の位置におかれてしまっている。ロシア人民代議員の条約案修正に関する作業グループは旧自治共和国の国家主権を認めない姿勢を明白にしている。しかし、我々の代表団は、連邦条約U作成過程に直接に参加し、あくまでも同盟(ソユーズ)の共同創設者の地位を追求する。(73) この報告をうけた最高会議決定(七月五日)は、連邦条約U案を基本承認する一方、草案には主権国家としてのタタルスタンの憲法的地位と矛盾する箇所が含まれると指摘して、あくまでも直接かつ独自に条約に参加することを確認した。(74)

八月初頭にいよいよいくつかの連邦構成共和国によって連邦条約U調印が開始されると発表された直後に、シャイミエフはゴルバチョフに手紙を送り(八月六日付)、タタルスタンは連邦条約に直接かつ自立的に署名するという立場に変わりないことを確認し、タタルスタン代表団が条約に第二ラウンドあるいはその後のラウンドで自主的に署名する日取りを決めるよう要請した。(75) これはあくまでも独自の調印参加を確保しようとする姿勢を物語る。タタルスタン指導部はこのようにゴルバチョフに働きかける一方、ロシア指導部に対して、ロシアとタタルスタンの間の二者間条約締結を働きかけ、そのための秘かな交渉を進めてもいた。八月一二—一五日には双方の代表団による会議がモスクワでもたれ、一五日には交渉過程をまとめた議定書が取り交わされた。議定書は簡潔なもので、あまり具体的な結論を含んではいないが、ともかく互いの主権宣言を尊重し、両者の関係の調整に条約形態を利用するなどといった点で、タタルスタン側の要求をかなり取り入れたものになっている。これはロシア政権がソ連中央に対抗してタタルスタンを引きつけるための譲歩とみられる。この議定書をうけて一九日にエリツィン＝シャイミエフ会談が予定されたが、これはちょうどクーデタ勃発の日となり、実現しなかった。(76)

時を同じくして八月一五日に、シャイミエフは共和国の主権および財産権保障措置に関する大統領令を発して、共和国領土内に所在するあらゆる連邦管轄およびロシア管轄の企業はタタルスタン共和国の所有だと宣言した。(77)このように主権宣言の実質化を目指す政策がとられようとしているときにモスクワでクーデタが起きたことは、情勢を一変させた。

3　八月政変からソ連解体へ

八月クーデタ勃発時にシャイミエフ大統領が発した人民への呼びかけは、非常事態導入は国の破局を防ぎ、情勢を安定化させるためだとするもので、クーデタに理解を示す趣旨のものと広く受けとめられた。もっとも、この呼びかけには、タタルスタンでは情勢が平穏であり合法的権力が機能しているとして、非常事態の共和国内への波及を防ごうとする面もあったが、大衆に自制と平静を呼びかけ、非常事態の期間中、あらゆる大衆集会・デモ・ストは許されず、マスメディア関係者に自制を呼びかけるとあるのは、「民主派」主導の大衆運動を抑えこもうとする意味をもった。(78)「民主派」寄りの『夕刊カザン』がエリツィンの指令を掲載しようとして禁止されたのは、その象徴的な例をなした。(79)シャイミエフはクーデタ開始直後にモスクワでヤナーエフ・ソ連副大統領（クーデタ時の大統領代行)と会見し、カザンに帰ってからは、タタルスタンではソ連の法とタタルスタン共和国の法が有効であり、ロシアの法は無効であると述べた[80]。ロシア政権に対抗してソ連政権と同盟関係に立つという姿勢はそれ以前から一貫したものだが、このときの状況では、これは事実上クーデタ支持の意味をもった。「民主派」の反対集会は禁止され、警察によって蹴散らされた[81]。

このように共和国指導部がクーデタ支持の態度をとったという見方が広まったため、クーデタ失敗後は政権批判が高まった。直後の記者会見で、シャイミエフは自分はクーデタを支持しなかったと弁明したが、記者たちを納得させることはできず、共産党共和国委員会の機関紙さえも彼に批判的な論調の報道を行なった[82]。従来からシャイミエフに批判的だった「民主派」のみならず、これまで彼を支持していた民族派の一部も政権批判に合流し、シャイミエフの足元は一時かなり動揺した。カザン市ソヴェトの地域間代議員グループは共和国指導部の信任投票を要求し、これが成功しない場合には、クーデタに関与しなかった人たちによる並行権力機関をつくるつもりだとまで述べた[83]。

八月二九日の臨時最高会議会期は荒れ模様だったが、指導部は結束して危機に対処した。シャイミエフはクーデタ時の自己の言動を弁明し、ロシア政府との間の二者間条約を結ぶための交渉は既に始まっていると述べた[84]。この報告をうけた最高会議決定は、タタール共和国はクーデタを支持しなかった、マスコミとの関係におけるシャイミエフの行動は正当化されるとして、指導部を擁護した[85]。

現地の政治情勢が動揺していることを知ったエリツィン・ロシア政権は、モスクワにおけるクーデタに対する勝利の余勢を駆ってシャイミエフ打倒を図ったが、そのことはかえって現地を反モスクワ(＝シャイミエフ擁護)の方向に結束させる効果をもった。タタール民族派のうちの穏健派(＝トーッ指導部)は、共和国指導部に一定の不満をもちつつも、モスクワの介入に対しては現地政権を守るという態度をとり、一時期のシャイミエフ批判から一転して擁護にまわった。最高会議はシャイミエフ解任を議題として取りあげること自体を避けた。こうして、シャイミエフ政権は民族派の一部の支持を得て生き延びたが、そのことは彼の民族派への依存を強める意味をもった[86]。

トーツ指導部は急進民族派のイティファクとは一線を画し、反シャイミエフの立場をとることを避けたとはいえ、そのシャイミエフ支持は無条件のものではなかった。トーツの態度は、シャイミエフが独立の象徴とみなされる限りで彼を支持し、独立へ向けて具体的政策をとることを要求して圧力をかけるというものだった。彼らの間では、ロシアからもソ連からも独立という考えが高まった[87]。九月には、急進民族派の「主権」委員会とマルジャニ協会の指導部が、大統領が独立に向けての措置——共和国親衛隊創設を含む——に直ちに着手するよう促す公開状を発した。民族派ブロックは、もし当局が要求事項を実現しないなら最高会議解散・大統領辞任を要求するとして、トーツも共和国親衛隊創設を要求するに至った[88]。

この時期に発表されたイティファク指導者バイラモワの論文は、急進民族派の立場を強烈に宣言したものである。それによれば、タタールはロシアに四世紀にわたって隷従し、またボリシェヴィキの牢獄で七四年を送ってきた。タタール人は言語・宗教・慣習を失い、誇りを失ってしまった。現在の第一の議題は独立問題であるべきだ。これは平和的な道の最後のチャンスであり、これを逃すなら断乎たる闘争方法に訴えるほかなくなる。タタールの土地はタタルスタンだけではない。古くからタタールに属し、今もタタール人が多数住んでいる土地(シンビルスク、サラトフ、サマラ、アストラハン、オレンブルグ、ウファー)のタタルスタンへの編入について語るべきだ。民族親衛隊創設が日程に上った今、民族を愛する燃える心を持った人々が先頭に立たねばならない。チンギス・ハンの軍隊ではタタール人は一人で百人の戦士に匹敵した。ロシア人は現在ソ連各地で追われているが、それは彼らが民族独立に反対したからであり、自業自得だ。我々のところでも同じようになるだろう。ロシ

ア人にはっきりと言わねばならない。もし民族旗・タタール語・タタール人が気にくわないのなら、どこにでも出て行け。(89)

こうして民族派からの独立宣言要求が高まる中で、シャイミエフは次のように語った。ロシアにとどまるのかロシアから出るのかという問題が出されているが、ロシアとの関係を条約関係に移行させるというのが我々の方針であり、その方向で交渉を続けている。なぜ独立宣言を採択しないのかという声があるが、先ず細部に至るまですべてを考え抜かねばならない。細目抜きでの独立宣言採択は軽率である。イティファク指導者と会ったとき、私はロシアとの交渉という文明的な道を通ってのみ主権を擁護できるのであり、対決と最後通牒は政治問題解決の方法ではないということを率直に指摘した。同盟(ソユーズ)が刷新され、共和国が独立しつつある現在、ロシア連邦も変わらずにはいないだろう。ロシアも旧自治共和国の主権を完全に認めざるをえなくなるだろう。だからこそ、我々はロシアとの交渉に大きな期待を抱くのだ。(90)

このように独立宣言採択に消極的だったシャイミエフ指導部は、民族派の圧力をうけて、まもなく自ら独立宣言採択へと踏み切り、一〇月二四日にはタタルスタン共和国の国家的独立に関する最高会議決定が採択された。この決定は、八月政変後の新しいソ連最高会議にタタルスタンへの議席割り当てがなかったこと、経済共同体条約調印へも参加を認められなかったことを不満とし、前年八月の国家主権宣言を再確認し、ソ連最高会議その他の国家間機関への直接参加権を要求した。タタルスタン共和国の国家的地位に関するレファレンダムを行なうこともあわせて決定された。(91) これは名称は「国家的独立」の宣言だが、内容的には、前年の「主権宣言」と異なる原則に移行したというよりは、むしろその再確認という性格が濃い。刷新されたソ連を独立諸国の国家間組織ととらえて、そこへの直接参加を目指すという姿勢が特徴的である。

このようにして独立宣言が採択されたが、一〇月初めのある世論調査によれば、完全独立に賛成する者の比率は、住民全体で一〇・四パーセント（ロシア人のうちでは三パーセント、タタール人のうちでも一七・九パーセント）にとどまった。また民族派指導者への支持率もバイラモワ五・一パーセント、ムリュコフ三・三パーセントと、ごく低かった。この調査結果は、共和国指導者にロシアに対して妥協的な態度をとらせる方向に作用した。逆に、急進民族派は最高会議を通した独立達成に見切りをつけ、対抗議会としての「ミリ＝メジュリス（民族議会）」創設を呼びかけることになる。(92)

この時期の『ロシア新聞』の一記事は、タタルスタン情勢を次のように描き出した。トーツとその過激派イティファクが、タタルスタン最高会議で独立問題を取りあげるよう人民代議員に圧力をかけている。民族派のイデオローグは、タタール人は奴隷でロシア人が主人だったという宣伝を繰り返している。しかし、事実は、民族に関わりなくロシア人とタタール人のノメンクラトゥーラがロシア人とタタール人の労働者を支配してきたのだ。これまでの民族政策を決めてきたのは〔ロシア人ではなく〕ソ連共産党中央委員会であり、それを現地の共産党委員会（主にタタール人）が実施してきた。その共産党官僚が突然、民族主義路線に乗り換え、ロシアの民主的改革の波及を防ぐために民族間の対立を演出している。トーツ指導者の多数は、昨日まで党ノメンクラトゥーラだった。トーツとイティファクの行為はファシスト的だ。タタールの主権はロシアとの友好関係のうちでしか可能でない。タタルスタンがロシアの民主的変革から離れることは、全体主義への逆行である。タタルスタンはロシアの中心に位置しており、孤島として生きることはできない。ロシア政府の提案する交渉に応じるのでなければ、兄弟殺しの戦争となってしまう。紛争の法的解決の機を逸したチェチェン＝イングーシの誤りを繰り返してはならない。(93)この論文は全体として《「民主派」vs.民族派＝ノメンクラトゥーラ》という図式を強調し、対抗軸が民族にあることを否定し、またトーツをはじめとする民族派はタタール人の大衆的願望の代弁者なのではなく、元ノメンクラトゥーラでしかないという見地を前面に押し出している。現地民族派は事態を《ロシア人vs.タタール人》

という対抗図式で捉えていたから、ここでは見取図の描き方自体が大きな争点だったことが見て取れる。なお、末尾のチェチェンへの言及は、武装闘争化への懸念を反映するものとして注目に値する。

いずれにせよ、独立を掲げる民族運動の高揚は民族的対抗の昂進の可能性という問題を表面化させたが、そのことは、シャイミエフがロシア人と急進民族派の間でバランスをとる中間派として自己を押し出すことを可能にした。ロシア中央に対しては、一面で民族主義的ポーズをちらつかせつつ、他面で、より過激なナショナリストの台頭を防ぐには自分のような中間派が不可欠だということを誇示することで、シャイミエフは自己の地位を固めた。こうして、八月政変後にぐらついた共和国政権は辛うじて安定を取り戻した。

年末には共和国憲法草案が発表された。憲法委員会で一一月二〇日に承認されたものを一二月六日の最高会議決定に基づいて三一日に公表ということで、まさしくソ連解体が決定されようとしている微妙な時期の産物である。前文は二案が併記されており、一つは国家主権宣言に簡単に言及するにとどまるが、もう一つは、「タタール民族、共和国の多民族人民の自決権」という微妙な表現をとっている。第一条は、タタルスタンは共和国の多民族人民の意思に基づく主権・民主国家であると宣言し、以下、ほとんどすべての条文は独立国家を思わせる内容のものとなっている。第六一条で市民の軍務も規定している。第三章「国籍」も共和国国籍について定めるのみで、ソ連国籍にもロシア国籍にも言及していない。第六三条は、タタルスタン共和国は自発的に主権国家共同体(同盟)(сообщество (союз) суверенных государств)に加入し、条約に基づいて一部の権利を委ねることができるとしているが、これはソ連ないしその後継者への直接加入——ロシアを通してではなく——の意図を示す。(94)このようにほとんど独立国家の憲法という体裁でありながら、「独立」の語を明示的に使うことは避けており、ロシアとの関係は曖昧にされている。何よりも、まさにこの時期にソ連が解体したことは、多くの点での再検討を必須のものとした。

第三節　ソ連解体後の最初の局面

1　最初期の対抗

ソ連解体決定の衝撃

ソ連解体はタタルスタン政治の前提条件を大きく変容させた。(95) ソ連が存在している間の基本的な対抗図式は、①タタルスタン当局はソ連への直接加盟を主張、②急進民族派はロシアからもソ連からも独立を主張、③ロシア人はロシアの中への残留を主張という三者鼎立だったが、ソ連消滅により、ソ連への直接加盟という選択肢は存立が不可能になったからである。これによってシャイミエフ政権は困難な立場に追い込まれたが、さしあたり一九九一年末—九二年初頭の時期には、独立国家共同体(CIS)をソ連に代わるものととらえて、CISへの直接加盟——ロシアを通してではなくて——要求によって事態を切り抜けようと試みた。

一九九一年一二月八日にロシア、ウクライナ、ベラルーシ三首脳によってソ連解体とCIS結成が宣言された直後に、シャイミエフは次のように発言した。同盟(ソユーズ)維持の一つの形態として「共同体」という定式もありうるが、それは民族的あるいは宗教的帰属を標識としてつくられるものであってはならず、イスラーム同盟とスラヴ同盟とができるというようなことになってはならない。つくられるべき共同体には連邦構成共和国のすべてが参加し、また旧自治共和国にも開かれていなければならない。(96) この時点では、三スラヴ共和国首脳のみによって一方的にソ連解体が宣言されたことから、スラヴ連合(ロシア、ウクライナ、ベラルーシ)とイスラーム連合(中央アジアとアゼルバイジャン)への分岐の可能性がささやかれていたが、これは住民がスラヴ・ムスリムほぼ半々であるタタルスタンのような地域にとっては絶対に受けいれられない選択肢だった。そこで、旧ソ連のほぼ全部を蔽う共同体を形成し、そこにタタルスタンが直接加盟するという道が最も望ましいというのがシャイミエフの考えだった。アルマアタ会議(一二月二一日)でCIS発足が最終的に決定される中で、シャイミエフはタタルスタンを初めとする旧自治地域もCISに〔直接〕加入すると唱え、[97] 一二月二六日付のタタルスタン最高会議宣言は、CISに創設者としての資格で(на правах учредителя)入ると宣言した。[98] このとき、ロシア民主党タタルスタン支部は、タタルスタンはロシアの一部として自動的にCISに入っているという立場から、この宣言に反対した。[99] いずれにせよ、創設メンバーとしての加入要求は、CIS構成諸国から完全に無視され、実を結ばなかった。

　CISがソ連に匹敵するような超国家機構とはなりえず、タタルスタンのCISへの直接加入要求も受けいれられないことは、まもなく明白になった。この新しい情勢の中で、タタルスタン当局は、一方で共和国主権を主張しながら他方でロシア政権との正面衝突を回避するという、両立困難な二つの目標を同時に追求し、ロシア連邦の「中」か「外」かを曖昧なままにした特殊な関係の構築を目指すことになった。これは共和国内の政治勢力との関係でいえば、完全独立論の急進民族派とロシア残留論の「民主派」の間の中間路線ということになるが、急進民族派と「民主派」のいずれもがそれほど大衆的な支持をもっているわけではなく、どちらか一方の全面的勝利はあり得ないという力関係のもとでは、この中間路線が相対的優位を占めることができた。急進民族派の存在はそれ自体が大きな力であるというよりも、そのような勢力がいるということをモスクワにちらつかせることによって、共和国指導部が穏健な主権要求の代表者として自己を押し出すという戦術を可能にした。ただ、こうした中間路線は結果的には成功を収めたとはいえ、そこに至る道は屈曲しており、きわどい綱渡りと緊迫した局面を経ねばならなかった。

一九九二年初頭のシャイミエフ・インタヴューは、ソ連解体直後の彼の立場をよく物語っている。このとき彼は、タタルスタンをはじめ主権宣言を発した旧自治地域のCIS加入は法的根拠のあるものであり、そうなった方がCISの政治的目的にかなっただろうと語ったが、この文章は仮定法の表現をとっており、もはや加入は現実的たりえないという判断が前提されている。彼は続けて次のように語った。我々はロシアの解体には反対だが、CISが創出されつつあるいまロシア共和国も改革なしではいられない。ペレストロイカが連邦構成共和国のみに関わり、旧自治地域には関わらないというのはおかしい。ロシアと他の共和国〔旧自治共和国のこと〕の対等の同盟があるべきだ。最近、ロシア政府とタタルスタン政府の間で経済協力協定が仮調印されたが、これによって所有権は原則的に共和国に移管されることになる。税についてはまだ決着していないが、我々の立場は二層制ではなく一層制〔連邦税を認めず、共和国税のみとする〕だ。[100] こうして、シャイミエフのタタルスタン政権はロシア連邦政権との困難な交渉を続けることになった。

一九九二年を通じて最大の問題となったのは、前年末に公表されたタタルスタン憲法草案をめぐる議論である。草案はロシア連邦との関係をわざと曖昧にしたものであり、そのため、一方では完全独立を明確にすべきだとの立場、他方ではロシア連邦の一部だと規定すべきだという立場の双方から批判が提出された。その他にも、脱社会主義をどこまで明確にすべきかをめぐって、より自由主義色を強めるべきだとする立場と、社会主義原則維持論という両翼からの批判があった。ロシアとの関係にせよ、体制の基本原理にせよ、相容れない方向からの批判が公式案に浴びせられたことは、草案が折衷的性格をもっていたことの反映である。[101]

モスクワの観点からは、この憲法草案は一民族（タタール人）を他民族（ロシア人）の上におくものと映り、これを「柔らかいアパルトヘイト」と呼ぶ者さえもあった。(102) ロシア憲法委員会書記のルミャンツェフは、連邦制の基本構造はロシア連邦憲法および権限区分に関する連邦法によって定められるという持論に立ちながら、同時に、タタルスタンの情勢に鑑みて「特別の地位」「準加盟」を認める可能性を示唆した。(103) 彼がタタルスタンへの「特別の地位」付与を避けがたいと考えたのは、チェチェン同様に並行的権力機関ができるのではないかという危惧によっていた。(104)

このルミャンツェフ発言に対し、シャイミエフは次のように反応した。ルミャンツェフがつくったロシア憲法案では旧自治地域の主権宣言が考慮されておらず、そのため対抗措置をとらざるをえない。われわれは過激な民族運動を糾弾するが、その存在を無視することはできない。そうした運動は無から生じたのではない。われわれはロシアとの同盟に進もうと願っている。最近のルミャンツェフの提案については、よく検討してみる。(105) ここで彼はロシア中央を強く批判し、急進民族派の主張にもある程度の理解を示すかのポーズをとって民族的大義の主唱者として振る舞っているが、それでいながら、ロシアとの同盟、対話と和解の可能性を示唆するという両面的な態度を示している。

これに対し、急進民族派――イティファク、「主権」委員会、マルジャニ協会など――は、当局のロシアに対する態度はなまぬるいとして、ロシアからの即時独立を求めた。(106) 急進派はタタール人民クルルタイ(大会)の開催、およびその場でのミリ＝メジュリス(民族議会)選出を目指し、しかも最初のミリ＝メジュリスはタタール人のみで構成し、他の諸民族の会派を認めるのは独立問題決着後にするという立場をとった。すべてのロシア人を追い出すとまではいわないにしても、タタルスタンの主権に反対するようなロシア人は去るのが当然だと主張された。もし主権に抵抗する勢力が共和国最高会議で優位を占めるなら、ミリ＝メジュリスが権力を握り、最高会議を解散して、大統領を逮捕することとさえも示唆された。(107)

こうして、クルルタイおよびミリ＝メジュリス召集とその意義づけが一つの焦点となった。相対的に穏健なトーツ幹部会は、ミリ＝メジュリスは原則的に文化的自治のための非国家的機関になるという考え方をとり、ミリ＝メジュリスが代替的な権力機関となるのは余儀なくされた場合に限られるとした。[108] 他方、イティファクのバイラモワは、最高会議は共和国住民の議会であるのに対し、ミリ＝メジュリスは共和国内外の七〇〇万タタール人の議会だと主張した。[109] クルルタイ組織委員会の中でも、ミリ＝メジュリスを文化的自治の非国家機関とみなす穏健派と、権力奪取を目指す対抗権力機関とする急進派とが混在しており、後者は民族親衛隊創設論を唱えた。クルルタイ開催前夜に描かれたありうべきシナリオとしては、①チェチェンのドゥダーエフ型の道(武力での権力奪取)、②単一民族機関としてのミリ＝メジュリスが最高会議に最後通牒を突きつけ、最高会議がこれを受け入れないなら、議員の一部が最高会議を辞めてミリ＝メジュリスに移ることで最高会議を定足数不足に追い込み、ミリ＝メジュリスが権力を握る、③より穏やかな方法で権力を漸次的に揺さぶる、などが想定された。[110] クルルタイ前夜の大統領令は、社会団体による国家機関・公務員の活動への干渉について、罰金や団体の活動停止あるいは解散命令などの罰則を規定し、また武装団体を創設した社会団体は裁判所の決定により解散されるなどと規定した。ここには急進民族派の動きへの強い警戒心があらわになっていた。[111]

こうした緊迫の中で、第一回全タタール人民大会(クルルタイ)は二月一―二日に開かれた(タタルスタンのみならずロシアや旧ソ連の他の地域に住むタタール人の代表も参加)。参加者たちの間からは、シャイミエフやトーツの穏健路線を批判する声が発せられた。クルルタイはタタルスタンのロシアからの独立、タタール語のみの国家語化などの決定を「タタール人民の法律」として採択し、ミリ＝メジュリスを選出した。ミリ＝メジュリスの位置づけとしては、ロシアや旧ソ連の他の地域に住むタタール人の文化的自治を促進するための機関という考えと、共和国最高会議に対抗する代替的権力機関とする主張が混在していた。[112] もっとも、クルルタイの模様については報道によって異なっており、急進民族派と穏健派のどちらが優勢だったのかはにわかに定めがたい。いずれにせよ、最高会議の側はこれに対して強い警戒心をいだいた(113)。

クルルタイ直後の最高会議でのシャイミエフ報告は、クルルタイは社会的〔つまり、非政府的〕組織化の新しい形態であり、それ以上のものではないと述べて、クルルタイは国家機関に匹敵するものではないという考えを明確にした。団体は内務省への登録手続きを踏まねばならず、法の規制に従う。確かにタタール・エトノス〔ディアスポラを含めての意〕の保存という問題は存在し、共和国はタタール民族の言語・文化・教育の発展の問題を解決せねばならない。そのために、われわれは全世界タタール人コングレスの開催を提案する、と彼は述べた(114)。二月七日の最高会議決定は、クルルタイはタタール住民の一部の代表者会議に過ぎないとして、誰によってであれ、民族的・国家的その他の諸問題を非立憲的方法で決定する試みは許し難いと断じた(115)。シャイミエフは一月二〇日の大統領令で、六月に全世界タタール人コングレスをカザンで開催することを決定したが、これはクルルタイへの対抗という意味をもっていた(116)。

急進民族派と鋭角的に対立したのは、ロシア人を中心とする「民主派」――最高会議の会派「合意」などに代表される――である。この勢力は、現地の急進民族運動に対抗するという意味ではバルト三国などにおけるインテル派(族際運動)と類似の側面をもっているが、イデオロギー的には沿バルトのインテル派と違って、社会主義維持志向よりもむしろ自由主義志向であり、民族派を「保守的」と批判した。彼らによれば、もともとトーツは党ノメンクラトゥーラと癒着し、保守的な性格をもっていたとされる。そして、「合意」グループおよびタタルスタン民主改革運動が「民主派」を糾合しているとされ、中間的な位置をシャイミエフが占めているというのが、彼らの描いた構図だった(117)。

この時期にタタルスタンの都市住民の間で行なわれた政党支持調査によれば、「誰も信頼しない」が五一・〇パーセント、「答えられない」が二四・八パーセントで、この二つの回答が圧倒的に多かった。「民主派」の中では比較的大きいロシア民主党の支持が一〇・三パーセント、民族派の間では穏健派のトーツが二・七パーセント、急進派のイティファクが一・九パーセントで、いずれにしても少数の支持しか得ていない。回答を民族別に分けてみると、ロシア民主党、「合意」、共産党は相対的にロシア人によって支持され、民族派の諸政党はタタール人によって支持される度合いが高いが、各民族が特定政党支持に圧倒的に固まるというほどの差異ではなかった。他面、最高会議の活動にどの政党が圧力を及ぼしていると思うかという問いに対しては、回答者の四四・三パーセントがイティファクを、二九・一パーセントがトーツを挙げており、民族派政党が大きな力をふるっているというイメージが特にロシア人の間で広がっていた。(118) こうして、諸政党は大衆的基盤を欠いていたが、彼らが政治的影響力をもつというイメージ自体が政治の一構成要素となっていた。

一九九二年三月レファレンダム

次の焦点となったのは、三月二一日に予定された共和国レファレンダムである。レファレンダム実施自体は前年一〇月二四日の独立宣言採択時に決まっていたが(一一三頁参照)、その具体化――特に、レファレンダムにかける文言をどのようにするか――が大きな争点となった。公式案は全面独立か否かを曖昧にする「玉虫色」のものだったが、これに対し、「民主派」は当局が急進民族派にすり寄って事実上のロシアからの離脱を進めるのではないかという危機感をいだき、曖昧な文言で賛成多数になるのを防ぐため、より明確に「ロシア連邦からの離脱に賛成か」と問うことを要求した。(119) しかし、サビーロフ首相は、ロシアからの離脱か否か、ロシアの内部か否かという問題の立て方は不適切だと述べ、明確な二者択一を要求する問題設定を拒否した。(120) 結局、二月二一日の最高会議決定で採用された設問文は、「タタルスタン共和国は主権国家、国際法主体であり、ロシア連邦その他の共和国・国家との関係を対等な条約の基礎の上に築くということに賛成か」とされた[121]。ロシア紙は、これは事実上分離論でありながら表現を曖昧にして賛成を増やそうとする狙いだと解説した[122]。

このように文言を曖昧にした背景として、住民中にロシア人が多く、明示的に「分離」について問うと反対が多くなると予想されたことがある。実際、二月の世論調査では、独立に賛成、反対、態度未定がそれぞれ三分の一ずつだった[123]。また、レファレンダム前夜の社会学的調査（**表2・2**参照）によれば、「どう投票するか」という問いへの回答では全体として賛成が反対をやや上回り（カザンではわずかに逆転し、農村では賛成が反対を引き離している）、これは実際の投票結果と大まかに一致しているが、もし設問が「タタルスタンのロシア連邦からの離脱に賛成か」ならどうかという問いに対しては、反対が賛成を大きく上回っている。このことは、設問の文言次第で結果が大きく変わる可能性のあったことを示す。

レファレンダムへの「民主派」からの批判が続く中で[124]、シャイミエフはロシア人の不安と反撥を和らげるため、レファレンダムはロシアとの関係を根本から変えるものではないと強調した。レファレンダムが可決されても独自の税関や軍は必要ない。統一経済空間は維持されるし、ルーブリが安定するなら独自通貨も必要ない。ロシアとの間には、他国との条約とは違う特別な型の条約を結ぶ。〔ロシアとの〕二重国籍、〔タタール語とロシア語という〕二つの国家語の規定が憲法に含められるべきだ。トーツが民族親衛隊をつくろうとしているという噂もあるが、軍事組織創設は大統領令によって禁

表2・2　1992年3月タタルスタン・レファレンダム前夜の社会学調査における意見分布　（単位：%）

レファレンダムに際してどのように投票するか

	全　体	カザン	他の都市	農　村
賛　成	47	37	42	59
反　対	31	44	32	20

もし設問が「タタルスタンのロシア連邦からの離脱に賛成か」ならどうか

	全　体	カザン	他の都市	農　村
賛　成	26	22	18	36
反　対	55	60.5	67	41

（典拠）
Вечерняя Казань, 19 марта 1992 г., с. 1.

止されている。彼はこのように述べて、「主権国家」の意味を努めて薄めようとした。[125] これに続いて、トーツの地域組織指導者たちの会合はレファレンダム支持の声明を出し、二つの国家語、二重国籍に賛成の態度を示した。[126] これは穏健民族派がシャイミエフ路線支持の態度をとったことを物語る。

このように、タタルスタン当局はロシアからの離脱を意図していないと強調することで在住ロシア人の不安を除去しようとしたが、それでもモスクワを安心させるにはたりなかった。ロシア最高会議は三月五日に、タタルスタン人民・最高会議・大統領への呼びかけを採択し、レファレンダムについての再考を促した。[127] これに対抗して、タタルスタン最高会議幹部会は翌六日にタタルスタン人民への呼びかけで次のように述べた。ロシア最高会議は人民権力を尊重するといっているのに、どうしてレファレンダムに反対するのか。分離主義とかロシアとの関係断絶との非難は筋違いだ。レファレンダム実施は人民の立憲的権利である。また、この呼びかけと並んで発表された最高会議幹部会声明は、レファレンダムはロシアからの分離を問うものではないと解説し、タタルスタンの独立宣言およびレファレンダムはロシアの領土保全を侵すものではないし、市民を民族的・宗教的帰属で差別するものでもないと強調した。[128]

このときトーツは、ロシア最高会議声明はロシアの帝国的政策の継続を物語るとして、反モスクワ=親シャイミエフの態度を示した。これに対して「民主派」は、レファレンダムは旧共産党系権力者が民族派と癒着して、民族国家(エトノクラシー)をつくろうとするものだと批判した。こうして、主要な対抗軸が《当局・トーツ連合 vs.「民主派」(背後にモスクワの支援)》という形になる中で、イティファクなどの急進民族派はこの時点ではあまり明確な態度を示すことができなかった。[129] 急進民族派は、自分たちが主導権をとったレファレンダムでないのであまり積極的ではなかったが、レファレンダム可決が結果として独立につながる可能性もあると考えて一応賛成にまわった。[130]

レファレンダムの日が近づくにつれ、ロシア中央から批判攻勢が繰り広げられ、緊張が高まった。ルツコイ・ロシア副大統領はタタルスタンを放置するなら第二のカラバフ、第四のスムータ（騒乱）となるだろうと警告し、分離主義者に一〇―一五年の刑を規定すべきだと述べた[131]。三月一三日には、ロシア憲法裁判所が、タタルスタン最高会議のレファレンダム決定は事実上タタルスタンがロシア連邦内の存在でなくなることを意味するとして、違憲判断を示した[132]。但し、アメティストフ判事は合憲とする少数意見を付した[133]。フョードロフ法務大臣も、このような問題を憲法裁判所に持ち込むこと自体に懐疑的姿勢を示した[134]。ともあれ、この憲法裁判所決定をうけたロシア最高会議では、タタルスタンに対する強硬論が続出した。唯一アブドゥラチポフ民族院議長（アヴァール人）が宥和的発言をしたが、これは孤立した声にとどまった。彼の考えは、レファレンダム後にロシアとタタルスタンの間で権限区分協定を結び、タタルスタンを連邦条約に特別の条件で加わらせるというものであり、さもないとタタルスタンの権力を民族過激派が握るだろうと彼は警告した。しかし、この意見は容れられなかった[135]。アブドゥラチポフはカザンでもタタルスタンの主権に好意的な発言をした[136]。

レファレンダム前夜のタタルスタン最高会議会期で、レファレンダム批判派はロシア連邦内にとどまることの明示を要求したが、当局はもともとこのレファレンダムはロシア連邦からの離脱を問うものではないからという理由で、これを拒否した[137]。三月一六日の最高会議決定は、このレファレンダムはロシアからの離脱の可否を問うものではないこと、ロシア連邦との関係を相互権限委譲条約によって調整すること、民族に関わらないあらゆる市民の同権、ロシアとの二重国籍、またタタール語とロシア語の双方を国家語として維持することなどを確認した[138]。同時に採択された特別声明は、タタルスタンはロシア連邦と単一の経済・地政空間にとどまるが、自決の原則に基づき、ロシア連邦その他の国家との関係を、対等の条約の基礎の上で一連の権限を委ねる形で打ち立てると述べた[139]。採決時には会派「合意」が退席していたため、最高会議決定は満場一致での採択となった。会派

「タタルスタン」はもともと完全独立論であり、ロシアのことを「隣国」と呼んでいたが、このときはシャイミエフに同調し、レファレンダムで賛成投票するよう住民に呼びかけた[140]。他方、会派「合意」は、レファレンダムに反対投票を呼びかける声明を出した[141]。

三月二〇日、レファレンダムを前にしてシャイミエフはラジオ演説で次のように述べた。あたかも賛成投票はロシアからの離脱を意味するかのデマ宣伝がなされているが、離脱か否かが問題になっているのではない。「われわれは永遠にロシアとともにあり、決してロシアの領土保全を侵さない」ことを大統領として宣言する[142]。他方、エリツィンはレファレンダムの前夜に、タタルスタン最高会議への呼びかけを発して、次のように述べた。タタルスタン指導部はロシアの外のタタルスタンという路線をとっている。レファレンダムは民族主義者によって民族間敵対の煽り立てに利用されており、ロシアとタタルスタンの国家機関の間での対話を妨げる。いまからでも遅くないから、ロシア憲法裁判所決定に沿った決定をし、正常化に向かうべきだ[143]。エリツィンは続いてラジオでタタルスタン市民に呼びかけ、レファレンダムで早まった選択をしないようにと警告した[144]。一説では、このときロシア指導部の中には、タタルスタン共和国指導部逮捕や軍事侵攻さえも準備する動きがあったという[145]。

レファレンダムの投票結果は、投票率八二パーセント、賛成率六一・四パーセントとなった[146]。都市と農村を分けると、農村では投票率、賛成率ともに高い(農村部の賛成率は七五・三パーセント)のに対し、カザンでは賛成四六・八パーセント、反対五一・二パーセント、また他の一〇都市平均では賛成五五・七パーセントにとどまり、うち五市では反対が賛成を上回った[147]。しかし、タタルスタン・レファレンダム委員会の書記は、農村部での投票率が都市部より高いのはいつものことであり今回に限らないこと、都市部でも全体としては五割を越える賛成率だったこと、ナベレジュヌィエ＝チェルヌィ市は人口中のタタール人比率が四〇・六パーセントなのに賛成率は六〇・八パーセントに及んだことなどを強調し、レファレンダム結果を決めたのは農村だけではないと主張した[148]。

この直後のシャイミエフのタタルスタン人民への呼びかけは、レファレンダムの結果を誇り、これはロシアとの同盟の刷新・強化を意味すると述べた[149]。シャイミエフは記者会見でも、この結果を踏まえてロシアと二国間条約を結ぶ、ロシアの連邦条約は主権に反するので調印しない、過激民族主義者による権力奪取のおそれはない、と述べた[150]。このように、当局がレファレンダム可決はロシア離脱を意味しないと位置づけたのに対し、急進民族派はレファレンダム結果を完全独立への住民の支持と解釈し、その実現を当局に要求した。「主権」委員会の三月二四日の集会声明は次のように述べた。レファレンダム結果はタタルスタン独立を確認したのだから、タタルスタンが他の国家の中にあるなどという発言をする指導者は責任を問われるべきである。独立タタルスタンの領土において他の国家の法律を遂行することは国家への反逆とみなされなければならない。ロシア軍の全部隊は直ちにタタルスタン領から去るべきであり、タタルスタンから徴兵された兵士はみなCIS諸国から帰ってくるべきである[151]。急進民族派は、もし当局が完全独立論に乗り出さないならシャイミエフ辞任を要求し、ミリ＝メジュリスが権力を握るという態度を示した[152]。

このような民族派の動きに対抗して、会派「合意」は、レファレンダムはかねて警告していた通り急進民族派を活気づけたと考えて、活路はロシアの連邦条約への参加だと主張した[153]。ロシア民主党カザン支部に至っては、カザンをモスクワ直轄にすべきだとまで主張した[154]。タタルスタン民主改革運動は、レファレンダムはロシア連邦内での主権国家という地位を確認したものだと声明し、ロシアとの二者間権限区分条約および連邦条約に早急に調印すべきだとした[155]。「ロシア連邦市民」運動の声明は、ロシアの連邦条約にタタルスタンの指導者が調印しなかったのは鎖国政策だと非難し、タタルスタン指導部に連邦条約への調印を呼びかけた[156]。

2　連邦体制への包摂へ

不安定な和解

三月のレファレンダムは「民主派」の眼には分離独立路線を進めるものと映り、これによってロシア中央との対抗がますます激化するのではないかという予測も一時広まった。しかし、実際には、レファレンダムはむしろ一種の「ガス抜き」効果をもち、この後は和解の試みが進行することになった。レファレンダム直後のエリツィン発言は、タタルスタン問題はそれほど深刻ではないとして、特別の条件での個別文書調印の可能性を示唆した。(157)

三月三一日のロシア連邦条約調印(タタルスタンは不参加)をはさむ三月三〇日—四月二日には、ロシアとタタルスタンの代表団による両者間の関係調整に関する交渉が行なわれた。タタルスタン側は、形式面では対等な国家間条約、内容面では徴税権の共和国への一元化(連邦には「税」でなく「納付金」を支払う)、自立的な〔輸出入の〕ライセンスおよびその割当て、独自の法システム、対外関係の調整権などを要求した。これに対し、ロシア側はタタルスタンを独立国家と認めることは拒んだが、「ロシアの中」ということさえ認めれば、その他の点では大幅に譲歩する用意があるという印象をタタルスタン側に与えた。とりあえず、交渉を総括した議定書に双方が調印し、両者の間の特別な関係樹立の必要性、経済協力協定の早期実現、民族・宗教にかかわらない人権の保障などが確認された。(158)

四月の第六回ロシア人民代議員大会で、サビーロフ・タタルスタン首相は次のように発言した。一九九一年八月のタタルスタンとロシアの協議(前注(76))でも九二年四月の議定書でも、ロシア連邦とタタルスタンの関係は条約原理によって築かれることが合意された。タタルスタンがロシアの領土保全を掘り崩そうとしているという非難は当たらない。それどころか、われわれは国防、税関、単一エネルギー・システム、鉄道・航空・水運、通貨、遠距離通信などの権限をロシア連邦に委譲する用意がある。タタルスタンの国家語は二つ(タタール語とロシア語)であり、タタルスタン国籍を設定すると同時にロシア国籍も保持する。(159) この主張は既存のロシアの連邦制度にはおさまらないが、分離独立論ではなく、一部の権限委譲による妥協的決着を目指すという姿勢を明確にしている。

共和国指導部がこのような形でモスクワと交渉を進めたことは、民族派の眼には裏切り的なものと映った。トーツとイティファクの双方を含む民族諸派がこの時期に発した共同アピールは次のように述べた。ヴォルガ・ブルガール国およびカザン・ハン国の後継者であるタタルスタンは、四世紀以上の間、ロシア帝国の植民地支配下にあり、独立を求めてきた。一九九〇年八月三〇日の主権宣言はソ連の一員であることもロシア連邦の一員であることも拒否し、一九九二年二月一日のクルルタイ、三月二一日のレファレンダムで独立回復が確認された。レファレンダム結果をうけて、最高会議はわが国はいかなる連邦にも入らないという決定を採択すべきである。もし最高会議や大統領が人民の意思を裏切るならば、独立回復の明確なプログラムをもった勢力が権力の座に着くであろう。(160) 同時期のミリ゠メジュリスの記者会見は、ロシアからの即時離脱、民族親衛隊の創出、ロシア軍への徴兵拒否などを呼びかけた。(161) しかし、イティファクなどが呼びかけた共和国指導部非難の集会にはあまり大勢の人が集まらず、失敗に終わった。共和国指導部とモスクワの交渉が比較的円滑に進んだこともその一因と指摘された。ロシアはタタルスタンに対して経済封鎖を行なわず、融資を与えるなどの妥協的姿勢を示したが、タタルスタン指導部にしてみれば、これは急進民族派の脅威をちらつかせることによってモスクワから引き出した譲歩ということになる。(162)

こうして一時期の緊迫は次第にやわらいでいった。政党支持に関する一九九二年二月の調査は先に紹介したが

（前注(118)）、この状況はその後もあまり変わらなかった。少し後の調査によれば、タタール民族運動はあまり大衆的支持を得ておらず、イティファク支持一・三パーセント、トーツ二パーセントにとどまった。もっとも、他の諸政党もおしなべて支持率が低く、「支持政党なし」が六二パーセントを占めた。タタルスタン共和国の主権の実現の道として「ロシアの中」か「ロシアの外」かという問いに関しては、「ロシアの中」という答えが一九九一年一〇月から九二年六月にかけてほぼ一貫して三分の二近くの支持を集めていた（但し、「ロシアの中での独立」という考え方もあるので、これは独立論否定を意味するとは限らない）。民族別では、ロシア人の八一パーセントは「ロシアの中」支持であるのに対し、タタール人の間では「ロシアの中」四七・三パーセント、「ロシアの外」三七・一パーセントと分かれたが、後者でさえも「ロシアの中」が相対多数だったことは注目に値する。ロシアの連邦条約かロシアとタタルスタンの二者間条約かという選択については、「連邦条約のみ」一二・八パーセント、「二者間条約」が二五・一パーセント、「両方とも」という答えが約三分の一で最大だった(163)。

五月にはロシアの民族問題国家委員会議長ティシコフがタタルスタンを訪問し、リハチョフ副大統領と会見して、ロシア＝タタルスタン条約締結に先立ってとりあえず文化、科学、教育、環境保護、共同対外経済活動などの協力に関する協定を結ぶよう提案した。彼はまた、タタルスタンおよび在外タタール人の代表をロシア政府に入れる（大臣一人、次官を三―五人）こと、ロシア外務省の在外活動にタタルスタン代表も参加させること、いくつかの国ではロシア大使館の中にタタルスタン代表部を設置すること、ティシコフ自身の次官としてもタタール人を起用することなどを提案した(164)。

次の大きな課題となったのはタタルスタン憲法採択である。前年末の草案公表については前述したが、五月半ばの共和国最高会議会期で、憲法草案および言語法案について討論が行なわれた。ムハメトシン最高会議議長は、一方には連邦条約即時調印論、他方ではロシアからの完全独立と交渉打ち切り論があるが、どちらも極端だと述べ、ロシアとの間での主権共和国間の文明的交渉を進めるべきだとし、相互の権限委譲に基づくロシア連邦との連合ないし準加盟(принцип ассоциированного членства)という考え方を打ち出した。[165] 憲法案に関するシャイミエフ報告は次のように述べた。[166] 憲法草案は一九九一年一一月二〇日に憲法委員会で承認され、一二月三一日に公表されたが、その後に複雑な事態が生じた。率直に認めねばならないが、われわれはソ連邦の存続を期待していた。新しい基礎の上でソ連邦が再編されていたなら、共和国の地位は自動的に変更され、多くの問題が解消しただろう。しかし、実際には、われわれの期待通りには進まなかった。ひょっとしたらＣＩＳが新しい連邦あるいはコンフェデレーションになってタタルスタンはその中で然るべき位置を占めることになるかもしれないが、それは近い将来の展望ではない。それを漫然と待つのではなく、自ら主権国家としてその過程に積極的に参加せねばならない。新しい国家の基礎は、民主主義、人民主権、権力分立、大統領制、地方自治、所有形態の多様性などである。人々を基幹的〔タタール人〕と非基幹的〔非タタール人〕とに分断することは許されない。ロシアとの関係は、二国間条約で相互の権限委譲を規定する。これはロシアとの関係を破壊するものではなく、それを刷新し、より民主的にするものだ。[167]

公式の憲法案に対して、いくつかの対抗案が提出された。民主改革運動作成の草案の特徴は、権力分立原則を公式案よりも明確にしていること、経済に関する規定を含まないこと、「ロシア連邦内の民主法治国家である」と規定していることなどの点にあった。[168] 会派「人民主権」グループ作成の憲法案は、タタルスタンはロシア連邦内の主権共和国であると明記する一方、私的所有の保障を明示した。[169] 最大の争点はロシア連邦の中とするかどうかだが、その他に、「民主派」は公式案に社会主義憲法の残滓をかぎつけて、脱社会主義をより明瞭にしようとした。[170] 五月二二日の最高会議会期で憲法草案の第一読会としての承認に関する投票がなされたとき、採決に参加したのは代議員二五〇人中の一六五人で、賛成投票は一四六人だった。『夕刊カザン』紙は、これは定足数不足で無効となるべきところだと報じたが、公的には基本承認とされた。[171]

憲法と並んで大きな争点となったのは、言語法の採択である。五月二二日に最高会議で第一読会として承認された公式案は、タタール語とロシア語を対等の国家語とした上で、前者を「共和国にその名を与えている民族の言語」、後者を「共和国の諸民族のうち最も多くの部分によって用いられている言語」と規定した。その他、タタール語の再生・維持・発展のための国家プログラム作成の指示、子供に母語を教えるのは親の市民的義務であるとの規定、共和国外に住むタタール人のための母語教育促進への言及、国家機関での事務などはすべてタタール語とロシア語の両方で行なわれるという規定などが特徴的である。[172] これに対し、「民主派」の対案は、タタール語とロシア語を対等の国家語とする点では公式案と共通するが、より簡略で、タタール語の積極的振興の要素を含まなかった。企業・施設・団体での事務や会合は国家語の一つで行なってもよいし、両方を使ってもよい、市民はその子弟をどちらの国家語ででも教育する可能性を保障される、共和国内での公的文書交換はどちらの国家語で行なってもよい、というように規制色の弱いものである。[173] 二つの国家語のうちのどちらを使ってもよいという規定は、実際にはロシア語優位の現状維持という意味をもつ。他方、急進民族派の主張はタタール語のみの国家語化だったから、公式案は両者の中間ということになる。

七月八日に正式採択された言語法は、公式案を基本的に維持したが、一部の規定を多少やわらげ、共和国外に住むタタール人のタタール語学習支援についての規定は削除された。[174] タタール語のみを国家語と規定するようにとの急進民族派の要求は退けられ、二つの国家語が確認されたが、ロシア語系住民からはそれでも不満の声が出た。[175] なお、言語問題に関する世論の動向に関し、一九九三年秋に行なわれた米ロ共同研究は次のような結果を示している。タタール語をタタルスタンの唯一の国家語とすることについて、タタール人は賛成二三・三パーセント、反対六六・八パーセント、ロシア人の間では賛成一・七パーセント、反対九五・八パーセント。民族による明確な差異があり、特にロシア人の反対は圧倒的だが、タタール人の中でも賛成より反対が多い点が注目される(但し、これは都市部だけの調査)[176]。

タタルスタン憲法の採択

共和国指導部とモスクワの交渉が平穏に進むことに危機感をいだいた急進民族派(イティファク、「主権」委員会、マルジャニ協会、青年運動「アザトルィク」など)は、七月二八日に共同宣言を発して、今後、大統領および議会の権力を認めず、ミリ＝メジュリスを唯一の合法権力機関とみなすと宣言した。しかし、穏健民族派はこれと歩調を合わせることはせず、二九日にはトーツがタタルスタン民主改革運動や運動「合意」と連合結成の可能性を討議し、穏健民族派とロシア人中心の「民主派」が接近する兆しさえみせた[177]。孤立した急進民族派は更に過激化の傾向を示し、ミリ＝メジュリス独自の議会選挙を行なうという意向を表明した。これを公式権力が妨害するなら、納税拒否、集会、ピケなどの市民的不服従運動を行なうとの主張さえあらわれた。穏健民族派はこれに反対し、トーツ政治評議会議長のイスハコフは、独自の議会選挙は狂気の沙汰だと述べた[178]。イティファクのバイラモワは、できれば民主的な手続きによる権力獲得を目指すが、もし無権力状態が現出するなら、あらゆる手段をとらねばならないとして、武力行使の可能性を示唆した。彼女は、どのような形にせよ連邦への加入は排除する、いかなる権限もロシアに委譲しない、バシコルトスタン、チュヴァシも独立するだろう、チェチェンとも交渉を進めている、などと語った[179]。しかし、このような声は、その過激さのゆえにマスメディアの注目を引いたものの、現実政治的な影響力はもちえなかった。

ロシアとタタルスタンの交渉は夏の間も続いた。ロシア代表団長ブルブリスは、準備されつつある権限区分条約案は主権・自立タタルスタンに真の権限を保障するものだと述べた。タタルスタン代表団長のリハチョフ副大統領は、自発的統合のイニシャチヴはあくまでもタタルスタン側から出るのでなくてはならないと述べた[180]。ティシコフの説明によれば、ロシア提案はかつてタタルスタン側から出された提案の多くを取り入れており、連邦の排他的権限は通貨発行、国境問題、外貨管理、国防などに限られていた。しかし、タタルスタン側は条約を古典的な意味での国家間条約としたがっているのに対し、ロシアは連邦関係にしたいという差異は残った[181]。

九月初頭、会派「タタルスタン」と「合意」がそれぞれの主権に関する見解を明らかにした。「タタルスタン」派の主張は以下の通り。宇宙開発、鉄道、水運、航空、国防、治安はロシアとの共同管轄とするが、それ以外はすべてタタルスタンの排他的管轄とする。ロシアの連邦条約は事実上かつての自治の地位を固定させるものであり、これに参加することはありえない。我々はロシアと友好的ではあっても別個の国家という立場をとる。これに対し、「合意」派は次のような立場を明らかにした。二年前の主権宣言採択時にはロシアからの離脱は含まないという了解があり、その了解のもとで我々は主権宣言に関する妥協案に賛成投票した。ところが、民族主義者たちは主権宣言はタタルスタンのロシアからの離脱を意味すると解釈している。社会学調査によれば、六割以上の人が連邦条約調印に賛成しており、拒否論は二割強にすぎない[182]。このように二つの主要会派の態度は明確に分かれていた。

新憲法採択問題は一〇月末—一一月に大詰めにさしかかった。この時期に大きな争点になったのは国籍条項である。この段階の公式案は、タタルスタン市民のうち希望するものはロシア国籍ももつことができるという規定になっていたが、「民主派」は希望者に限らずロシア国籍を無条件に前提すべきだとし、他方、急進民族派はロシア国籍保持は不要として、鋭角的に対立した。バイラモワは、二重国籍が必要なのはユダヤ人だけだと発言した[183](結果的には、後述のように「希望者のみ」という条件なしに、単純にタタルスタン市民はロシア連邦国籍をもつという形に落ち着いた)。

この時期にカザンにやってきたルミャンツェフは、三月レファレンダムはロシアからの離脱を意味しないとタタルスタン最高会議幹部会が決定していたのに、憲法案をこのままの形で採択するなら、それはロシアからの離脱になると述べた。彼はありうべきシナリオとして、第一は憲法草案を修正してロシアの一部であることを明確にする、第二は憲法採択を遅らせる、第三はタタルスタンが一方的にロシアの国家体制を破る、という三つを想定した。もしタタルスタンがロシアにとって外国となるなら、ロシアが経済援助をする必然性はなくなると、彼は脅迫口調で述べた。(184)

憲法正式採択が迫る中で、ロシア最高会議の共和国院はタタルスタン最高会議に、採択をロシア＝タタルスタン条約調印まで遅らせること、またいくつかの条文を変更してタタルスタンがロシアの中にあると明示することを要請した。(185) ロシアの代議員のあいだでは、もしタタルスタン議会がこの要請に従わないならタタルスタンへの連邦予算からの支出停止、軍需産業企業への特恵的信用供与の停止などの措置をとるべきだとの声が強まっていた。(186) しかし、タタルスタン最高会議はロシア中央の要請を無視して、一一月六日に憲法を採択した。採択時のシャイミエフ演説は、主権は共和国の多民族的人民の名において宣言されたとして、排他的民族主義の色彩を薄める方向での説明を行なった。民族間および市民的合意が何よりも重要であり、あらゆる民族主義・排外主義・反ユダヤ主義・過激主義の現われを許さない。ロシア連邦との関係については、一九九一年八月以来、交渉を積み重ねてきた。憲法採択以前に条約を調印できるものと信じていたが、残念ながらそうならなかった。ロシアでは激しい政治闘争があり、条約の個々の条項を快く思わない人たちもいる。しかし、困難にもかかわらず、条約は結ばれるだろうと確信する。新憲法は諸民族の自決、諸民族の平等、人権尊重、ロシア連邦の領土保全、ロシアとの歴史的結合維持の原則に立脚している、と彼は述べた。(187) ロシアとの条約による連合という持論はこれまで通りだが、ロシアの領土保全に言及している点が注目される。ムハメトシン最高会議議長も、採択された憲法は長いことかかって妥協を模索した産物だと説明した上で、タタルスタンはより大きな自由を獲得するが、ロシアの領土保全を損なうものではないと述べた。この憲法はタタルスタン内の諸勢力の妥協の産物であるばかりでなく、タタルスタンとロシアの妥協でもあり、そのような憲法の採択をロシア指導部は理解と満足をもって受けとめるものと期待する、新憲法はいかなる過激主義の勝利をも排除するものだ、と彼は説明した。[188]

採択された憲法のうち、重要な条項としては以下のようなものが挙げられる。タタルスタン共和国は多民族的人民の意思と利益を表現する主権的民主国家である(第一条)。タタール語とロシア語は対等の国家語である(第四条)。共和国は自らの国籍をもつ。タタルスタン共和国市民はロシア連邦の国籍をもつ(第一九条)。タタルスタンは自らの国家的地位を自主的に決定する。タタルスタンの法律は国際的義務に反しない限り、全領土にわたって至上性をもつ(第五九条)。タタルスタン共和国は主権国家、国際法主体であり、ロシア連邦と条約に基づいて連合関係(ассоцированное с Российской Федерацией)に入る(第六一条)。大統領は国家語〔複数、つまりタタール語とロシア語〕を習得していなくてはならない(第一〇八条)[189]。採択直後にシャイミエフは、「タタルスタンは主権国家である。しかし、純粋な主権というものはありえない。主権を宣言した後は、それを制限し始めねばならない」と語った[190]。なお、票決は記名投票で行なわれ、代議員数二四九のうち、憲法全体の採択に賛成一七六、反対一、棄権九という結果だった(代議員数から投票合計を引くと、不参加六三となる)[191]。

タタルスタン新憲法に対するロシアからの評価は『憲法通報』第一四号の特集に示された(この号は一二月刊であり、正確な執筆時点は不明だが、内容からみて、多くは採択と施行の間の時期とみられる)。掲載された三つの論文はどれも、この憲法のロシア憲法との不一致を指摘し、ロシアからの分離を進めるものだという危惧を示した。新タタルスタン憲法案には、ロシア連邦の一員であることの言及も、ロシア憲法の効力への言及もない。ロシア連邦との国家的一体性維持を確認する文言を含めよとする議員グループからの提案は退けられた。すべてのタタルスタン市民はロシア連邦市民だということになったのは一歩前進だが、まだ曖昧な点が残っている。草案ではロシア連邦への言及が全くなかったのが、世論および連邦機関からの働きかけで、ロシア連邦との連合関係を規定するようになったが、連合関係の基礎をなす条約の具体的内容は明らかにされていない。結局のところ、この憲法はタタルスタンをロシア連邦外の国家とし、タタールとロシアの関係を国家間の関係にしようとするものだ。ロシア連邦との連合とは、非対称的連邦における特別の地位ということなのか、コンフェデレーション的関係なのか、あるいはロシア連邦とタタルスタンの一種独自の同盟(ソユーズ)なのか不明である。「準加盟(ассоцированное членство)」は、それが単一法空間維持への道である場合にのみ受け入れられる、等々と指摘された(192)。ここには全体として、タタルスタン憲法が分離へのステップになることへの危惧が濃厚に示されているが、「連合」ないし「準加盟」はその内容次第では受容できるかもしれないという示唆もあり、微かな妥協可能性への期待もほのみえている(193)。

同じ特集で、タタルスタン議会の「人民主権」派による論文は次のような見解を示した。共和国権力は中間的な道をとりながらも、急進民族派の圧力をうけて、その方向に歩み寄っている。民族主義勢力はあからさまに並行的権力機関(ミリ＝メジュリス、民族親衛隊など)をつくり、タタール語のマスメディアで反ロシア的雰囲気を煽り、ロシア軍への徴兵ボイコットを呼びかけている。シャイミエフの発言は時によって変わっており、信用することができない。今回の憲法採択についても、当局はこれはロシア連邦との関係を絶つものではないと説明しているが、もし本当にそうなら、これまでの論争は不要だったことになる。レファレンダムの時も、これはロシアからの分離を問うものではないという解説のもとに賛成投票が誘導されたが、実際には憲法の多くの条項は独立を志向したものとなっている。「ロシアとの連合」を規定する条約案がほぼできあがっているが、それは共和国と連邦の関係ではなく、二つの別々の国家の条約という性格のものであり、この案によるならタタルスタンは連邦の一部であることをやめることになる。[194]

一一月二三日のロシア連邦・タタルスタン両代表団の会合では、前者から後者に対して、間近に迫ったタタルスタン新憲法施行を遅らせるよう要請がなされたが、これは一方的な意思表示にとどまった。[195] タタルスタンはこの要請を振り切って、憲法を公表の日から発効させる施行手続法を一一月三〇日に採択した。この施行手続法と憲法それ自体はともに一二月一二日の新聞紙上に公表され、この日から新憲法は施行となった。[196] 施行手続法採択直後のリハチョフ副大統領発言は、これはロシアとの相互関係を困難にするものではなく、むしろロシアとの関係を調整しやすくする柔軟な定式を採用したのだとし、ロシアとの交渉によって若干の修正の余地はあると述べた。[197]

新憲法から権限区分条約へ

一九九三年にもロシアとタタルスタンの二者間条約をめぐる交渉は断続的に続いた。しかし、この時期にはロシア憲法制定が難航し、ロシアの内政が混迷を続けたため、ロシア＝タタルスタン関係の解決は遅滞した。同年四月のロシア・レファレンダム(第一章六〇―六一頁参照)に際し、タタルスタン当局は、タタルスタン市民はロシア連邦市民でもある以上、投票権行使の可能性を保障するが、これはあくまでもロシアのレファレンダムであってタタルスタンのレファレンダムではないという態度をとった。シャイミエフは、このレファレンダムに対するタタルスタン住民の態度は抑制されたものになるだろうと語り、その理由として、昨年三月の我々のレファレンダムに対するモスクワの圧力を人民は忘れてはいない、そのことが今回のレファレンダムに影響しないわけにはいかない、と述べた。[198] 結局、タタルスタンでのレファレンダム参加率は、カザンで二一・六パーセント、共和国全体で二二・五パーセント(報道によってわずかに異なる数字がある)にとどまり、不成立となった。[199] シャイミエフ大統領自身、自分も投票しなかったと公言した(200)。

ロシアの新憲法作成問題に対してタタルスタン指導部は無関心ではなかったが、その関心は、自共和国の独自な位置が認められるかどうかという点に絞られていた。五月のタタルスタン最高会議会期では、ロシア憲法案は当初の議題に含まれなかったが、結局議題として取り上げることになり、シャイミエフ自身もロシア憲法案(エリツィン案)策定に関する作業グループに参加したことから、これはエリツィンがタタルスタンを主権国家と認めることに同意したからではないかという観測さえもあらわれた(201)。この観測は結果的には当たっていなかったが、ともかくこの当時のロシア・タタルスタン関係の微妙さを物語る。タタルスタン最高会議のロシア連邦憲法案に関する決定(五月二五日)は、ロシア連邦がタタルスタンを主権国家と認め、タタルスタンとの条約的＝憲法的関係をロシア憲法の中に含めることを要求した(202)。六―七月にモスクワで開催された憲法協議会(第一章六二頁参照)の作業には、タタルスタン代表も一応参加したが、途中で不満を募らせ、これ以上憲法協議会の活動に参加することはできないという態度を表明した(203)。

九―一〇月のモスクワにおける激突を経て、年末にロシア議会選挙・ロシア憲法レファレンダムが行なわれることになったとき、タタール民族派はロシア議会選挙をタタルスタンで行なうこと自体に反対し、ボイコットを主張した(204)。他方、ムハメトシン最高会議議長は、ロシア憲法案とタタルスタン憲法には矛盾があるが、その矛盾は交渉によって取り除かれるだろうと述べて、モスクワとの対話を続ける態度を表明した(205)。一一月二六日のタタルスタン最高会議決定は、ロシア新憲法草案はロシア連邦制度の民主的改革に向けたタタルスタンの立場を反映していないとして、タタルスタンは主権国家、国際法主体であり、ロシアと連合関係に立つと規定する方向で憲法草案を修正するよう、エリツィンに呼びかけた(206)。この要請がモスクワによって無視されたため、タタルスタン当局はロシア議会選挙および憲法レファレンダムに冷淡な態度をとることになった。もっとも、チェチェンのような全面ボイコットではなく、選挙妨害はせず、投票権実現のための条件は一応つくられたが、議会選挙および憲法レファレンダムのために投票所にやってきたのは有権者の一三・八パーセントにとどまった。[207] このような低投票率のため、選挙は無効となり、この時点ではタタルスタンはロシア議会に議員を出さないという形になった。

こうして、一九九三年を通じてロシア＝タタルスタン関係は不確定なままにとどまったが、同年末のロシア憲法制定は、二者間関係確定の作業を再活発化させるための前提条件をつくった。長らく停滞していたロシア連邦とタタルスタン共和国の間の権限区分に関する条約交渉は翌九四年二月にようやくまとまり、同月一五日に調印された。この条約締結は、論争と対抗を続けてきた両者の間にともかくも妥協が成り立ったことを物語る。ロシア中央は一定の権限上の譲歩と引き換えにタタルスタンをロシア連邦内の存在として確定し、分離主義を封じ込めた。条約のテキストはタタルスタンを「主権国家」「国際法主体」とする文言を含んでおらず、タタルスタンがかねて主張していた「連合(ассоцированное)」関係の代わりに、「ロシア連邦と結合している(объединена)」という意味の不明確な表現が前文にあるにとどまる。それでもタタルスタンは、前文にタタルスタン憲法が言及されたことによって事実上共和国主権が認められたと解釈した。タタルスタンの権限の中に、「共和国国籍」に関する事項が含まれており(第二条第八項)、ロシア憲法では認められていなかった共和国国籍がタタルスタンについては認められたことになる。[208]

権限区分条約調印直後のシャイミエフ発言は、タタルスタンはかつて一度も独立を主張したことはなく、常にロシアとの密接なつながりの必要性を強調してきたと述べた。[209] 一度も独立を主張したことがないというのは、一九九一年一〇月の独立宣言採択(前注(91))を思い起こすなら事実に反するが、権限区分条約の説明の論理としては象徴的である。シャイミエフは、問題はロシア連邦に加入するときの原則にあると語って、ロシアに入ること自体は当然の前提であるかの説明を行ない、更に次のように述べた。あらゆる協定は妥協であり、この条約も賢明な相互の妥協だ。権限区分条約は双方の憲法よりも上位にあり、そのことによって矛盾を調整する。これまでのロシア連邦は名目だけの連邦で、実質的には単一国家だったが、この条約によって真の連邦になった[210]。他方、シャフライ(この時点ではロシア副首相職から一時離れ、民族・地域問題担当大臣)は、この条約は共和国の位置を高めたり低めたりするものではなく、意識的にその問題を避けたのだと説明した。国際条約ではないので批准を必要とせず、係争問題はこの条約の枠外だというのが彼の解釈だった[211]。こうして、権限区分条約は「玉虫色」ながら[212]、ともかく形式的にはロシア＝タタルスタン関係に一つの決着をつけた[213]。

＊

以上、ソ連解体直後の情勢として一九九四年二月の権限区分条約までの過程を追ってきた。これ以後の経過は別個の研究の対象となるので、ここでは駆け足の概観にとどめる。権限区分条約調印は、曖昧な要素を含みながらも、ともかくタタルスタンの連邦体制への包摂を確定した。先に触れたように、九三年末のロシア議会選挙(上下両院とも)はタタルスタンでは無効となり、連邦議員不在となっていたが、権限区分条約調印直後の九四年三月一三日には、タタルスタンの選挙区でのロシア議会選挙が改めて行なわれた。民族派は選挙実施に反対したが、今回の投票率は五八・五パーセントにのぼり、選挙は有効となった。連邦議会に議員を送るということは、タタルスタンがロシア連邦の一員であることを明確なものとした[214]。翌九五年にシャイミエフ大統領は、チェルノムィルヂン・ロシア首相の率いる新政党「我らが家ロシア」に参加した(九九年にはルシコフ・モスクワ市長らの率いる「祖国・全ロシア」に、二〇〇一年にはプーチン与党の「統一ロシア」に参加)。これは彼がタタルスタンを独自の権力基盤としつつロシア全国政治にも関与し、自己の支配する共和国の利害が貫かれる限りで条件付き与党の立場をとるという路線を象徴する(このような行動様式はバシコルトスタンのラヒモフにも共通する)。

プーチン時代に入って、二〇〇二年四月には、多くの点で連邦中央の要求を受けいれる方向での大規模なタタルスタン憲法改正がなされ、〇五年二月にもプーチン改革——連邦主体首長の候補を連邦大統領が指名し、現地の議会が承認する——を受けいれる共和国憲法改正を行なった。このようにモスクワに恭順を誓う反面、いわばその見返りとしてシャイミエフは大統領の座にとどまることを中央から保障された(二〇〇一年には異例の手続きによる三選、〇五年にはプーチンの指名に基づく新たな選出)。

こうしてタタルスタンはロシア連邦体制に取り込まれていったが、そのことは、タタルスタン政権と中央との間の対抗の全面解消を意味するわけではない。数次にわたる共和国憲法改正にもかかわらず、ロシア連邦憲法との齟齬は完全には消えていない(「主権」の文言を残し、共和国国籍にこだわるなど)。個別問題としては、パスポートにおける「民族」記載、言語・文字問題、パスポートの写真における女性のヴェール問題など、多くの争点をめぐって紛争が繰り返されている。対抗の基本軸は非エスニックな中央・地方関係(政府間関係)および資源産業をめぐる利権紛争という性格が濃いが、現地政権が中央との交渉の手段としてエスニックな要素を利用する限りにおいて民族的な色彩もなお無視することはできない。このように紛争が続いているとはいえ、そこでは妥協と対決の使い分けが特徴的であり、チェチェン型の武装闘争とは明確に区別される。これはロシア連邦内民族共和国の中央との紛争の一つの特徴的な型ということができる。

(1) Итоги Всесоюзной переписи населения 1989 года. т. VII, ч. 1, East View Publications, 1992, с. 104, 178; Итоги Всероссийской переписи населения 2002 года. том 4(Национальный состав и владение языками, гражданство). Книга 1. М., 2004, с. 71, 74.

(2) ヴォルガ・タタールの歴史に関しては、Azade-Ayşe Rorlich, *The Volga Tatars: A Profile in National Resilience*,

Hoover Institution Press, 1986; И. Р. Тагиров. Очерки истории Татарстана и татарского народа (XX век). Казань, 1999; он же. История национальной государственности татарского народа и Татарстана. Казань, 2000 (以下では、それぞれ Тагиров (1999); Тагиров (2000) と記す); 山内昌之『スルタンガリエフの夢』東京大学出版会、一九八六年、西山克典『ロシア革命と東方辺境地域』北海道大学図書刊行会、二〇〇二年など参照。ペレストロイカ期以降のタタルスタン政治に関しては、S. Kondrashov, *Nationalism and the Drive for Sovereignty in Tatarstan, 1988-92*, London, 2000. ソ連解体後のタタルスタンについてシャイミエフ賛美の観点から書かれた書物として、Ravil Bukharaev, *The Model of Tatarstan under President Mintimer Shaimiev*, Curzon Press, 1999 がある。日本でも多くの論者が取り上げており、小杉末吉「タタルスターン共和国国家主権宣言について」一・二・三『(中央大学)比較法雑誌』第三一巻第二号、第三二巻第一号、第二号(一九九七—九八年)、同「ソ連邦レフェレンダムとタタルスターン」『比較法雑誌』第三三巻第一号(一九九九年)、同「一九九一年八月クーデタとタタルスターン共和国」『(中央大学)法学新報』第一〇七巻第五＝六号(二〇〇〇年)、同「二〇〇二年四月一九日付タタルスターン共和国憲法改正について」一・二(未完)『法学新報』第一〇九巻第四号、第七＝八号(二〇〇二—〇三年)、西山克典「ヴォルガ・ウラル地方のタタール人」拓殖大学『海外事情』一九九二年六月号、下斗米伸夫「ロシア政治の制度化——タタールスタン共和国を例として」皆川修吾編『移行期のロシア政治』溪水社、一九九九年所収、松里公孝「エスノ・ボナパルティズムから集権的カシキスモへ——タタルスタン政治体制の特質とその形成過程」『スラヴ研究』第四七号(二〇〇〇年)、袴田茂樹「プーチン政治改革と地方における権力構造の変容——スヴェルドロフスク州、タタルスタン共和国、クルスク州を中心に」『ロシア研究』第三二号(二〇〇一年)などがある。

(3)　ヴォルガ＝ウラル地域の諸民族の起源をめぐる言説史について、T. Uyama, "From 'Bulgharism' Through 'Marrism' to Nationalist Myths: Discourses on the Tatar, the Chuvash and the Bashkir Ethnogenesis," *Acta Slavica Iaponica*, Tomus 19, 2002, pp. 163-190 参照。

(4)　キプチャク・ハン国はもともとモンゴル帝国の継承国家だが、その住民の多数はチュルク・ムスリムであり、ロシア人は恐怖と軽蔑の入り混じった感情で彼らのことを総称して「タタール」と呼んだ。つまり、この呼称はもともと外から貼られたレッテルであり、範囲も不明確な蔑称だったが、一九世紀以降、当事者の中から、かつてのモンゴル・タタール帝国の軍事的名声を引き継ぐ意味で「タタール」と名乗ろうとする考えが登場し、次第に定着した(但し、一部には、「タタール」よりも「ブルガール」の名称を良しとする考えもある)。もともと範囲の不確定な総称だったことと関係して、広義のタタールはヴォルガ・タタール(カザン・タタール)の他、クリミヤ・タタールをはじめいくつかの民族・エスニシティーを包含するが、本章では「タタール」の語で専らヴォルガ・タタールを指すことにする。

(5) 急進的タタール民族主義の主張の端的な例として、**Советская Татария**, 22 **октября** 1991 **г.**, **с.** 2 (**Ф. Байрамова**); **Вечерняя Казань**, 23 **октября** 1991 **г.**, **с.** 2 (**Ф. Байрамова**). 中央紙による紹介として、**Известия**, 25 **ноября** 1991 **г.**, **с.** 4 (**А. Путко**).

(6) *Central Asian Survey*, vol. 16, no. 2 (1997), p. 216 (David C. Lewis).

(7) 典型的には、H. Carrere d'Encausse, *The Great Challenge: Nationalities and the Bolshevik State, 1917–1930*, tr. from the French, New York and London: Holmes & Meier, 1992, p. 177; Rorlich, *op. cit.*, pp. 137–138.

(8) 革命・内戦期におけるバシキールの動向について、Michael Rywkin, "The Autonomy of Bashkirs," *Central Asian Survey*, vol. 12, no. 1 (1993), pp. 47–57; Daniel E. Schafer, "Local Politics and the Birth of the Republic of Bashkortostan, 1919–1920," in Ronald Suny and Terry Martin (eds.), *A State of Nations*, Oxford, 2001, pp. 165–190; 西山克典『ロシア革命と東方辺境地域』第二章第四—五節など参照(西山はスルタンガリエフの反バシキール的態度を紹介しているが、そのこととスルタンガリエフへの高い評価との関係は説明されていない)。なお、スルタンガリエフの活動のうち、「ムスリム共産党」構想については、塩川伸明『国家の構築と解体——多民族国家ソ連の興亡II』岩波書店、二〇〇七年、一三四—一三五頁参照。

(9) 一九二二年末のソ連邦結成から二三年春の第一二回大会、第四回民族問題協議会へと至る過程については、塩川『国家の構築と解体』第一章第一節参照。スルタンガリエフの主張およびそれが彼の「罪状」に数えられた事情については、**Известия ЦК КПСС**, 1990, № 10, **с.** 75–88; 山内昌之『スルタンガリエフの夢』第五章、同『イスラームとロシア』東京大学出版会、一九九五年および同編訳『資料スルタンガリエフの夢と現実』東京大学出版会、一九九八年など参照。スルタンガリエフ自身は一九二三年五月に逮捕され、六月の第四回民族問題協議会での弾劾決議採択——但し刑事責任追及はこの時点では避けられた——により政治的影響力を失った。Тайны национальной политики ЦК РКП. Четвертое совещание ЦК РКП с ответственными работниками национальных республик и областей в г. Москве 9–12 июля 1923 г. Стенографический отчет. М., 1992 参照。

(10) Московские новости, 1991, № 26(30 июня), с. 5(В. Радзиховский). 一九七七年憲法制定準備期の要求についての後の説明は、Государство и право, 1994, № 3, с. 53(Ф. Х. Мухаметшин).

(11) Народное хозяйство СССР. М., 1932, с. 402–403; Национальный состав населения СССР. По данным Всесоюзной переписи населения 1989 года. М., 1991, с. 15, 16, 18, 19, 38.

(12) И. В. Сталин. Сочинения. т. 14, М., 1997, с. 141–142.

(13) 塩川『国家の構築と解体』四三、四九頁など参照。

(14) Национальный состав населения СССР, с. 5, 9, 34, 38.

(15) Итоги Всероссийской переписи населения 2002 года. том 4. Книга 1, с. 7–19, 74–75.

(16) Советская Татария, 22 октября 1991 г., с. 2 (Ф. Байрамова); Вечерняя Казань, 23 октября 1991 г., с. 2(Ф. Байрамова). 本文一一二頁も参照。

(17) なお、人口センサスにおける「民族」の数え方が時期により一定でないため、この表には統計的に厳密な意味での連続性はない。一九二六年センサスでは、ミシャール人、クリャシェン人(キリスト教化したタタール人)、テプチャリ人、ナガイバク人がタタール人と別個に数えられたが、これらのエスニック・グループはその後、タタール人に含められるようになった。一九三九年以降はクリミヤ・タタール人もタタール人に含められたが、一九八九年にはクリミヤ・タタール人が別個の項目として復活した。Francine Hirsch, "The Soviet Union as a Work-in-Progress: Ethnographers and the Category *Nationality* in the 1926, 1937, and 1939 Censuses," *Slavic Review*, vol. 56, no. 2(Summer 1997), p. 275. 二〇〇二年ロシア連邦センサスでは、①ミシャール人、テプチャリ人などはタタール人のうちとされ、内数も示されない、②アストラハン・タタール人、クリャシェン人、シベリア・タタール人はタタール人の中のサブカテゴリーとして、内数が示される、③クリミヤ・タタール人は別個の民族とみなされる、という扱いを受けた。Итоги Всероссийской переписи населения 2002 года. том 4. Книга 1, с. 75, 929–930. もっとも、これらのエスニック・グループに属する人の数は比較的小さいから、分類基準の変更は全体的な人口変化にそれほど大きな影響を及ぼすわけではない。

(18) 典拠は表2・1と同じ。なお、一九二六年についてはカザンとその他の都市が分けて示されているが、その合計をとった。

(19) Отечественная история, 1995, № 2, с. 18–21(М. Н. Губогло)参照。

(20) Итоги Всесоюзной переписи населения 1989 года. т. VII, ч. 1, с. 66, 104, 178; Итоги Всероссийской переписи населения 2002 года. том 4. Книга 1, с. 20, 23, 71, 72, 74, 75 のデータより。説明として、Социологические исследования, 2005, № 9, с. 69–70(В. В. Степанов, В. А. Тишков).

(21) 二〇〇二年ロシア連邦センサスでは母語を調査する代わりに、ロシア語を習得しているかどうか、他にどのような言語を習得しているか(三つまで挙げられる)が質問項目に含まれた。タタルスタン共和国のタタール人のロシア語習得率は九二・九パーセント、タタール語習得率は九四・二パーセントとなっている(ロシア人のタタール語習得率は四・三パーセント)。Итоги Всероссийской переписи населения 2002 года. том 4. Книга 1, с. 75, 154. タタール人がロシア語もタタール語も高度に習得していることは明らかだが、どちらを母語とみなしているかはこのデータでは確定できない。

(22) Национальный состав населения СССР, с. 20, 38–39 のデータより。

(23) Независимая газета, 6 февраля 1992 г., с. 3(В. Беляев).

(24) ソ連時代のタタールにおける言語状況については、グボグロの研究がある。Ю. В. Арутюнян(Отв. ред.). Социальное и национальное. М., 1973, Гл. IV, с. 230–272(М. Губогло). また、ソ連解体後の社会学的調査は、タタール語を「母語」とする者の中にもタタール語がうまく話せない者がいたり、タタール語よりもロシア語の方をよく習得している者が少なくないという事実を明らかにしている(概していって、若い世代ほど、名目的な「母語」がタタール語でも実際はロシア化されている人の比率が高い)。Jerry F. Hough, "Sociology, the State and Language Politics," *Post-Soviet Affairs*, vol. 12, no. 2(April-June 1996), pp. 99–103.

(25) 自治共和国の連邦構成共和国への昇格問題が表面に現われてくるのは一九八九年以降のことだが、それ以前からも秘かな底流があったことはこれまでも述べてきたとおりであり、そのことは中央の政治指導部にも知られていた。一九八八年一一月一一日付のシャフナザーロフのゴルバチョフ宛て報告書は、この問題に触れて次のように述べた。昇格を望んでいる自治共和国(タタールやバシキールなど)について何かの手を打たなくてはならない。いずれ問題の表面化が必至だとしたら、先手をとった方がよい。これらの連邦構成共和国化を拒否する理由はない。外国との国境の欠如というスターリンの挙げた理由は何の意味もない。Архив Горбачев-Фонда, ф. 5, оп. 1, № 18178, л. 5. これは先駆的な提言だが、この提言は取り上げられることがなかった。そして、問題が本格的に政治化したときには、そう簡単には対応できなくなっていた。

(26) この時期の全般的状況については、Kondrashov, *op. cit.*, chaps. 5 and 6 が詳しい。

(27) 研究者の中には、タタール社会センター(トーツ)の発足は草の根からの自発的ナショナリズムではなく、むしろ共産党州委員会の音頭によると説く見解もある。Jeff Kahn, "The Parade of Sovereignties: Establishing the Vocabulary of the New Russian Federalism," *Post-Soviet Affairs*, vol. 16, no. 1(January-March 2000), p. 69; 松里公孝、前掲論文、二八頁など。党支配エリートとトーツ組織者の間に一定の連絡があり、ときとして協力的だったのは本文でもみる通りだが、両者の間にはぎくしゃくした関係もあり、運動全体の音頭を党エリートがとったとまでいうのは行き過ぎと思われる。

(28) Вечерняя Казань, 10 октября 1988 г., с. 3; 7 ноября 1988 г., с. 3(Т. Бареев); 10 января 1989 г., с. 3(М. Мулюков и др.); 2 февраля 1989 г., с. 3(Р. Хакимов); Советская Татария, 10 октября 1989 г., с. 2(トーツ規約); *Central Asian Survey*, vol. 9, no. 2, 1990, pp. 155–165(トーツ創立大会決議); Kondrashov, *op. cit.*, pp. 116–121. また、*Report on the USSR*, 1989, no. 51, pp. 11–15; Московские новости, 1989, № 18(30 апреля), с. 4(Н. Гарипов)も参照。

(29) Вечерняя Казань, 2 февраля 1989 г., с. 3(Р. Хакимов). 同様の主張の例として、Дружба народов, 1989, № 5, с. 155–156(Р. Мустафин).

(30) この時期まで、自治共和国の党組織は「州組織」とされ、その委員会は「州委員会」という名称だった。「自治共和国」であるのに「州委員会」という名称はおかしいという意見がペレストロイカの中であらわれ、九〇年に「共和国委員会」へと改称する過程については、塩川『国家の構築と解体』一六四―一六五頁参照。

(31) Советская Татария, 14 сентября 1989 г., с. 1.

(32) Правда, 22 сентября 1989 г., с. 2(Г. И. Усманов).

(33) Советская Татария, 24 сентября 1989 г., с. 1.

(34) Советская Татария, 13 апреля 1990 г., с. 1, 3; Kondrashov, *op. cit.*, pp. 134–136.

(35) Kondrashov, *op. cit.*, pp. 136–139.

(36) XXVIII съезд КПСС. Стенографический отчет. М., 1991, т. 2, с. 281.

(37) XXVIII съезд КПСС. Заседание секции “Национальная политика КПСС”. Бюллетень для делегатов съезда. М., 1990(Российский государственный архив социально-политической истории, ф. 646, оп, 1, д. 17), с. 48–50.

(38) Советская Татария, 4 августа 1990 г., с. 2; 5 августа 1990 г., с. 1–3.

(39) Советская Татария, 8 августа 1990 г., с. 1; 12 августа 1990 г., с. 2. エリツィン発言については、第一章一三頁も参照。

(40) Советская Татария, 8 августа 1990 г., с. 2; Вечерняя Казань, 27 июля 1990 г., с. 2. 前者に三つ、後者に一つの案が掲載されているが、重複があるのであわせて四つの案が公表された。解説として、Московские новости, 1990, № 33 (19 августа), с. 5(А. Минеев); Kondrashov, *op. cit.*, pp. 140–141; Kahn, *op. cit.*, p. 69; 小杉末吉「タタルスターン共和国国家主権宣言について」(二)(三)など参照。

(41) Советская Татария, 15 августа 1990 г., с. 1.

(42) Советская Татария, 30 августа 1990 г., с. 1.

(43) V. Mikhailov, “Chechnya and Tatarstan: Differences in Search of an Explanation,” in Richard Sakwa(ed.), *Chechnya: From Past to Future*, London: Anthem Press, 2005, pp. 58–59 は、いくつかの世論調査によればトーツやイティファクの支持率はごく低かったという事実を指摘して、主権宣言採択当時のシャイミエフ指導部が急進民族派の強い圧力にさらされていたかに捉えるのは間違いだと論じている。様々な世論調査でトーツやイティファクの支持率が低いという結果が出ていること自体は、本文の以下の記述でも紹介するとおりである。しかし、急速に流動している状況の渦中にあっては、「一握りの過激派」が瞬間最大風速的に影響力を急伸させることもありうるし、後の展開がまだ見えない当事者にとっては、「何が起きるか分からない」という気分が広まってもおかしくはない。急進民族派の影響力に関する当時の言説に誇張の要素が含まれていたのは確かだが、誇張された言説自体が歴史の一構成要素であることを見落とし、急進派の影響力を軽視するのも歴史に内在した理解とは言い難い。急進民族派はそれ自体としては少数派であり続けたが、それでもシャイミエフ指導部はときとしてかなり動揺し、真剣な対応を迫られたのである。

(44)　Советская Татария, 31 августа 1990 г., с. 1–2.

(45)　Советская Татария, 31 августа 1990 г., с. 1–2; 1 сентября 1989 г., с. 1–3; 2 сентября 1989 г., с. 1, 3–4.

(46)　最終文案確定のための小委員会メンバーだった論者の後の記述によれば、小委員会はシャイミエフ欠席のもと、国名から「ソヴェト」「社会主義」の削除を決めたが、そこへやってきたシャイミエフが、削除は時期尚早であり、当面維持すべきだと述べ、維持が決まった。Тагиров (2000), с. 262.

(47)　「タタール民族(ナーツィヤ)」という文言を削除すべきだとの提案もあったが、却下された。Тагиров (2000), с. 263.

(48)　この点に関し、シャイミエフは約一年後に次のように説明した。私は(ロシアとソ連とへの)二重帰属 двухсубъектность を提案し、幹部会ではこれが支持されたが、最高会議会期で激しい批判を浴びた。エリツィンが「欲しいだけ取れ」といっているのに、シャイミエフはそうしないのか、と批判された。長い大衆的討論の後、主権は無条件であるべきだという結論に達し、二重帰属についての言及を削った。Российская газета, 17 августа 1991 г., с. 1–2; Советская Татария, 5 октября 1991 г., с. 4.

(49)　主権宣言のテキストは、Советская Татария, 30 августа 1990 г., с. 1; Суверенный Татарстан/ *Sovereign Tatarstan*. M., 1997, с. 7–10. モスクワでの報道の例として、Известия, 31 августа 1990 г., с. 2; Правда, 1 сентября 1990 г., с. 3 (Н. Морозов); Московские новости, 1990, № 36 (9 сентября), с. 4.

(50)　Комсомольская правда, 2 декабря 1990 г., с. 1.

(51)　Советская Татария, 18 декабря 1990 г., с. 1.

(52) Комсомольская правда, 7 февраля 1991 г., с. 2(Б. Дубин).

(53) Советская Россия, 13 февраля 1991 г., с. 3(М. Зарипов).

(54) Независимая газета, 13 августа 1991 г., с. 3(А. Челноков).

(55) Советская Татария, 9 февраля 1991 г., с. 3(Ю. Порошина); 16 февраля 1991 г., с. 2. 中央紙報道は、Советская Россия, 13 февраля 1991 г., с. 3(М. Зарипов).

(56) Советская Татария, 23 февраля 1991 г., с. 2.

(57) Советская Татария, 12 марта 1991 г., с. 1. 次の説明も参照。Советская Татария, 13 марта 1991 г., с. 1; Московские новости, 1991, № 11(17 марта), с. 6(А. Колесников, А. Карапетян).

(58) Вечерняя Казань, 11 марта 1991 г., с. 1; 12 марта 1991 г., с. 1.

(59) Известия, 27 марта 1991 г., с. 3.

(60) Известия, 26 марта 1991 г., с. 2. この前後の文脈については、第一章三二—三三頁参照。

(61) Советская Татария, 17 апреля 1991 г., с. 1.

(62) Kondrashov, *op. cit.*, pp. 155–159.

(63) Советская Татария, 20 апреля 1991 г., с. 2. このときの憲法改正は大統領制導入については簡略に触れるにとどまり、五月に改めてより詳細な憲法改正を行なうことを予定した。

(64) Советская Татария, 8 мая 1991 г., с. 1; Московские новости, 1991, № 21(26 мая), с. 4(А. Карапетян).

(65) Советская Татария, 12 мая 1991 г., с. 1. 旧自治共和国首脳一六人の共同声明(五月七日)および五月一二日のモスクワでの会合でのシャイミエフ発言について、第一章三七—三八頁参照。

(66) Четвертый съезд народных депутатов РСФСР. Стенографический отчет. М., 1991, т. IV, с. 49–54.

(67) Советская Татария, 14 мая 1991 г., с. 1; 15 мая 1991 г., с. 1; 21 мая 1991 г., с. 1–2; Вечерняя Казань, 20 мая 1991 г., с. 2. 中央紙報道として、Известия, 16 мая 1991 г., с. 1.

(68) Советская Татария, 18 мая 1991 г., с. 3.

(69) Советская Татария, 22 мая 1991 г., с. 2.

(70) Советская Татария, 29 мая 1991 г., с. 1.

(71) Kondrashov, *op. cit.*, pp. 161–166.「民主派」の動向については、Вечерняя Казань, 4 июня 1991 г., с. 1; Коммерсантъ, 1991, № 22(27 мая–3 июня), с. 12(Г. Файзуллина).

(72) Советская Татария, 19 июня 1991 г., с. 1.

(73) Советская Татария, 9 июля 1991 г., с. 1, 3.

(74) Советская Татария, 11 июля 1991 г., с. 2. 中央紙報道として、Правда, 6 июля 1991 г., с. 2.

(75) Архив Горбачев-Фонда, ф. 5, оп. 1, № 10803, л. 1.

(76) このロシア＝タタルスタン交渉は、ロシア側が他の連邦構成共和国および内部共和国に対して秘密にしておきたかったため、その時点では非公開で進められた。八月政変後の言及として、Советская Татария, 3 сентября 1991 г., с. 1–2; Вечерняя Казань, 2 сентября 1991 г., с. 1. 交渉に自ら参加した人物による後の説明として、Тагиров(1999), с. 383–386; Тагиров(2000), с. 266–270.(九九年刊の著書では、九一年八月の交渉の結果のところでいきなり翌九二年春の議定書を持ち出すなど、叙述が混乱しているが、二〇〇〇年の著書では、もう少し前後関係がはっきりしており、九一年八月の議定書そのものも引用されている)。

(77) Советская Татария, 17 августа 1991 г., с. 3. 中央紙報道として Коммерсантъ, 1991, № 33(12–19 августа), с. 2.

(78) Советская Татария, 21 августа 1991 г., с. 1.

(79) Вечерняя Казань, 26 августа 1991 г., с. 1 に暴かれている。

(80) Независимая газета, 22 августа 1991 г., с. 3(Л. Толчинский).

(81) Kondrashov, *op. cit.*, p. 171; 小杉末吉「一九九一年八月クーデタとタタルスターン共和国」、一〇二—一〇六頁も参照。シャイミエフ擁護側からの記述は、Тагиров(1999), с. 386.

(82) Советская Татария, 24 августа 1991 г., с. 1–2. 同紙はこれまで共産党共和国委員会機関紙だったが、八月二七日号から独立の社会・政治新聞になることを宣言した。

(83) Вечерняя Казань, 22 августа 1991 г., с. 1. 中央紙報道として，Независимая газета, 24 августа 1991 г., с. 3(Т. Аглиуллин); Московские новости, 1991, № 35(1 сентября), с. 5; Куранты, 3 сентября 1991 г., с. 2(В. Страхов).

(84) Советская Татария, 3 сентября 1991 г., с. 1–2.

(85) Советская Татария, 3 сентября 1991 г., с. 1.『夕刊カザン』による報道は当局に対してより批判的である。Вечерняя Казань, 30 августа 1991 г., с. 1.

(86) Куранты, 3 сентября 1991 г., с. 2(В. Страхов); Kondrashov, *op. cit.*, pp. 172–173. シャイミエフに近い立場からの記述は，Тагиров(1999), с. 387–388.

(87) Московские новости, 1991, № 39(29 сентября), с. 4(А. Карапетян).

(88) Kondrashov, *op. cit.*, pp. 173–176.

(89) タタール語の新聞に載ったものを『ソヴェツカヤ・タターリヤ』が訳載したが，これは不正確な訳だという抗議をうけて，『夕刊カザン』が改訳版を掲載した。Советская Татария, 22 октября 1991 г., с. 2(Ф. Байрамова); Вечерняя Казань, 23 октября 1991 г., с. 2(Ф. Байрамова). このバイラモワ論文へのモスクワの反応の例として，Известия, 25 ноября 1991 г., с. 4(А. Путко); Российская газета, 28 ноября 1991 г., с. 3(Е. Скукин).

(90) Советская Татария, 5 октября 1991 г., с. 4.

(91) Советская Татария, 26 октября 1991 г., с. 2.

(92) Аргументы и факты, 1991, № 52(декабрь), с. 8.

(93) Российская газета, 28 ноября 1991 г., с. 3(Е. Скукин).

(94) Советская Татария, 31 декабря 1991 г., с. 3–6; Вечерняя Казань, 8 января 1992 г., с. 3–6.

(95) 本文では注目をタタルスタンに絞るが，より広いヴォルガ＝ウラル地域をめぐる問題として，「ヴォルガ＝ウラル連邦」結成論——ロシア解体の可能性をにらんで，この地の諸民族の連邦国家形成を唱えるもの——の登場について簡単に触れておく。タタルスタン最高会議の議員グループから提唱された沿ヴォルガ連合構想は，タタルスタン，バシコルトスタンの他にコミ，ウドムルト，チュヴァシを含めて大統領制の共和国をつくり，独自の立法・権力機関をもつというものである。Независимая газета, 26 ноября 1991 г., с. 3(В. Портников)；Коммерсантъ, 1992, № 14(30 марта-6 апреля), с. 20(Г. Хананова)；Известия, 27 марта 1992 г., с. 1(А. Зиновьев). これはかつてスルタンガリエフが提起したバシキール、タタール、チュヴァシ、マリ、ヴォチャーク(ウドムルト)からなるウラル＝ヴォルガ連邦論を想起させる。この構想はまもなく衰退し、現実政治的に大きな意味をもったわけではないが、一時的にせよそのような構想が出たということ自体が当時の状況を象徴していた。

(96)　Советская Татария, 11 декабря 1991 г., с. 1.

(97)　Российская газета, 27 декабря 1991 г., с. 1.

(98)　Советская Татария, 28 декабря 1991 г., с. 2. ロシア紙での報道は、Известия, 27 декабря 1991 г., с. 1; 31 декабря 1991 г., с. 1.

(99)　Московские новости, 1992, № 1(5 января), с. 9(А. Карапетян).

(100)　Комсомольская правда, 16 января 1992 г., с. 1.

(101)　早い時期の憲法論争の例として、Советская Татария, 14 января 1992 г., с. 2(М. Фарукшин)；25 января 1992 г., с. 6-7(Ф. Факутуллин)；28 января 1992 г., с. 2(Р. Волков)；28 января 1992 г., с. 2(Ш. Заляев)；29 января 1992 г., с. 2(А. Зиганшин)；11 февраля 1992 г., с. 2(Б. Железнов)；Вечерняя Казань, 28 января 1992 г., с. 1(И. Грачев)など。

(102)　Российская газета, 7 февраля 1992 г., с. 1(В. Морокин).

(103)　Вечерняя Казань, 21 января 1992 г., с. 2.

(104)　Независимая газета, 15 января 1992 г., с. 2.

(105)　Советская Татария, 18 января 1992 г., с. 2.

(106)　Московские новости, 1992, № 4(26 января), с. 9(А. Карапетян).

(107)　Вечерняя Казань, 6 января 1992 г., с. 1. これは急進民族派に批判的な立場からの報道である。

(108)　Советская Татария, 23 января 1992 г., с. 1.

(109)　Вечерняя Казань, 27 января 1992 г., с. 1(И. Дурманов).

(110) Советская Татария, 1 февраля 1992 г., с. 5.

(111) Советская Татария, 5 февраля 1992 г., с. 1.

(112) Известия, 3 февраля 1992 г., с. 2(А. Сабиров); Российская газета, 7 февраля 1992 г., с. 1(В. Морокин); Kondrashov, *op. cit.*, pp. 180–181.

(113) Московские новости, 1992, № 7(16 февраля), с. 9(А. Карапетян); Независимая газета, 29 января 1992 г., с. 3(Л. Толчинский); Коммерсантъ, 1992, № 5(27 января–3 февраля), с. 22(С. Федотов).

(114) Советская Татария, 5 февраля 1992 г., с. 1–2(関連個所は，с. 1).

(115) Советская Татария, 11 февраля 1992 г., с. 1; Российская газета, 8 февраля 1992 г., с. 1.

(116) Советская Татария, 23 января 1992 г., с. 1. シャイミエフの対応についてのロシア紙の観察として，Российская газета, 15 февраля 1992 г., с. 1, 5(И. Харичев).

(117) Независимая газета, 6 февраля 1992 г., с. 3(В. Беляев). 次も参照。Независимая газета, 14 февраля 1992 г., с. 3(Т. Аглиуллин, Р. Батыршин); Вечерняя Казань, 19 февраля 1992 г., с. 1; Российская газета, 18 февраля 1992 г., с. 1(И. Муравьева).

(118) Вечерняя Казань, 18 февраля 1992 г., с. 2(Л. Толчинский).

(119) Советская Татария, 12 февраля 1992 г., с. 1.

(120) Советская Татария, 22 февраля 1992 г., с. 3–4.

(121) Советская Татария, 25 февраля 1992 г., с. 1.

(122) Российская газета, 26 февраля 1992 г., с. 5(Д. Михайлин).

(123) Независимая газета, 26 февраля 1992 г., с. 3.

(124) Вечерняя Казань, 28 февраля 1992 г., с. 1; 3 марта 1992 г., с. 2(В. Беляев)など。

(125) Советская Татария, 27 февраля 1992 г., с. 1. ロシア紙報道は，Независимая газета, 27 февраля 1992 г., с. 3(Т. Аглиуллин).

(126) Советская Татария, 4 марта 1992 г., с. 1.

(127) Российская газета, 7 марта 1992 г., с. 1; Советская Татария, 10 марта 1992 г., с. 1.

(128) Советская Татария, 10 марта 1992 г., с. 1; Независимая газета, 10 марта 1992 г., с. 3(Р. Батыршин).

(129) Российская газета, 11 марта 1992 г., с. 1(Д. Михайлин). 最高会議幹部会声明に関する「合意」グループおよび「人民主権」グループ(「民主派」)の批判は，Вечерняя Казань, 10 марта 1992 г., с. 1; 12 марта 1992 г., с. 1; Советская Татария, 11 марта 1992 г., с. 1 など。

(130) Kondrashov, *op. cit.*, pp. 183–185.

(131) Российская газета, 13 марта 1992 г., с. 2(А. В. Руцкой); Московские новости, 1992, № 12(22 марта), с. 6–7(В. Орлов).「第四のスムータ」という表現の意味については，Shiokawa, "Russia's Fourth *Smuta*: What Was, Is, and Will Be Russia?," in Osamu Ieda(ed.), *New Order in Post-Communist Eurasia*, Slavic Research Center, Hokkaido University, 1993; 塩川『国家の構築と解体』二五六―二五七頁参照。

(132) Российская газета, 14 марта 1992 г., с. 1–2. 決定全文は，Российская газета, 16 марта 1992 г., с. 1–2.

(133) Независимая газета, 21 марта 1992 г., с. 2.

(134) Коммерсантъ, 1992, № 11(9–16 марта), с. 18(Ю. Поспелова).

(135) Известия, 20 марта 1992 г., с. 2(С. Чугаев).

(136) Советская Татария, 18 марта 1992 г., с. 2; 19 марта 1992 г., с. 1–2; Тагиров(2000), с. 278–283.

(137) この会期の模様は，『ソヴェツカヤ・タターリヤ』に報道されているほか，Тагиров(2000), с. 277–293 に詳しく紹介されている。

(138) Советская Татария, 18 марта 1992 г., с. 1.

(139) Тагиров(2000), с. 288–289.

(140) Вечерняя Казань, 17 марта 1992 г., с. 1.

(141) Вечерняя Казань, 19 марта 1992 г., с. 1.

(142) Советская Татария, 20 марта 1992 г., с. 1.

(143) Российская газета, 20 марта 1992 г., с. 1; Советская Татария, 20 марта 1992 г., с. 1.

(144) Российская газета, 21 марта 1992 г., с. 1.

(145) Тагиров(1999), с. 396; Тагиров(2000), с. 293, 296.

(146) Советская Татария, 26 марта 1992 г., с. 1.

(147) Вечерняя Казань, 23 марта 1992 г., с. 1; 26 марта 1992 г., с. 1. ロシア紙報道として，Независимая газета, 24 марта 1992 г., с. 1 など。

(148) Советская Татария, 26 марта 1992 г., с. 1. 同様の指摘に関し，五月の最高会議におけるムハメトシン報告も参照。Советская Татария, 21 мая 1992 г., с. 3.

(149) Советская Татария, 24 марта 1992 г., с. 1.

(150) Российская газета, 24 марта 1992 г., с. 1; Независимая газета, 24 марта 1992 г., с. 1.

(151) Советская Татария, 28 марта 1992 г., с. 3.

(152) Московские новости, 1992, № 13(29 марта), с. 4(В. Радзиевский).

(153) Там же.

(154) Коммерсантъ, 1992, № 13(23–30 марта), с. 21(Л. Амбиндер).

(155) Советская Татария, 31 марта 1992 г., с. 3.

(156) Вечерняя Казань, 3 апреля 1992 г., с. 1.

(157) Коммерсантъ, 1992, № 13(23–30 марта), с. 18(Е. Янаев).

(158) 議定書のテキストは，Тагиров(1999), с. 385–386. 報道は，Советская Татария, 7 апреля 1992 г., с. 1; Российская газета, 3 апреля 1992 г., с. 1; Независимая газета, 4 апреля 1992 г., с. 1–2(Р. Батыршин).

(159) Шестой съезд народных депутатов Российской Федерации. Стенографический отчет. М., 1992, т. V, с. 44–48.

(160) Советская Татария, 11 апреля 1992 г., с. 2.

(161) Советская Татария, 16 апреля 1992 г., с. 1.

(162) Московские новости, 1992, № 19 (10 мая), с. 9 (В. Радзиевский).

(163) Социологические исследования, 1993, № 1, с. 110, 112 (Ю. Д. Комлев). おそらくこれと同じと思われる調査についての別の報告として，Советская Татария, 14 июля 1992 г., с. 2; Конституционный вестник, № 14 (декабрь 1992), с. 65–66 (Ю. Решетов) も参照。

(164) Независимая газета, 15 мая 1992 г., с. 1 (Р. Батыршин).

(165) ここで使われている принцип ассоциированного членства という言葉の意味は明確に説明されてはいない。英語で associate member といえば「準加盟」だが，よく似た表現として「準国家 (associated statehood)」という概念もあり，これを念頭においたもののようにもとれる。「準国家」とは，一応主権国家だが，自由連合協定により通貨発行権，外交，軍事などを隣国に委託するものを指す（アメリカ合衆国とミクロネシア連邦，マーシャル諸島，パラオ共和国のような関係）。Daniel J. Elazar *et al.* (ed.), *Federal Systems of the World: A Handbook of Federal, Confederal and Autonomy Arrangements*, Longman Current Affairs, 1991, pp. xv–xix, 330–338. これにならうものだとするなら，ロシアと自由連合協定を結ぶ準国家のような地位を目指すという趣旨になる。

(166) Советская Татария, 21 мая 1992 г., с. 3. この報告に基づいた五月二三日の最高会議決定は，Советская Татария, 26 мая 1992 г., с. 1.

(167) Советская Татария, 23 мая 1992 г., с. 3–4.

(168) Вечерняя Казань, 6 мая 1992 г., с. 2.

(169) Вечерняя Казань, 18 мая 1992 г., с. 2.

(170) ロシア紙の報道として，Независимая газета, 22 мая 1992 г., с. 3 (Т. Аглиуллин, Р. Батыршин); Российская газета, 22 мая 1992 г., с. 4 (В. Кикоть).

(171) Вечерняя Казань, 22 мая 1992 г., с. 1; Советская Татария, 23 мая 1992 г., с. 2.『夕刊カザン』の方が『ソヴェツカヤ・タタ－リヤ』よりも詳しい。この憲法案の内容および手続きに関する批判として，次も参照。Конституционный

вестник, № 14(декабрь 1992), с. 66–68(Ю. Решетов).

(172) Советская Татария, 26 мая 1992 г., с. 1; 30 мая 1992 г., с. 3–4.

(173) Вечерняя Казань, 13 мая 1992 г., с. 2.

(174) Советская Татария, 25 июля 1992 г., с. 3–4.

(175) Коммерсантъ, 1992, № 28(6–13 июля), с. 23.

(176) Отечественная история, 1995, № 2, с. 31(М. Н. Губогло).

(177) Коммерсантъ, 1992, № 31(27 июля–3 августа), с. 18.

(178) Коммерсантъ, 1992, № 33(10–17 августа), с. 18.

(179) Советская Татария, 4 августа 1992 г., с. 3.

(180) Независимая газета, 5 августа 1992 г., с. 3(Н. Класс).

(181) Независимая газета, 8 августа 1992 г., с. 3(Т. Аглиуллин).

(182) Советская Татария, 1 сентября 1992 г., с. 2.

(183) Независимая газета, 30 октября 1992 г., с. 1, 3(Т. Аглиуллин); с. 3(Р. Батыршин).

(184) Независимая газета, 30 октября 1992 г., с. 1(Т. Аглиуллин).

(185) Российская газета, 3 ноября 1992 г., с. 2.

(186) Государственный архив Российской Федерации, ф. 10026, оп. 5, д. 527, л. 25.

(187) Советская Татария, 7 ноября 1992 г., с. 2.

(188) Известия Татарстана, 7 ноября 1992 г., с. 1.

(189) 憲法のテキストは、Советская Татария, 12 декабря 1992 г.; Известия Татарстана, 12 декабря 1992 г. また、Суверенный Татарстан/ *Sovereign Tatarstan*. М., 1997, с. 201–280(ロシア語および英語)。なお、当時の文献の多くでは、条文番号が本文で挙げたのと食い違っている。最終採択直前の草案における条文番号に言及しているものと思われる。

(190) Московские новости, 1992, № 48(22 ноября), с. 2.

(191) Советская Татария, 11 ноября 1992 г., с. 2; Известия Татарстана, 10 ноября 1992 г., с. 1. この二つの典拠では数字が一致しているが、コンドラショフはなぜか賛成一八五、反対二、棄権九、投票不参加五三（主に人民主権派＝民主派）という数字を挙げている。Kondrashov, *op. cit.*, p. 188.

(192) Конституционный вестник, № 14 (декабрь 1992), с. 69–75 (В. Кикоть, О. Румянцев).

(193) 同じ号の別の論文は、「連合」という表現はふさわしくなく、「ロシア連邦の準加盟メンバー」という表現の方が受容できるとしている。Конституционный вестник, № 14 (декабрь 1992), с. 80–81 (Т. Теребилина).「連合(ассоциированное с Российской Федерацией)」と「準加盟(ассоциированный член Российской Федерации)」は、ロシア語でともにассоциированныйという言葉を使い、きわめて近いが、前者が、「ロシア連邦と」という表現で対等性を示唆するのに対し、後者が「ロシア連邦の」という表現で、条件付きながらもとにかくロシア連邦の一部であることを示すという微妙な差異がある。

(194) Конституционный вестник, № 14 (декабрь 1992), с. 75–79 (И. Султанов, В. Михайлов).

(195) Независимая газета, 24 ноября 1992 г., с. 1 (Р. Батыршин). なお、翌二四日に開かれたロシア連邦の共和国首脳評議会で、ロシアの連邦条約をロシアの国家体制の基礎とし、ロシア憲法に含めるという合意がなされたが、この首脳評議会に出席していたシャイミエフはこの文書に調印しなかった。Известия, 24 ноября 1992 г., с. 1 (В. Выжутович).

(196) Советская Тататия, 12 декабря 1992 г., с. 4. 憲法テキストについては前注(189)参照。

(197) Известия Татарстана, 1 декабря 1992 г., с. 1. モスクワにおける論評の例として、Московские новости, 1992, № 50 (13 декабря), с. 9 (Л. Шакирова); 1993, № 2 (10 января), с. A8–A9 (В. Орлов).

(198) Советская Татария, 3 апреля 1993 г., с. 2; Независимая газета, 1 апреля 1993 г., с. 1. また、Советская Татария, 15 апреля 1993 г., с. 1 も参照。

(199) Советская Татария, 27 апреля 1993 г., с. 1; 28 апреля 1993 г., с. 1.

(200) *RFE/RL Research Report*, 1993, no. 20, p. 39.

(201) Независимая газета, 20 мая 1993 г., с. 1 (Р. Батыршин).

(202) Советская Татария, 27 мая 1993 г., с. 1.

(203) Тагиров(2000), с. 301.

(204) Известия Татарстана, 13 ноября 1993 г., с. 1.

(205) Известия Татарстана, 17 ноября 1993 г., с. 1.

(206) Известия Татарстана, 27 ноября 1993 г., с. 1.

(207) Известия Татарстана, 14 декабря 1993 г., с. 1.

(208) 権限区分条約のテキストは、Известия Татарстана, 18 февраля 1994 г., с. 1. また Суверенный Татарстан/ *Sovereign Tatarstan*, с. 33-46. 同時期に調印された一連の協定は、там же, с. 166-181. 調印直前から直後にかけての論評として、Независимая газета, 12 февраля 1994 г., с. 3(Р. Батыршин); Сегодня, 16 февраля 1994 г., с. 1(В. Тодрес)など。共和国国籍の問題については、塩川伸明「国家の統合・分裂とシティズンシップ――ソ連解体前後の国籍法論争を中心に」塩川伸明・中谷和弘編『国際化と法』東京大学出版会、二〇〇七年所収参照。

(209) Известия Татарстана, 16 февраля 1994 г., с. 1.

(210) Литературная газета, 1994, № 13(30 марта), с. 12. また Московские новости, 1994, № 8(20-27 февраля), с. A10 (Г. Файзулина)も参照。

(211) Российская газета, 17 февраля 1994 г., с. 1.

(212) 少し後の発言でシャイミエフは、権限区分条約は二つの憲法(連邦のそれとタタルスタンのそれ)をともに承認するという基礎の上で調印されたのだから、タタルスタンもロシア連邦に対し連邦憲法の個々の条項をタタルスタン憲法とあわせるよう問題提起する権利があると述べた。Московские новости, 1994, № 27(3-10 июля), с. 8. これに対し、モスクワのある法学者は、連邦と連邦主体の間の条約は国際条約ではなく、憲法の枠内での諸国家機関間での条約(契約)であるとし、シャイミエフが条約を連邦憲法の上位にあると解釈しているのを批判した。この論者によれば、憲法が許容しているのは、憲法の枠内での管轄委譲による非対称性だけであって、それ以上のものではなかった。Государство и право, 1995, № 3, с. 10(Б. С. Эбзеев, Л. М. Карапетян).

(213)　タタルスタンの論者による解説として，Тагиров(1999), с. 400–401; Тагиров(2000), с. 302–303 参照。

(214)　Известия Татарстана, 15 марта 1994 г., с. 1; 16 марта 1994 г., с. 1.

第三章　北カフカースの場合――チェチェンを中心として

ロシア中央に最も徹底して反旗を翻している民族地域がチェチェン[1]であるのは周知の通りであり、この地域の情勢は世界中の注目を集めている。この章はそのチェチェン――および関連してある程度までイングーシも――を中心に論じるが、その前提として、北カフカース地域全体の状況をもある程度視野に入れておかねばならない。そこで、本章では先ず北カフカース概観から始め、その後でチェチェン情勢に進むことにする。

第一節　北カフカース概観

1　歴史的背景(2)

ロシア革命まで

北カフカース（カフカース〔英語ではコーカサス〕山脈の北側）は極めて多数の民族が混住し、重層的な民族対立のみられる地域であり、「ロシアのバルカン」といわれることもある(3)。山岳地帯という地形的特徴から、異質性の高い多数の言語が保存された。言語の系統で分類するなら、①アブハジア＝アディゲ系（アブハジア、カバルダ、アディゲ、チェルケス、アバザ）、②ナフ＝ダゲスタン系（アヴァール、アグル、ダルギン、イングーシ、ラーク、レズギン、チェチェンなど）、③チュルク系（バルカル、カラチャイ、ノガイなど）、④インド＝ヨーロッパ語族のうちのイラン系（オセチア）などとなる。宗教的には概してムスリムが多いが、オセチア人のように、キリスト教徒とムスリムの両方が入り混じっている場合もある（北カフカースではなくグルジアの中だが、アブハジアも同様）。イスラームの浸透度も一様ではなく、この地の諸民族がすべて熱心なムスリムとして「異教徒」ロシア人に対抗するという構図が成り立つわけではない。

歴史をさかのぼると、カフカース地域（ここでは北カフカースとザカフカース〔南コーカサス〕の総称として「カフカース地域」の語を用いる）へのロシアの進出は一八世紀後半から一九世紀にかけて進行した。ザカフカースの主要民族のうちグルジア人とアルメニア人はキリスト教徒であり、トルコやペルシャ(後のイラン)との対抗上ロシア帝国に庇護を求める面があったのに対し、ムスリムの多い北カフカースではロシア進出への抵抗が長期に続いた。その代表的なものがシャイフ＝マンスールの蜂起(一七八五―九一年)およびカフカース戦争(一八一七―六四年、そのうち一八三四―五九年の時期の指導者が有名なシャミーリ)である。二〇世紀末―二一世紀初頭のチェチェン紛争――「チェチェン戦争」とも呼ばれる――に際して、これを「一九世紀のカフカース戦争の再来」とみる捉え方が広くなされたのは、特に後者の歴史的記憶による。

この地の事情を更に複雑にしているのは、独自の集団としてのコサック(カザーク)の存在である(コサックはモルドヴァ、ウクライナ南部、クリミヤ、北カザフスタン、シベリア、極東など旧ロシア帝国の辺境各地に分布しているが、中でも最も大きな問題となったのは北カフカースである)。「コサック(カザーク)」という言葉の語源については諸説あるが、相対的に有力なのは、トルコ語で「群れを離れた者」という意味だとする説である。この語で指される集団にもいくつかの系統があり、単一の定義を与えることはできないが、一六世紀前後にロシアやポーランド・リトワニア連合王国から多くの農民が南方の辺境に逃亡して独自の軍事共同体をつくり、これがコサックの中心をなした。当初、国家権力の及ばない辺境の地で自治を保持していたコサックは次第にロシア帝国の支配秩序に組み込まれ、辺境の地でロシアの領土を守るという役割を付与されるようになった。独自武装や地方自治などの特典を公認されたコサックは、「帝政の支柱」「ロシアの守り手」という性格を帯びるようになった。エスニシティーとの関係でいうと、コサックは独自の民族ではなく、主としてロシア人およびウクライナ人からなるが(4)、混血や文化接触により周辺の異民族の要素も吸収し、中央部のロシア人の目にはエキゾチックにみえる面もあった(その他に、モンゴル系のカルムィク・コサックもいた)。宗教的にはロシア正教への改宗を必須の条件としていたという意味ではロシア文化に属するが、正教といっても正統派教会とは限らず、コサックの中にはむしろ分離派が多かった。北カフカースでは、カフカース戦争終了後に現地民族の居住地に割り込む形でコサックの入植が奨励されたが、そのことは革命期における民族間対立の背景となった。逆に一九二〇年代には一部のコサックの土地がイングーシ人に割り当てられたが、(5)このことは後にコサックと現地諸民族の関係を複雑化させる一因となる。

ソヴェト政権と北カフカース

ロシア革命およびそれに続く内戦の時期に、北カフカースでは現地諸民族、コサック、白軍(ヂェニーキン軍)、ボリシェヴィキなどの諸勢力が複雑に交錯した。ムスリム系山岳諸民族の運動体が一九一七年一二月に結成した臨時政府は、当初、連邦化したロシアの一部となることを想定していたが、まもなくソヴェト・ロシアからの分離独立論に転じ、一八年五月に山岳諸民族共和国を結成した。しかし、この共和国は翌一九年にはヂェニーキン軍による占領をこうむり、内紛で崩壊した。他方、軍事的に劣勢だったボリシェヴィキは、ヂェニーキンに対抗して現地諸民族の支持をとりつけるため、北カフカース諸民族の自決を認める態度をとった。そのためもあって一九二〇年にはソヴェト派の勢力が伸長し、ダゲスタン自治共和国および山岳自治共和国という二つのソヴェト政権がつくられた。後者はコサックをテレク川の北側に追放し、南側を山岳諸民族の共和国としたもので、対コサックおよび対グルジア(当時まだメンシェヴィキ政権)という性格をもってつくられたものである。一九二〇年一一月、テレク州諸民族大会で演説したスターリンは当地の民族間対抗に触れて、次のように述べた。コサックと山岳諸民族の衝突を避けるため、テレク川を境に両者を分離する。コサックの一部は背信的に白軍を助けたので、彼らに対して厳しい措置をとらねばならなくなったが、そのことは山岳諸民族がコサックを侮辱したり略奪してもよいということを意味しないし、コサックが今後ロシアの誠実な市民として振る舞うなら、コサックへの弾圧は終わりにすることができる。どの民族も――チェチェン人、イングーシ人、オセチア人、カバルダ人、バルカル人、カラチャイ人、そしてまた山岳諸民族の自治地域に残留するコサックも――それぞれの民族ごとの問題を処理するための民族ソヴェトを持つべきだ。もしイスラーム法が必要だということが示されるなら、イスラーム法を存続させればよい。ソヴェト権力はイスラーム法に宣戦を布告しようとは思っていない。(6)これをうけて一九二一年四月の山岳自治ソヴェト社会主義共和国の創立大会は、イスラーム法裁判所設立に関する決定を採択した。(7)

こうして発足した山岳自治共和国は、一九二〇年代に各民族の自治州ないし自治共和国に分割された。先ず、チェルケス系のカバルダ人が近隣諸民族(イングーシ、チェチェン、オセチア)との一体性を好まず、一九二一年五月に分離の問題を提起し、同年九月に独自の自治州をつくった(二二年一月に、カバルダ＝バルカル自治州に再編)。続いて二二年一月に、山岳自治共和国のカラチャイ人地区とクバン＝黒海州のチェルケス人地区をあわせてカラチャイ＝チェルケス自治州が形成された。二二年一一月にはチェチェン自治州が山岳自治共和国から分出して形成され、山岳自治共和国にはイングーシ人とオセチア人のみが残った。結局、一九二四年七月には、山岳自治共和国は北オセチア自治州とイングーシ自治州に分割されて消滅した。このとき、北カフカース山岳地域全体の中心的な都市であるヴラヂカフカース(後にオルジョニキゼと改称され、ペレストロイカ期の一九九〇年に旧称に戻る)は特定の自治州に属さない独自の単位となり、またコサックの住むスンジャ地区(8)には独自の県執行委員会の資格が与えられた。(9)北カフカースの行政地域区分はその後も複雑な再編をたどったが、特定民族を核とする自治共和国・自治州という形は基本的に維持された。

一九二〇年代から三〇年代前半にかけて、北カフカースの諸民族に対しても、民族言語振興、現地エリート養成などの「現地化」政策がとられた。しかし、それはあまり大きな成果を収めることができず、そのことは独ソ戦に際して少なからぬ対独協力者を出すことにつながった。他方、コサックは革命・内戦期にしばしば反ソ勢力の側について赤軍と衝突し、大量の犠牲を出した(ソヴェト側についたコサックもあるが、彼らもソヴェト政権から疑惑の目でみられがちだった)。一九二〇年にコサック地域にも一般法が適用されることになり、特殊な身分としてのコサックは法的には廃止された。ネップ期にはコサックをソヴェト政権のもとに統合しようとする努力も払われ、国外流出したコサックの一部が集団的に帰国し、大赦を受けて、クバン(今日のクラスノダール地方)に住むようになった。しかし、農業集団化期には、コサックは相対的に広い土地をもつ者が多かったので富農撲滅の影響を特に強く受けた。一九三六年四月二〇日のソ連中央執行委員会決定により、ようやくコサックの赤軍勤務制限が撤廃され、独自のコサック騎兵隊も復活した。しかし、このコサック師団は一九四〇年代後半に再び廃止されたといわれる。

独ソ戦期については、一九四四年にチェチェン、イングーシ、バルカル、カラチャイ、カルムィクの諸民族(但し、カルムィクは通常、北カフカースには含められない)が「対敵協力民族」の汚名を着せられて強制追放にあい、それまで存在していた自治地域が廃止されたことがよく知られている。ある民族が全体としてドイツ軍に協力したなどという「罪状」が極度に誇張されたものであることはいうまでもない。もっとも、それまでの体制統合度の低かった地域においてはドイツ軍歓迎の気分が相対的に強かったことは考えられる。[10] また、ナチ・ドイツがクリミヤとカフカースにトルコ系の国家をつくって保護下におこうとしたという噂も流されたので、真偽はともあれ、もしそうした構想があったならそれを担うのはクリミヤ・タタール、北カフカースではバルカルとカラチャイ、ザカフカースではメスフ(メスヘチア・トルコ)などの諸民族ということになるから、猜疑心の強い政治家としてはこれらの民族を特に警戒すべきだと考えたとしても不思議ではない。さらに、第二次大戦末期にソ連はトルコに領土要求などを出してトルコとの緊張が高まっていたので、こうした対トルコ関係との関連を推測する見方もある。[11]

強制追放された諸民族のうちカラチャイ、カルムィク、チェチェン、イングーシ、バルカルの五民族については、フルシチョフのスターリン批判演説(一九五六年二月)における言及をうけて、一九五六—五七年に名誉回復され、彼らの多くは元の居住地に帰還した。五七年一月には、カラチャイ＝チェルケス、カバルダ＝バルカル、チェチェン＝イングーシ、カルムィクの自治共和国ないし自治州も再興された。しかし、これはすべての問題の解決ではなく、これら民族が追放されている間に入植していた人たちとこの時期に帰還してきた人たちの間の紛争という新しい問題を生むことになった。[12] 中でも特に深刻となったのがイングーシと北オセチアの対立であり、これについては後述する。

2　ペレストロイカからソ連解体へ

北カフカース諸共和国の主権宣言と民族運動

第一章第二節で見たように、ロシア共和国内の自治地域は一九九〇年夏以降、次々と主権宣言を発したが、北カフカースの場合、例外的に早い北オセチアを別にすれば、[13] 採択の時期が相対的に遅かった(二四頁の表1・5参照)。一つの特殊事情として、二つの民族で一つの自治地域をつくっていたところが多いため、既存の単位での「主権」主張を自明視することができず、単位設定自体が争点化したという点がある。たとえばカラチャイ人の運動はカラチャイ＝チェルケス自治州から自立して「カラチャイ・ソヴェト社会主義共和国」をつくることを一九九〇年一一月一七日に宣言したが、これは共産党組織の反対を押し切ってのものだった。[14] この地では、その後、カラチャイ人、チェルケス人、アバザ人、コサックという四つ巴の民族紛争が展開することとなる。[15] カバルダ＝

バルカル自治共和国では、カバルダ人の間にカバルダ＝バルカルの統一維持論とカバルダ人国家創設論の双方があり、またバルカル人からも独自共和国論が出た。(16) なお、カバルダ人の会議はロシア最高会議に対し、一九世紀のカフカース戦争がカフカース諸民族のジェノサイドだったと認め、海外アディゲ人の帰還促進政策をとるよう要求した。(17)

このようにしてペレストロイカに伴う政治変動が北カフカースでも始まったが、(旧)自治共和国・自治州の公式政権は概して共産党の旧エリート――当時のレッテルでは「保守派」――の手に握られたままであることが多く、これと在野の民族運動が対抗するという構図が形成された。ロシア中央(エリツィン政権)としては、イデオロギー的には「保守派」政権と異質であっても、政治的安定性の見地からは急進民族派よりも「保守派」の方が無難だという両義性があり、統一性ある政策は打ち出されなかった。(18) エリツィン・ロシア最高会議議長の北カフカース諸民族への呼びかけ(一九九〇年一一月)は、民族間関係の深刻化を憂え、現行の国家的・領土的単位の解体の試みは危険だ、われわれは民族にかかわりなく、みな「ロシアの民(Россияне)だ」と述べたが、これは既存の民族地域の境界再編が止めどなくなることへの危機感を示していた。(19)

一九九一年三月のロシア大統領制導入をめぐるレファレンダムに際し、北オセチアとチェチェン＝イングーシはこれをボイコットした(第一章三二―三三頁および後述一八四―一八五頁参照)。六月のロシア大統領選挙時にも、北オセチアではエリツィンの得票率が二三パーセントにとどまった。(20) もっとも、チェチェン＝イングーシではロシア大統領選挙ボイコットはあまり成功せず、エリツィンが高い支持を得た(後述一八五頁)。八月政変時にも、北オセチア政権は八月一九日に非常事態を共和国領土内に適用し、中央の非常事態国家委員会に呼応する非常委員会をつくるなどして、クーデタ支持の態度を示した(クーデタ失敗後は直ちにロシア中央支持に乗り換えた)。(21)

このように「保守性」の濃い諸共和国公式政権に対抗する形で、北カフカース各地の在野民族運動――グルジアに属しているアブハジアも含む――は、その連合体として「カフカース山岳諸民族連合(アセンブリー)」を結成し、一九八九年八月に第一回大会、九〇年九月に第二回大会を開いた。第二回大会の開催は、ロシア中央が一旦「主権を取りたいだけ取れ」といいながらそれを取り消すかにみえる時期(第一章二三―二五頁参照)だったため、エリツィンに対する幻滅の声が挙がった。ロシア内部の民族自治要求が否定されているとか、コサックはロシアの手先だなどの発言が聞かれた。(22)

第三回カフカース山岳諸民族大会は、一九九一年八月政変後の一一月にスフミ(アブハジアの首都)で開かれた。一四民族代表が参加し、(23)カフカース諸民族連合(コンフェデレーション)の創設を宣言した。当初はグルジアを主敵とし(特にアブハジアおよび南北オセチアの場合)、グルジアとの対抗上ロシアの庇護を求める気運もあったが、期待していたロシアからの支持が得られず、むしろ制定準備中のロシア憲法案が「新しい帝国」の出現を予期させるものだと捉えられたことから、反グルジア・反ロシア的な性格を帯びるようになった。このカフカース諸民族連合は一九一八年の山岳共和国の継承者とされ、主権国家回復過程の開始を宣言した。(24)この連合の総裁にはシャニボフ(カバルダ人)、カフカース議会議長にはソスランベコフ(チェチェン人)が選出された。(25)もっとも、この連合は寄り合い所帯であって、内部の団結はあまり強くなく、その目標についても明確な一致はなかった。一方には、イスラームの旗のもとでの連邦国家形成を直接の目標とする考えがあり、他方には、連邦形成は遠い目標に過ぎないとする立場もあった。(26)ロシアとの関係についても、チェチェンはロシアからの分離論であるのに対し、北オセチアやアドィゲはロシア残留論という差異があった。山岳諸民族連合総裁(大統領)ユーリー(ムスリム名ムーサー)・シャニボフは、カフカース人国家の形成は一度限りの行為ではなくプロセスであり、民主的ロシアがルツコイのような独裁者から解放されるのを助けるべきだとする折衷的な発言をした。(27)

カフカース諸民族連合は、ソ連解体前後の時期にはかなり大きな役割を演じるかにみえた。特に、グルジアの中のアブハジアと南オセチアが北カフカースに親近民族をもっている――アブハジアにとってのカバルダ、アドィゲ、チェルケス、南オセチアにとっての北オセチア――ことから、グルジアの民族紛争にカフカース諸民族連合が義勇兵組織化などの形で関与し、それが更にはロシア中央をも巻き込むのではないかとする観測がかなり広まった(特に一九九一年後半から九二年前半にかけての南オセチア、またそれが一段落した直後からのアブハジア紛争とのかかわりで)。(28) 一九九二年末にロシア連邦安全保障会議付属地域間特別委員会が提出した報告書の分析によれば、カフカース諸民族連合は一九九二年夏までは住民の強い支持を受けていなかったが、アブハジア紛争への関与によって点数を稼ぎ、現実的な勢力となった。その要求も次第に急進化し、元来は社会経済面での改革を主要目標としていたが、九二年一〇月の大会ではカフカース諸国家・諸民族のコンフェデレーション的同盟を要求するに至った。この報告書は、カフカース諸民族連合は社会団体であるにもかかわらず、事実上、立法・執行・司法機能を持つ並行的権力構造となりつつあると指摘し、アブハジア紛争で示された軍事力もあるので、今や北カフカースで権力のための闘争をする用意がある、と分析した。(29) ここに示されるように、九二年末の時点では、この連合へのロシア中央の脅威感は相当強まった。

しかし、その後、この運動は退潮し、目立った情報がなくなった。一つの要因として、一九九三年半ばのチェチェンの内紛の中でソスランベコフ・カフカース議会議長がドゥダーエフと対立し、チェチェン政権を追われた(後述二〇八、二一六頁参照)ことの影響があるのではないかと思われる。(30) 一九九四年夏以降のチェチェン情勢緊迫の中で、ドゥダーエフ政権は山岳諸民族連合に義勇兵の組織化を訴え、山岳連合もある程度までこれに応える動きを見せたが、(31) その後の関連情報は少ない。チェチェン紛争の本格的戦争への転化の中で、言葉の上の支持を実質的な関与に移すかどうかの選択が迫られ、空中分解を遂げたようにみえる。ともかく、この後のチェチェン戦争は――ダゲスタンなど隣接地域へのゲリラの出撃を別にすれば――北カフカース全域に波及することなく、孤立した戦いを続けることになる。

コサックの再生

ペレストロイカは現地諸民族の運動を刺激しただけでなく、それと対抗的な関係にあるコサックの再生をも促した。かつてソヴェト政権による弾圧にさらされ、独自な存在としては消滅したかに思われていたコサックは、ペレストロイカの中で他の諸民族同様に自らの名誉回復を要求し、新たな自己主張を開始した。帝政期と似て、現代でもコサックは非ロシア諸民族と対抗し、「ロシアの守り手」と自己規定する傾向があり、そのため、コサックの再生は北カフカースにおける民族間関係複雑化の要因となった。[32]

相対的に早い時期にペレストロイカ下のコサック運動の組織化を開始したのは、ロシア共和国共産党指導部とつながるロシア民族主義的傾向の部分であり、[33]この流れが一九九〇年六月に「コサック同盟」結成大会を開いた。[34]当時クラスノダール地方党第一書記だったのは、すぐ後にロシア共和国共産党第一書記となるポロスコフであるが、コサックの間では彼の威信が高かったという。もっとも、ロシア大統領選挙に際してクバン(クラスノダール地方)で四五・九パーセントがエリツィンに投票したことを挙げて、共産党のコサックへの影響力はそれほど大きくないとする議論もある。[35]

一九九〇年一一月にクラスノダールで開かれたコサック同盟アタマン(隊長)会議で採択された「ロシア・コサックの宣言」は、コサックを他の民族と同権の独自のエトノスと認定すること、コサック再生のための国家的プログラムの策定、コサック自治の再生、軍のコサック部隊復活等々を要求した。共産党クラスノダール地方委員会はコサック再生支持の決定を採択したが、当時のロシア権力(エリツィン政権)はこの問題に注目しなかった。現地の「民主派」は、コサックへの接近の一時的な試みの失敗後は、コサックを共産党の手先とみなすようになった。[36] もっとも、当時のロシア政権が完全にコサックを無視したわけではなく、一九九一年四月二六日採択の被抑圧民族復権法はその第二条で、不当に抑圧された諸民族のうちにはコサックも含まれると明記した。[37] これはコサックを取り込もうとする志向を物語るが、かえって現地の情勢を複雑化させる結果を招いた。

このように初期のコサック再生はロシア共和国共産党に近い部分のイニシャチヴによるところが大きかったが、一九九一年八月政変は情勢を大きく変え、コサックの政治的分化を引き起こした。クバン・コサックの義勇兵団は八月政変直後にエリツィンに電報を打って、ロシア国民親衛隊の一部として認定を求めた。[38] クラスノダール(クバン)の党・ソヴェト指導部はクーデタ支持を表明していたため、彼らに庇護されていたコサック会議指導部の立場が弱まったが、そうした状況を利用して、エリツィン支持派はクバン・コサック軍を創立した。このコサック軍は共産党寄りのコサック会議に対抗して、真の反共コサックの伝統を受け継ぐという立場を打ち出した。[39]

北カフカース各地で民族運動が高まる中で、これと対抗するコサックの役割も大きくクローズアップされた。九一年一一月初めにはスターヴロポリで第二回コサック同盟大会、一一月中旬にはノヴォチェルカッスクで北カフカース・ドン・クバン・コサック大会が開かれた。前者はロシア政府にコサック部隊の公認を要請し、ロシア政府が当てにできないなら自主武装も辞さないという路線を打ち出した。政治的方向性としては、共産党寄りのコサック同盟と反共のロシア・コサック部隊同盟とが分岐したが、辺境の地でロシア国家の守り手になるという志向では共通の面をもっていた。あるコサック大尉の発言「コサックは常にツァーリと祖国に仕えてきた最良の祖国防衛者だというのに、ロシアがわれわれを守ってくれないのなら、自衛あるのみだ」は象徴的である。[40]

ソ連解体直後のロシア政治で「愛国主義」をめぐる論争が激化する中で、先ず右翼愛国派がコサックに接近し、これを自らの政治的資源にしようと試みる動きがみられた。これに対抗して、ロシア政府の側も、コサックが右翼愛国派の支持基盤になるのを防ぐため、コサックを「被抑圧民族」の中に数え、その復権をうたうことで、コサックを政権支持の側に引きつけようと試みた(特に、初期エリツィン政権で大きな役割を果したシャフライは、自らテレク・コサックの出身であり、チェチェン人に対抗してコサックの支持を動員しようとする志向をもっていたといわれる)[41]。ロシア政権はコサック政策に関する一連の決定で、コサック部隊創設などいくつかの特権を認める態度を示した[42]。しかし、他面では、特定集団に特権を付与し、軍事上の独自性を認めることには危惧の念も表明され、政権のコサック政策は動揺を重ねざるをえなかった[43]。特に、コサックと北カフカース諸民族の間の領土紛争は、そうでなくとも複雑な現地情勢を一層複雑化させた。テレク・コサックがチェチェンおよびイングーシとの間に土地をめぐる対立関係をもっており、時として軍事的衝突を引き起こしたことは、後にみるとおりである[44]。こうして、コサックはソ連解体直後の北カフカース政治における大きな攪乱要因となった。

第二節　ソヴェト時代末期のチェチェン＝イングーシ

さて、以上のような北カフカースの一般的情勢を踏まえて、チェチェンおよびイングーシの動向に焦点をあててみよう。(45)

1　ソヴェト政権下のチェチェンとイングーシ

チェチェンとイングーシの両民族(自称はそれぞれナフチョとガルガイ)は、居住地域が隣接しているだけでなく言語の系統も近いという親近性をもち、「ヴァイナフ」という総称のもとに「一つの民族」とみなされることもある。一九二〇年代に山岳自治共和国が分割された後、しばらくはチェチェン人とイングーシ人とがそれぞれ別の自治州をつくっていたが、一九三四年に合同して一つの自治州になり、三六年に自治共和国に昇格した。なお、一九三七年の人口センサスでは両民族が「チェチェン＝イングーシ人」として一つの項目にまとめられたが、三九年センサスではまた別々の項目に分けられた。(46)地理的にはテレク川を境に北部(平地)と南部(山地)に分かれ、後者は丘陵から山岳地帯(カフカース山脈)へとつながる。北部にはロシア人も多く、チェチェン人の間にも相対的に親ロシア的傾向がみられるのに対し、山岳部は反ロシア的な雰囲気が強い。一九世紀前半の長期にわたるカフカース戦争でも、チェチェン人は大きな役割を果たした。(47)ソヴェト政権成立後も、チェチェンの反中央の姿勢は根強く続き、一九二〇―三〇年代にも何度か武装蜂起を繰り返した。(48) 独ソ戦開始直後の時期には、大量のチェチェン人、イングーシ人が赤軍から脱走した。(49) 一九四四年の集団的強制追放のことはよく知られているが(関連文献は前注(11))、その背景として、当地は様々な民族地域の中でもソヴェト政権への統合度が特に低かったことが挙げられる。ソルジェニツィンは収容所群島におけるチェチェン人について、「まったく服従の精神を受け入れなかった民族が一つあった。……民族全体がそうだった。それはチェチェン人たちだった。……チェチェン人たちはどこでも当局に取り入るとか、気に入るようなことはいっさいやらず、いつも胸を張って生き、その敵意をかくそうともしなかった」と書いている。(50)

一九五六年のスターリン批判に際し、チェチェン人とイングーシ人はバルカル人、カラチャイ人、カルムィク人とともに名誉回復された。彼らは、この後、正規の帰還許可・自治回復決定を待たずに、自然発生的に大挙帰郷し、そのことが事後承認としての自治共和国復活(五七年一月一九日)をもたらした(文献は前注(12))。但し、かつてイングーシ人地域だったプリゴロドヌィ地区は北オセチアにとられたままであり、イングーシと北オセチアの間の係争問題として残った。それ以外にも、この時期に帰還した人々と彼らが追放されている間にその土地に住み着いていた人々との間で衝突事件がしばしば起きた(一九五八年のグローズヌィ事件など)。(51) 一九八二年にはプリゴロドヌィ地区へのイングーシ人の居住制限が強められた。(52)

自治共和国の人口構成は、**表3・1**にまとめたとおりである。この表は注に記したように同一の地理的範囲に関する統計ではなく、その意味で連続性をもつものではないが、ともかくチェチェン人とイングーシ人の自治的地域とされている地域内での人口とその比率の変化を示したものである。一九二六年には現地民族が住民の圧倒的多数を占めていたが、その後、三〇年代末までにロシア人比率が増大した。両民族が追放されていた四〇年代後半から五〇年代半ばまでの時期についての統計はないが、おそらくその時期にはこの地にいるチェチェン人と

表3・1　チェチェン＝イングーシ自治共和国人口の民族構成(単位1000人，括弧内は％)＊

	1926	1939	1959	1970	1979	1989	2002
チェチェン人	294 (76.3)	368 (52.9)	244 (34.3)	509 (47.8)	611 (52.9)	735 (57.8)	1,127 (71.7)
イングーシ人	70 (18.2)	84 (12.0)	48 (6.8)	114 (10.7)	135 (11.7)	164 (12.9)	364 (23.2)
ロシア人	10 (2.6)	201 (28.8)	348 (49.0)	367 (34.5)	336 (29.1)	294 (23.1)	46 (2.9)
総人口	384	697	710	1,064	1,156	1,270	1,571

(典拠)

1926：Всесоюзная перепись населения 1926 года. т. V, М., 1928, с. 107, 117.

1939：Всесоюзная перепись населения 1939 года. Основные итоги. М., 1992, с. 68.

1959：Итоги Всесоюзной переписи населения 1959 года. СССР(Сводный том), М., 1962, с. 204.

1970：Итоги Всесоюзной переписи населения 1970 года. т. IV, М., 1973, с. 146.

1979：Численность и состав населения СССР. М., 1985, с. 82.

1989：Итоги Всесоюзной переписи населения 1989 года. т. VII, ч. 1, East View Publications, 1992, с. 196-201.

2002：Итоги Всероссийской переписи населения 2002 года. том 4(Национальный состав и владение языками, гражданство). Книга 1. М., 2004, с. 59-60, 64-65.

＊ 1926年にはチェチェン自治州とイングーシ自治州が，2002年にはチェチェン共和国とイングーシ共和国がそれぞれ分かれているが，この表では，前後の時期との対比を示すために合計を算出した(ちなみに，1926年のチェチェン自治州におけるチェチェン人比率は94.0%，イングーシ自治州におけるイングーシ人比率は93.1%，また2002年のチェチェン共和国におけるチェチェン人比率は93.5%，イングーシ共和国におけるイングーシ人比率は77.3%，チェチェン人比率は20.4%)，なお，この地域は，両自治州の合同，自治共和国化，その廃止，復活，再度の分離といった複雑な経緯を経ている上に，その包括する領域の変更もあるので，この表は同一の地理的範囲についての連続的変化を示すものではない．

イングーシ人はほぼゼロに近かったとみられる。自治共和国復活後まもない一九五九年にはチェチェン人、イングーシ人の比率がまだあまり回復していないが、その後、高い出生率により急速に盛り返した。逆に、一九五九年まで急増したロシア人は、その後は横這いから漸減へと転じた。ソ連解体後初の二〇〇二年センサスはチェチェチェン人、イングーシ人の増大とロシア人の減少を示しているが、ロシア人の激減(二九万から五万以下へ)は共和国外への大量流出を物語っている。都市人口だけをとった場合、一九三九年にはチェチェン人一三・七パーセント、イングーシ人〇・九パーセント、ロシア人七一・五パーセントだったが、一九八九年にはそれぞれ三五・〇パーセント、一一・〇パーセント、四四・七パーセントへと変化した(典拠は表3・1と同じ)。かつては都市部は圧倒的にロシア人に占められていたのが、時間の経過とともに現地民族の比率がある程度上昇したことになる。なお、ロシア共和国／ロシア連邦全体におけるチェチェン人の人口は、一九八九年から二〇〇二年の間に、武力紛争による大量の死者にもかかわらず高いテンポで増大し、ロシアの民族別人口の順位で第八位から第六位に上昇した(第一章一〇頁に掲げた表1・1参照)(53)。

チェチェン＝イングーシ自治共和国の言語状況を一九八九年センサスに即してみると、公式の「母語」はそれぞれ自民族語とするものがチェチェン人の九九・八パーセント、イングーシ人の九九・六パーセント、ロシア人の一〇〇・〇パーセントといずれも圧倒的である。他方、第二言語については、チェチェン人の七三・四パーセント、イングーシ人の七九・六パーセントがロシア語を習得しているのに対し、ロシア人で現地語(チェチェン語もしくはイングーシ語)を習得しているのはわずか〇・三七パーセントという大きな格差があった(54)。公式の「母語」を離れた実態としては、圧倒的にロシア語優位だったと見られる(55)。なお、二〇〇二年センサスでチェチェン共和国の言語状況を見ると、チェチェン人のロシア語習得率は八〇・四パーセント、ロシア人のチェチェン語習得率は四・〇パーセントとなっている(56)。

チェチェン人、イングーシ人の一つの特徴として、共産党員になる比率が他の諸民族に比べて顕著に低かったことが挙げられる。一九七〇年代の民族別党員比率の統計によるなら、同じように集団追放にあったバルカル人、カラチャイ人、カルムィク人などに比べても、チェチェン人とイングーシ人の低さは群を抜いている(57)。また、一九八五年末時点における党幹部の民族構成を調査した論文によれば、チェチェン＝イングーシ自治共和国では、他の民族地域と比べて顕著にロシア人の比率が高く、通常は現地民族が占める州第一書記のポストをここではロシア人が占めていた（第二書記は現地民族だが、それ以外の書記にもロシア人が含まれる）[58]。民族地域の党組織第一書記がロシア人となる例は連邦構成共和国はもとより自治共和国の党組織でもあまり一般的でないが、チェチェン＝イングーシについては以前から指摘されていた[59]。かつて追放された諸民族の中でもとりわけ政治的統合度が低かったことがこうしたデータからも窺える。

とはいえ、自治共和国復活後の近代化進展――工業化、都市化、教育普及など――は、種々の問題をはらんでいたにしても、とにかく長期的に社会構造を変化させ、ソヴェト時代末期のチェチェン＝イングーシはもはや単純な意味での伝統社会ではなくなっていた[60]。経済面では、かつてはグローズヌィの石油が重要な資源であり、バクーに次ぐソ連第二の石油都市だったこともあるが、その後、この油田は枯渇し、むしろ他地域から移入する石油の精製が主要な産業となった[61]。全体としては非常に貧困であり、失業率が高い。一九九一年末の失業率予測によれば、ロシア共和国平均では五・六パーセントだが、地域別ではチェチェン＝イングーシが最も高く、一〇・四パーセントにのぼった[62]。しかし、他地域に出稼ぎをしたり、半ば非合法的な商業活動に携わることも多く、統計に掌握されない非公式の収入はかなり多かったともみられる。少なくともロシア人の間にはそのような見方が広まっており、「チェチェン・マフィアの荒稼ぎ」というようなイメージがある。このイメージはその後、一層強められることになる。

2　ペレストロイカの波及と民族運動の台頭

ペレストロイカと主権宣言論争

ペレストロイカの影響はこの地でも種々の形で見られた。一九八九年までに、ヴァイナフ民主党、「バルト(統一)」委員会、人民戦線、カフカース協会など、各種の非公式団体が誕生し、カフカース山岳諸民族連合に参加した(なお、人民戦線については、典拠とする文献によって、「チェチェン゠イングーシ人民戦線」とするものと、「チェチェン人民戦線とイングーシ人民戦線」とするものとがある)。[63]

非公式団体の登場だけでなく、現地公式指導部レヴェルでも、徐々に一定の変化が始まった。一九八九年一月の党州委員会総会報告では、一九四四年の集団追放問題が言及され、この民族的悲劇の解明が呼びかけられた。[64]同年七月には、フォチェーエフ第一書記(ロシア人)が中央の役職に就くために退陣し、後任の選出が行なわれた。候補としては、チェチェン人のザヴガーエフ(それまで第二書記)とロシア人のセミョーノフの名が挙がり、投票で前者が当選して、自治共和国の歴史上最初のチェチェン人第一書記となった。[65]こうして登場したザヴガーエフ第一書記――翌年三月選挙後の自治共和国最高会議で最高会議議長にもなった[66]――のもとで、ペレストロイカ路線に沿った体制内改革の試みが進められた。その主要な要素としては、一九四四年問題の解明、五七年の自治共和国復活時における領域決定の見直し(これはイングーシからの要求)、そして主権宣言問題があった。なお、ザヴガーエフは人事における「非ロシア化」政策を始めたが、これはチェチェン人の間での支持拡大には役立たず、ロシア語系住民の流出を招くにとどまったという指摘がある。[67]

一九九〇年夏、ロシア各地の自治共和国で主権宣言が発せられる中で、チェチェン゠イングーシ自治共和国最高会議は八月一七日に国家主権宣言案を公表し、全人民討論に委ねることを決定した。宣言案の主な内容は次の通り。自治共和国(名称は元のまま)の主権を宣言する。ロシア共和国およびソ連の中の民主国家をつくる。主権の担い手にして国家権力の源泉であるのは、多民族的人民である。自治共和国は自発的にソ連およびロシア共和国に委ねた以外の全事項における全権を行使する。自治共和国、ロシア共和国、ソ連の間の不一致は、条約によって定められた手続きによって解決する。ロシア共和国およびソ連の法令のうち自治共和国の主権と矛盾するものについて停止する権利をもつ。この宣言は新しい自治共和国憲法、ロシア共和国およびソ連への加入条件を定める条約締結の基礎となる。[68]この案をめぐる討論の中では、主権宣言を即時採択するか、それともイングーシ問題を考慮して採択を延期するか、また自治共和国のままか連邦構成共和国への昇格を求めるかなどの論点が大きな争点となった。[69]

主権宣言の公式案発表をうけて、いくつかの代替案が次々と発表された。一連の案を比較すると、国名については、公式案以外のほとんどすべては「自治」の語を削っている(公式案も結局「自治」の語を除くことになる)。チェチェンとイングーシの関係については、大半の案は一体性維持論だが、二つの共和国からなる連邦への再編論や分離論もあった。ロシアおよびソ連との関係については、双方から独立とするもの、刷新されたソ連の中、刷新されたロシア連邦の中、刷新された双方の中と、多様な考え方があった。その他に、一九四〇年代の強制追放時の損失への補償を求め、領土回復にも言及するもの、スターリン時代を超えてロシア・ソ連帝国の植民地支配全体を糾弾するものなどがあった。[70]これらの論点のうち、ロシアおよびソ連との関係は他の自治地域と共通の問題だが、この地域に特有な問題として、イングーシ独自の自治回復問題(北オセチアからの領土回復を含む)があった。イングーシ情勢について詳しくは後述するが、チェチェン＝イングーシの主権宣言問題にすぐに結論が出なかったのは、イングーシ問題が絡むために「チェチェン＝イングーシ共和国」としての主権宣言か「チェチェン共和国」としての主権宣言かという選択が不確定だったことが一つの大きな要因となっていた。

このようにして公式指導部レヴェルで主権宣言討論が進んでいるときに、在野の民族運動も政治過程に登場し始めた。その最大のあらわれは、一一月二三―二五日に開かれた「チェチェン人民全民族大会」である(後に

「チェチェン人民全民族コングレス」と改称)。現地の公式新聞のその時点での報道は、この大会は歴史および文化問題に力点をおくものだという扱いで、その政治的性格を軽く見せようとしていた。ザヴガーエフ最高会議議長はこの大会に出席して挨拶したほか、直後に開かれた最高会議会期でも、この大会に肯定的に言及した[71]。コムソモール紙の報道はもう少し率直で、ゲストの一人ジョハル・ドゥダーエフが共和国の主権擁護を呼びかけたこと、大会がチェチェン共和国の――「チェチェン＝イングーシ共和国の」ではなくて――国家主権宣言を採択したことを伝えた[72]。当時の公式紙の報道からは、この大会は自治共和国指導部の公的な奨励のもとに開かれた体制内的な運動であるかの像が描かれるが、後の各種情報によるなら、この場には雑多な潮流が流れ込み、当局の思惑を超える運動になったようである。権力掌握と即時独立(ロシアからもソ連からも)を唱える急進民族派と、漸進改革を通して主権を実現しようとする穏健派の対抗がみられたが、とりあえずは両派が妥協して、双方から執行委員を選出することになった。名目的指導者としての議長にはゲストのドゥダーエフ、実質的指導者としての副議長には、穏健派のウムハエフと急進派のヤンダルビエフらが選出された[73]。そうした妥協と関係して、この時点では、民族主義色が濃厚になりつつあるとはいえ、まだ分離主義を明確にしてはいなかった[74]。

この大会ときびすを接して、一一月二六―二七日に自治共和国最高会議会期が開かれた。直前のチェチェン人民全民族大会がチェチェン共和国としての主権宣言を採択したことは最高会議への暗黙の圧力となっており、会期ではチェチェン＝イングーシ共和国としての主権宣言採択が最重要の議題となった。討論の中では、ロシア連邦の中にとどまるかロシアから独立するか、チェチェンとイングーシの境界問題(スンジャ地区をめぐる紛争)などが大きな問題となった。原案では、チェチェン＝イングーシ共和国はロシア連邦形成に参加し、ソ連邦に入るとあったが、この点をめぐり激論が戦わされた。イングーシ自治を重視する立場からは、ロシア連邦にとどまっている方がイングーシの領土回復の希望がもてるという意見が出された。結局、全権力を保持しながら他の共和国・国家・国家同盟と自発的・対等の条約関係に入るという折衷的定式がとられることになった。イングーシの自治回復および領土回復要求支持はほぼ共通の目標とされたが、そのことがチェチェンとイングーシの分離を意味するか否かについては意見がまとまらなかった。(75)国名については、当初の公式案にあった「自治」「社会主義」の語は最高会議幹部会自身が削除論に転じていたが、討論の中で、それにとどまらず「ソヴェト」をも削除することになった。(76)こうして、公式指導部はチェチェン＝イングーシ共和国としての主権宣言、チェチェン民族運動はチェチェン共和国としての主権宣言を行ない、イングーシ民族運動はロシアの中での自治回復を求めて、三者の鼎立状況が生まれた。

一九九一年三月一七日のソ連とロシアの二つのレファレンダム(第一章三二頁参照)が近づく情勢の中で、共和国最高会議はそれぞれについて次のような決定を採択した(いずれも三月一一日)。一つはソ連邦の維持を不可欠と考えて、連邦レファレンダムを——報告者の言葉に従えば「行政的＝領域的単位としてではなく、主権・独立共和国として、来るべき刷新された連邦(同盟)の対等の主体として」——実施するというものである。(77)もう一つの決定は、ロシア大統領制導入は原則的には合目的的と認めるが、まだロシアの連邦条約案ができておらず、それがチェチェン＝イングーシ主権宣言とどこまで合致するものになるのか不明であること、刷新されたソ連邦維持へのロシア最高会議の態度も不明確であること、被追放民族復権法の採択も遅れていること(78)などを考慮して、ロシア・レファレンダムのチェチェン＝イングーシ共和国領土内での実施は被追放民族復権法採択および上記の諸問題の解決後にまで延期するというものである。討論では多様な立場が表明され、公式指導部とは逆に、ソ連レファレンダム参加には反対だがロシア・レファレンダム参加には賛成という発言もあった。また、チェチェン人民全民族大会の立場からは、ソ連レファレンダム実施に反対——但し、刷新された連邦の維持そのものに反対というわけではない——という意見が表明された。(79)三月一七日投票の結果をみると、ロシア・レファレンダムをボイコットした他の旧自治共和国(タタルスタン、北オセチアなど)と違って、ソ連レファレンダムへの投票率もあまり高くなく、五八・八パーセントにとどまった。[80] 公式指導部の立場にもかかわらず、ロシアとソ連の双方に対して否定的な気分が広がっていたことが窺える。

それまでソ連軍人としてタルトゥーで勤務していたドゥダーエフは、三月に軍の職を離れて地元に戻り[81]、五月下旬に現地の知識人たちと会見した。このとき彼は、チェチェン＝イングーシ自治共和国最高会議は正統性を失った、チェチェン民族大会執行委員会こそが人民の信任を得ており、過渡期の最高権力を担う用意がある、権力奪取後直ちにソ連およびロシアからの分離を宣言し、国連への加盟を目指す、などと語った。更には、武装闘争を呼びかけ、たとえ人民の半数が死んでも、残りの半数は自由に生きるだろうと煽動したと伝えられる。[82]

六月八日には、第二回チェチェン人民全民族大会(あるいは創立大会の第二段階ともされる)が開かれた。この大会については当時の現地では報道された形跡がないが、中央紙およびグルジア紙の報道や後年の解説などを総合するなら、この大会は歴史的境界内におけるチェチェン共和国の独立および大会執行委員会による全権力の掌握を宣言した。大会は全民族コングレスと改称され、議長にドゥダーエフ、第一副議長にソスランベコフ(ヴァイナフ民主党)、副議長にヤンダルビエフ、アフマドフが選出された。更に、現段階ではソ連の連邦条約にもロシアの連邦条約にも参加しないとしてソ連・ロシア双方からの独立を示唆し、ロシア大統領選挙ボイコットを呼びかけた。[83] もっとも、ロシア大統領選挙ボイコットは実際にはあまり成功しなかった。ザヴガーエフがエリツィン支持の態度をとったこともあり[84]、約八〇パーセントが選挙に参加し、そのうち七六パーセントがエリツィンに投票した。[85]

ペレストロイカ下のイングーシ情勢

イングーシ人はチェチェン人と非常に近い関係にあるが、微妙な差異もあり、常に一体というわけではない。イスラームの浸透度はチェチェンよりも低く、そのこととも関係して、一九世紀のカフカース戦争時にはシャミーリ軍に参加しなかったという(86)。チェチェン人がイングーシ人よりも人口が多いため、両者が一つの自治共和国もしくは自治州をつくっていた時期(一九三四―四四年、および五七年以後)には、イングーシ人はチェチェン人の風下におかれがちであり、そのことへの秘かな不満があった。イングーシ人地域の中心地ナズラニ(イングーシ共和国が形成されてから二〇〇二年にマガスに遷都するまでの首都)は小さな都市に過ぎず、むしろ自治共和国首都のグローズヌィがイングーシ人にとっても主要な都市だったが、ここではチェチェン人が優位に立っていた。そうしたことから、イングーシ人の間には、チェチェン民族運動と区別される独自の自治回復運動が広まりつつあった(87)。その上、イングーシには北オセチアへの領土要求という独自の課題があり、その実現のためにはロシア中央と協調した方が有利だという発想が有力だったが、そのことは反ロシア的なチェチェンとの間で足並みが乱れる要因となった。

イングーシ独自の自治回復――一九三四年にチェチェンと合併する以前にあった自治単位への復帰――を求める運動はペレストロイカ以前からあり(88)、ペレストロイカ下の一九八八年に始まった署名運動は八九年の第一回ソ連人民代議員大会までに六万の署名を集めた(89)。同年九月九―一〇日には、第二回イングーシ人民大会が開催された(「第二回」とは、内戦期の一九一九年二月に開かれた第一回大会をうけるという考えによる)。その要求は、チェチェンと別個の自治共和国をつくり、北オセチア領となっているプリゴロドヌィ地区を奪回し、首都はヴラヂカフカースの右岸地区におくというものだった(90)。このようなイングーシ人の自治要求は北オセチアとの領土紛争を招いただけでなく、チェチェン人の民族運動との関係を微妙なものとさせた。チェチェン民族運動指導者はイングーシの領土要求自体については支持の態度を表明したものの、イングーシがその要求をロシア内で達成しようとしていることに不信の念をいだき、そのことは両民族を別々に主権宣言に向かわせる背景となった。もっとも、両者の分岐は一挙に明白となったわけではなく、しばらくの間、チェチェンとイングーシの関係は不明確なままにとどまった。(91)

ペレストロイカ前半期のイングーシ民族運動は、ソ連中央がイングーシ自治問題を肯定的に解決してくれるのではないかという期待をもっていたが、その期待が満たされなかったことにより、九〇年頃から運動は尖鋭化した。同年二月二三日の強制追放記念日を経て、三月にはナズラニで何度か大衆集会が開かれた。(92)三月初頭の『プラウダ』の一記事はイングーシ側の要求を紹介した後で、プリゴロドヌィ地区はもともとコサックが居住していて、イングーシ人はコサック追放後にやって来たに過ぎないこと、ヴラヂカフカースには元来イングーシ人はほとんどおらず、一九二〇年代に自治州ができた後に来たことなどを挙げ、激情をかき立てるのではなく冷静な活動が必要だとして、イングーシの領土要求に批判的な論調を示した。(93)しかし、こうした報道はかえって現地情勢に火に油を注ぐものとなり、大規模な大衆集会を引き起こした。(94)

チェチェン＝イングーシ自治共和国の公式指導部もイングーシの自治復活支持の姿勢をとり（但し、その実現後のチェチェンとイングーシの関係については不明確）、一九九〇年三月末の自治共和国最高会議会期は、来るべき第一回ロシア人民代議員大会にイングーシ自治復活問題を取り上げるよう要請することを決定した。(95)同年秋のある会議でも、イングーシの自治回復要求を支持する発言があった。(96)一〇月半ばに発せられた自治共和国最高会議幹部会のロシア最高会議への呼びかけは、イングーシ自治回復問題をめぐる情勢は極度に緊迫しており、不測の事態が起きかねないとの認識を示し、もし解決が遅延して不測の事態が起きるなら、それはロシア最高会議に道徳的責任がある、と脅迫口調で述べた。(97)一一月に採択されたチェチェン＝イングーシ共和国としての主権宣言には、ソ連の連邦条約への調印はイングーシに領土が返還された後にするという箇所が含まれた(98)。

他方、イングーシ民族運動の北オセチアに対する領土要求は、当然ながら北オセチアからの反撥を招き、両者間の紛争につながった。一九九〇年九月一四日の北オセチア最高会議緊急会期は、イングーシ共和国の形成はチェチェン＝イングーシ自治共和国の内部問題であり、その領域内で解決すべきである、北オセチアに対する領土要求は歴史的にも法的にも根拠がない、という態度を明らかにした(99)。この会期で採択された北オセチア最高会議決定は、イングーシ人による北オセチアへの領土要求によって社会的緊張が高まっているとして、不法な領土要求を断罪した。そして更に、不法武装集団禁止のソ連大統領令の適用を要求し、深刻な人口状況にかんがみて市民の居住査証および住宅の売買を一時停止するとした(100)。これをうけた九月二八日の北オセチア最高会議幹部会令は、社会・政治的緊張、食糧品・消費財供給難、土地不足、過剰人口、市場移行に伴う雇用問題深刻化などにかんがみ、住民の機械的増大(移入)の臨時的制限を行なうことを決定した(101)。なお、この当時、北オセチアは南オセチアからの難民流入にも悩んでおり、そのことがイングーシに対して強硬姿勢をとる背景となった。

イングーシ自治復興運動にはいくつかの流れがあり、イングーシ人大会によるイングーシ共和国の主権宣言という急進路線と、それへの批判論——ソ連およびロシアの当局による自治回復を願望し、当局を刺激するのを避ける——とがあった(102)。そうした分岐をはらみつつも、一九九一年一月には、イングーシ人の臨時大会でイングーシ共和国創設が宣言された(103)。第三回ロシア人民代議員大会における発言でも、被追放民族復権の一環としてイングーシへの領土返還要求が言及された(104)。このようにイングーシの側からの北オセチアへの要求が続いたのに対し、北オセチア最高会議決定(三月二〇日)は、こうした要求をつきつけるのは民族間緊張を煽るものだと、厳しく反論した(105)。

こうした対抗関係の中で、エリツィン・ロシア政権はイングーシ人の支持を得るために彼らの要求を支持するポーズをとったが、そのことは民族間紛争激化の一要因となった。エリツィンは三月二四日にイングーシを訪れた際に、イングーシ自治共和国復興を――北オセチアへの領土要求を含めて――支持するかにほのめかす発言をして、イングーシ人運動を勢いづけた。[106]この直後の二七日に、第三回イングーシ人大会が開かれ、ロシア共和国内でのイングーシ共和国復活の必要性を決議した。[107]少し後に採択されたロシアの被追放民族復権法（四月二六日）の第三条および第六条は、不当に追放された諸民族に追放前の領土の回復を約束したが、[108]これはイングーシ人の領土回復志向を鼓舞し、民族紛争の火に油を注ぐ効果をもった。もともと被追放民族復権法採択はチェチェン＝イングーシとりわけイングーシからの要請が強かったものであり、チェチェン＝イングーシの新聞は前年一〇月に被追放民族復権に関する独自法案を掲載し、特に領土的復権を重視していた。[109]同紙は法律の採択直後にもこれを歓迎する記事を載せ、翌月には、チェチェン＝イングーシ最高会議が四月二六日（この法律の採択日）を「正義の日」とする決定を採択した。[110]これとは対照的に、北オセチアは被追放民族復権が領土変更を含むことに強く反撥した。北オセチア最高会議決定は、主権的共和国の現行の国境を変更して領土的復権を行なうのはソ連・ロシア・北オセチアの各憲法に違反するとし、この法律のいくつかの条項を北オセチア領土内で停止する権利を留保するとした。[111]この領土的復権の約束は諸民族間の領土紛争――イングーシと北オセチアの間のほか、コサックもからむ――を深刻化させるものとして、採択に至る準備過程でも、[112]また採択直後にも問題視されていたが、[113]ソ連解体後に一層深刻な事態となり、結局、一九九二年夏に凍結を余儀なくされることになる。[114]

こうして緊張が高まる中で、四月一九日には、遂にプリゴロドヌィ地区でオセチア人とイングーシ人の衝突事件が起きた。北オセチア共和国最高会議は直ちにプリゴロドヌィ地区およびヴラヂカフカースに非常事態を導入した。[115]続いて六月二〇日には、イングーシの各級ソヴェト代議員の集会が開かれ、歴史的国境の中で――ということは、北オセチア領とされていたプリゴロドヌィ地区を含む――ロシア共和国内のイングーシ共和国形成を宣言した。[116] この方針は八月政変後に、より鮮明に再確認されることになる。

第三節　チェチェン革命とロシア

1　チェチェン革命の展開

八月政変からチェチェン革命へ

これまでみてきたように、ペレストロイカ期のチェチェン＝イングーシでは、公式指導部、チェチェン人民全民族コングレス、イングーシ民族運動が三つ巴の複雑な関係を織りなしていたが、そうした中で起きたソ連八月政変は、新たな政治変動のきっかけとなった。クーデタに対する共和国当局の公式の反応は遅く、ようやく二一日(午前一〇時とされている)に、非常事態国家委員会の合憲性は疑念を呼び起こすという趣旨の最高会議幹部会決定が採択された。[117] この決定自体はクーデタに対決する方向性をもつものであるとはいえ、タイミングが遅かったことから、むしろそれまで事実上クーデタを支持していたのではないかとの疑惑が在野勢力からかけられた。ザヴガーエフ自身がクーデタを支持していたという証拠はないが、態度表明の遅さがそういう疑惑を招くもととなった。[118] 他方、在野勢力はクーデタ開始直後の一九日から、クーデタに抗議する大衆集会を開いた。同日付のチェチェン人民全民族コングレス執行委員会決定は、非常事態国家委員会の行動は人民と憲法に対する重大な犯罪であると断定し、ロシア政権支持を打ち出し、民主主義と人間的尊厳擁護のために立ち上がるよう住民に呼びかけた。しかし、当局は野党の運動を容認せず、その指導者を逮捕した。[119]

クーデタ終結後、在野勢力はクーデタ時の当局の態度が曖昧であり、クーデタ支持者もいたとして、指導部総退陣の要求を掲げて攻勢に出た。八月二九日の最高会議会期では、ザヴガーエフ最高会議議長解任問題がとりあげられたが、解任に賛成四一、反対九七、無効四で、信任となった(幹部会メンバーは、二人を除いて解任された)。[120]最高会議がザヴガーエフを信任したことは、在野運動をますます硬化させ、同じ日の全民族コングレスの会合でドゥダーエフ議長はこの最高会議決定に不同意を表明した。最高会議指導部とコングレスは流血を避けるための交渉を続けたが、最高会議解散・権力交代を要求する後者と、非立憲的要求に応じることはできないとする前者の間の溝は大きく、交渉は不調に終わった。[121]

九月一日に開かれた第三回チェチェン民族大会で、ドゥダーエフは、我々は共和国の民主的変革を暴力と脅迫によってではなく平和的・立憲的方法で実現することを目指しており、これまでずっと合法的決定を待ってきたが、最高会議は要求に応えようとしていないと語り、忍耐にも限界がある、抗議運動が高まりつつある、と述べた。この演説をうけて採択された大会決定は、最高会議を解散されたものとみなし、それに代わる臨時立法機関をつくるとした。[122]これに対し、最高会議は総退陣要求に応じず、九月三日には共和国憲法を改正して大統領制導入を決定した。[123]

こうして緊張が高まる中で、遂に九月六日、全民族コングレス派は実力による権力奪取に乗りだした。[124]コングレス執行委員会のアピールは、植民地としての旧自治共和国最高会議およびその議長ザヴガーエフは完全にその権限を失ったとし、過渡期の臨時立法機関をつくること、国家的重要性をもつ建物を保護下におくことを宣言した。[125]このとき、ザヴガーエフは抵抗の姿勢を示したが、ハズブラートフ・ロシア最高会議議長代行の電報は、ザヴガーエフ解任のニュースに満足の意を表明し、民主化に好適な状況が生まれたと述べた。[126]この電報は、この時点でモスクワのロシア指導部がチェチェン革命に好意的態度をとっていたことを物語っている(なお、当時、ソ連政権もまだ形式上残存してはいたものの、八月政変後急速に空洞化して地方への対応能力がなくなっていたので、以下で「モスクワ」といえば、ソ連政権ではなくロシア政権を指す)。当時現地で行なわれたある調査によれば、コングレスの支持率が四四パーセント、共和国最高会議の支持率が二九パーセントで、前者が相対的優位を占めていたことも、こうした態度決定に影響したかもしれない[127]。

こうして旧政権崩壊が事実上確定したが、武力による最高会議解散という非立憲的な体裁を避けるため、ロシア中央は先ずブルブリス、ポルトラーニンら、次いでハズブラートフを現地に派遣して、収拾工作を行なった[128]。九月一五日に、既にほぼ解体状態に追い込まれていた共和国最高会議が再召集されて緊急会期が開かれ、その場で最高会議解散および議長解任が追認された。この会期で司会役を務めたハズブラートフは、旧指導部は八月クーデタを容認して面目を失墜した、人民はもはや指導部を信任しなかったと述べた。彼の提出した臨時最高会議(Временный высший совет)に関する決定案は激論の末に採択され、人民代議員の中からこの臨時最高会議メンバーが選ばれた(後の説明によれば、臨時最高会議は旧最高会議代議員の一部とチェチェン民族コングレスの代表とによって構成された[129])。こうして、モスクワの工作により、旧体制と一定の連続性をもつ臨時最高会議が暫定的秩序回復を担うという了解が一応形成された。しかし、その後の現実の動きはこの期待を裏切ることになる。

臨時最高会議発足後、チェチェン民族コングレスは独自の武装部隊を維持し、チェチェン革命は第二段階に入った。九月一七日のコングレス執行委員会決定は、旧最高会議からの挑発行為が続いているとし、臨時最高会議メンバーを条件付きで承認するが、もし臨時最高会議が信任されなかったり、活動不能だったりする場合には、執行委員会は自らに臨時立法権を留保するとした[130]。コングレス執行委員会の会議でドゥダーエフは、モスクワは主権共和国への干渉を行なっていると述べ、ロシア帝国は我々のことに干渉すべきでないと発言した[131]。九月末―

一〇月初頭に発せられた一連の臨時最高会議決定は、チェチェン共和国――「チェチェン＝イングーシ共和国」ではなくて――に大統領制を導入すること、チェチェン共和国大統領選挙・議会選挙を一〇月二七日に行なうことなどを決定した。[132]これらの決定は「臨時最高会議」の名で発表されたが、実は臨時最高会議はこの頃までに修復不能なまでに分裂しており、これらの決定はコングレス派単独（アフマドフ臨時最高会議議長の主導）で採択されたものだった。これに対して、臨時最高会議内の反コングレス派は、これらの決定は不法に採択されたものだとして、その取り消しを宣言した。[133]

この後、臨時最高会議内のコングレス派と反コングレス派の対立は急速に深化した。一〇月五日にはコングレス派がKGB（国家保安委員会）をはじめとするいくつかの主要な建物を占拠し、チェチェン共和国の選挙を準備し始めた。翌六日のコングレス執行委員会幹部会決定は、臨時最高会議はその信頼に応えなかったばかりか積極的な挑発および破壊活動に乗り出しているとして、臨時最高会議の解散を宣言した。コングレス執行委員会幹部会は選挙までの間、革命委員会の機能を引き受け、共和国領土内における全権力を掌握する、KGBの活動を停止し、その建物と財産を保護下におく、などとこの決定は述べた。[134]このような革命情勢の展開はモスクワをあわてさせた。ロシア副大統領のルツコイが現地に飛び、ロシア政府はチェチェン民族組織による権力奪取を認めないとして、占拠した建物の明け渡し、武装部隊解散などを要求した。ルツコイの後をうけて、ロシア代表団が現地で交渉に当たったが、解決は難航した。[135]コングレス派によって権力の座から追放された臨時最高会議は、ロシア最高会議およびチェチェン＝イングーシ共和国人民への呼びかけで次のように述べた。コングレス執行委員会は民族間紛争を挑発する違憲の決定を採択している。不法武装集団が跋扈している。反民主的過程のさらなるエスカレーションを許さないよう、人民に訴える。ロシア最高会議に、臨時最高会議の法的地位を確認するよう要請する。[136]臨時最高会議がロシア最高会議に訴えたことは、後者の介入を形式上正統化する意味をもったが、現地ではむしろ彼らを「ロシアの手先」とするコングレス派の宣伝に説得力を付与する効果をもった[137]。

一〇月八日のロシア最高会議幹部会決定はチェチェン＝イングーシ情勢に憂慮の念を表明して、次のように述べた。不法武装部隊による暴力行為のエスカレーションが続いている。最高会議の全面選出までの間、共和国の唯一の合法的国家権力機関は、旧最高会議メンバーによって構成された臨時最高会議である。不法武装部隊は一〇月一〇日二四時までに武装解除のこと[138]。これに対し、翌日のコングレス執行委員会幹部会決定は次のように反撥の姿勢を示した。ロシアの幹部会決定は挑発的であり、流血の危機をはらむ。ロシアはチェチェン人民、カフカース諸民族への植民地的支配を維持しようとしている。ロシアの決定はあからさまな内政干渉であり、武装対決の宣言である。ロシア指導部にこの決定を一〇月一〇日までに取り消すよう提案する。臨時最高会議がわれわれの要求を拒否するなら、臨時最高会議を反人民的・反国家的存在とみなす。一五歳から五五歳の男性の人民義勇軍(народное ополчение)への総動員を宣言する。共和国民族親衛隊(национальная гвардия республики)は総力戦闘態勢につくこと[139]。こうして対決は極度の緊張にまで高まった。

革命の第一段階では緩やかな一体性をもって革命を支持していた現地住民は、コングレス派が暴力的権力奪取に突き進む中で急速に分解した。チェチェン民族コングレス派の単独行動にイングーシ人やロシア人(コサックを含む)が反撥したのみならず、チェチェン人の間でも内部対立が進行した[140]。現地の社会学者が共和国最高会議正式解散直前に実施した意見調査によれば、コングレス執行委員会の最高会議解散要求評価については肯定的反応が五五パーセント、否定的反応が二三・四パーセントと、支持が多数だったものの、コングレス執行委員会の活動方法については肯定論三三パーセント、否定論四六・九パーセント、また執行委員会の活動にどういう感情を抱くかという問いに対しては、満足感二三パーセント、不安(беспокойство)三八パーセント、心配(тревога)二四・六パーセントと、むしろ否定的ないし消極的反応が多数を占めた[141]。

この時期のロシアの新聞で珍しくチェチェン民族コングレスに同情的な一論文は、一〇月八日のロシア最高会議幹部会決定は無力だと批判し、次のように述べた。ロシアの多くの政治家は八―九月の段階ではチェチェン民族コングレス執行委員会による権力奪取を人民蜂起として歓迎したのに、その後に態度を変えた。好むと好まざるとに関わらず、どの民族も各自の「エリツィン」をもつものであり、「チェチェンのエリツィン」はドゥダーエフだ。[142]他方、数年後のある論文はこの間の事情を次のように解説している。即ち、九月頃まではまだ中央権力の検察・民警・国家治安機関が現地に存在しており、ドゥダーエフ派の武装は初歩的なものにとどまっていた。ドゥダーエフ自身は二〇年間の不在の後に戻ってきたばかりで、まだ全民族的英雄とはなっていなかった。コングレス派の路線に対し、イングーシ人およびロシア語系住民の反対があっただけでなく、チェチェン人の中でもかなりの異論があり、コングレス派の支配は盤石ではなかった。しかし、一〇―一一月にエリツィン・ロシア政権がソ連中央との闘争にかまけて、それ以外のことについて考慮するいとまがなかったこと、モスクワの多くの政治家がドゥダーエフを手なずけられると考えており、特に「民主派」の間にドゥダーエフを英雄視する雰囲気があったなどといった事情から、ロシア政府の対応は遅きに失した。その結果、一一月七日のロシア大統領令（チェチェン＝イングーシへの非常事態導入）の頃までに、現地では中央の権力機関は破壊され、武器はドゥダーエフ派の手に渡っていたので、大統領令はむしろ現地を一層硬化させる効果しか持たなかった。[143]

いずれにせよ、チェチェン共和国の独自選挙が近づく中でエリツィン政権の態度はさらに強硬になった。一〇月二〇日（あるいは一九日）付の最後通牒で、エリツィンはチェチェン民族コングレスを「あからさまに違憲・違法な行動」のかどで強く非難し、このような状態を我慢することはできないとして、占拠した建物の三日以内の解放、自主武装部隊解散などを命じた。[144]コングレスはこれを拒否し、来たる一〇月二七日にチェチェン共和国の大統領・議会選挙を実施することを正式に決定した。[145]選挙直前の二四日、ロシア最高会議はチェチェンで行なわれようとしている選挙は不法であると宣言し、二五日のロシア大統領令はチェチェン＝イングーシにおける大統領特使としてアルサノフを任命した。ロシア中央としては、あくまでも「チェチェン＝イングーシ共和国」の一体性を維持し、そのもとで一一月に選挙を行なう構えを示した(146)。

チェチェン選挙強行前夜にロシアの新聞に掲載されたドゥダーエフのインタヴューは、自らの立場を次のように説明した。ロシア議会は和解の名目で何度か代表を送ってきたが、それはどれも実際には旧権力を復活させようとする目論見をもっていた。一時は、ロシアがわれわれの内政に干渉しないこと、選挙を妨害しないことなどで合意し、チェチェン民族コングレス執行委員会が情勢を統御できる唯一の現実的な力であることをロシアは認めるかのようだった。しかし、ロシアはチェチェン植民地を絶対に失うまいとしている。エリツィンの最後通牒はチェチェン人民へのあからさまな挑戦状だ。反抗するチェチェン人を鎮圧するために軍を導入してくるかもしれないが、そのときは我々は自由と独立のために最後まで断固として戦い抜くほかない。ロシアがチェチェンに侵略してくるなら、全カフカースが立ち上がるだろう。そうなれば、ロシアは長期にわたって平穏な生活ができなくなるだろうし、それればかりか全ムスリム世界も立ち上がるだろう。チェチェンは三〇〇年に及ぶカフカースのロシアへの抵抗の中心なのだ(147)。

このインタヴューを載せたのと同じ紙面には、臨時最高会議のバフマドフ議長のインタヴューも載っている。チェチェン民族コングレスと臨時最高会議のどちらが真の権力をもっているのかという問いに答えて、合法的権力機関は後者だが、実際には前者が権力をもっていると認めた上で、彼は次のように述べた。旧最高会議指導部は人民から遊離していて、もとから揺らいでいたところへ、八月政変がとどめとなった。チェチェン民族コングレスによる旧権力批判の運動を一時はロシア中央も激励していたが、結果的には、運動が行き過ぎて、不法な権力転覆になってしまった。エリツィンの最後通牒の評価としては、合法性回復要求は原則的に正しいが、実力行使には反対である。まだ平和的解決の可能性は尽くされていない。ロシアが軍事介入したら全カフカースが立ち上がるだろうというドゥダーエフの言い方は誇張されているが、全カフカースではないまでも一部の集団の支持はありうる。[148] このように、臨時最高会議派の人物も、エリツィン政権の強硬姿勢には懸念を示した。

このような情勢の中で、二七日のチェチェン選挙はモスクワの反対を無視して強行された。公式発表によれば、投票率は七二パーセントで、ドゥダーエフが九〇・一パーセントの票を得て大統領に当選した。[149] 選挙の次の日のコングレス執行委員会・チェチェン共和国議会メンバー・長老評議会・聖職者代表・社会＝政治団体・政党などの代表の合同会議は、選挙を有効かつ合法のものと認め、一〇月二七日をもってチェチェン共和国の独立が法的に確定したと述べた。[150] 臨時最高会議は直ちにこれを無効とするアピールを発した。[151] ロシア側の多くの分析は、この選挙に不参加の地区が少なくなかったこと、選挙戦は事実上の戒厳令下で行なわれ、チェチェン独立反対派は「人民の敵」というレッテルを貼られたこと、選挙不正も多かったことなどを指摘し、現地の公式発表および選挙の正統性に疑問を呈した。[152]

チェチェン選挙後、ロシア中央は更に硬化した。直後に開かれた第五回ロシア人民代議員大会後半部では、この選挙には一五〇万有権者中二〇万しか参加しなかったと指摘する発言がなされ、[153] 大会はこの選挙を無効とする決定を採択した。[154] 続いて一一月七日のエリツィンの大統領令および命令は、ドゥダーエフ大統領就任の前日にあたる一一月九日から非常事態・夜間外出禁止令をチェチェン＝イングーシに導入することを決定し、内務省部隊の現地派遣を指示した。[155] チェチェン議会は直ちにこの非常事態導入を不法・無効とし、二四時間以内にチェチェン領土から武装部隊を撤退させるようロシア大統領に要求する決定を採択した(一一月八日)。[156] こうして、事態は一触即発の危機的様相を帯びた。週刊誌上には、「第二のカフカース戦争」(一九世紀のカフカース戦争の再来)を危惧する観測もあらわれた。[157] しかし、チェチェンに到着したロシアの内務省部隊はチェチェン側の武装部隊に包囲され、なすすべもなく引き揚げざるをえなかった。

このときロシアによる武力行使が失敗に終わった理由としては、ロシア内務省はソ連国防省および内務省の支援を当てにしていたのに[158]、それが得られなかったという事情が指摘されている。関係者たちの回想によるなら、エリツィンの大統領令を準備したルツコイ副大統領はシャポシニコフ・ソ連国防相、バランニコフ・ソ連内務相らとも事前に調整していたが、いざ行動開始となったとき、エリツィンは所在不明で連絡不能となり、連邦大臣たるシャポシニコフとバランニコフはゴルバチョフの指令がない限り部隊を動かすことはできないという態度をとった。ゴルバチョフは非常事態導入にも軍事部隊投入にも反対の態度を示し、ハズブラートフ(この少し前にロシア最高会議議長代行から正式の議長に昇格していた)としては、エリツィンと連絡を取ることのできない状況の中で軍事行動の継続を断念せざるをえなくなった[159]。回想類の記述に細部での齟齬があり、不確定な部分も残るが、大まかな流れとしていえば、当時ほとんど無権力状態に陥りつつあったゴルバチョフが最後の意地を見せて、ソ連軍・内務省部隊を動かさないという態度をとって武力行使を阻止したということのようである。結局、一一月一一日にロシア最高会議は非常事態導入の大統領令を承認しないことを決定し、これをエリツィンも受けいれて、事態はひとまず収拾された[160]。こうして、この時点では正面からの軍事衝突は回避された。

チェチェン革命期のイングーシ

前述のように、一九九一年夏までにイングーシ民族運動は自治復活論を明確にしており、チェチェン民族運動の側もそれへの原則的支援の態度を表明していたが、自治回復後のイングーシとチェチェンの関係がどのようなものになるかは不明確なままであり、二つの別々の共和国への分離、分離した上で連邦的な結合、あるいは「チェチェン共和国内の自治地域としてのイングーシ共和国」など、いくつかの選択肢がありえた。八月政変後の九月一五日、イングーシの各級ソヴェト代議員大会は、チェチェン＝イングーシおよび北カフカースにおいてこの間起きた状況を考慮して、ロシア共和国内におけるイングーシ共和国の形成に関する宣言を採択することを決定した。[161] 一〇月六—七日にグローズヌィで開かれた第三回イングーシ人大会は、イングーシ国家をその歴史的領土で復活させ、ヴラヂカフカースの右岸を首都とするという方針を確認した。[162]

九月末から一〇月初頭にかけてチェチェン革命が急進化する中で、チェチェン＝イングーシ臨時最高会議決定（実際には、一九四頁で前述のようにチェチェン民族コングレス派単独の決定）は、イングーシ人の運動がロシア共和国内のイングーシ共和国を宣言していることにかんがみ、チェチェン＝イングーシ臨時最高会議からイングーシ人代議員を分離すること、「チェチェン＝イングーシ共和国」を「チェチェン共和国」と名称変更することなどを決定した。[163] このことは、チェチェン側（コングレス派）がイングーシとの分離方針を明確にしたことを意味する。もっとも、分離の上での再統合の可能性については未確定に残されていた。一〇月二七日のチェチェン大統領および議会選挙直後[164]のコングレス執行委員会・チェチェン共和国議会メンバー・長老評議会などの代表の合同会議（一〇月二八日）は、「ヴァイナフ連合」に関する交渉をイングーシ側と進めるための作業グループ形成を決定した。[165] 詳しい説明はないが、別々の共和国をつくった上で両者の連合を形成するという方針がチェチェン側にあったようにみえる。

これに対し、イングーシ人の運動にも内部に不一致があったようだが、ともかく一一月二五日のイングーシ人民評議会声明は、不法に奪われた領土を取り戻してロシア共和国内にイングーシ共和国（首都ヴラヂカフカース）をつくるという方針の下、一一月三〇日にレファレンダムを行なうことを決定した。[166] この方針は、ロシアの中で独自の共和国をつくろうとするという点で、ロシアからの分離独立を掲げるチェチェンと明確に異なっていた。また、北オセチアからの領土の返還要求を含むため、北オセチアでは強い反撥が示された。[167] このイングーシ・レファレンダムは、投票率七三・七パーセント、賛成率九二・五パーセントで、圧倒的に可決となった[168]。北オセチア最高会議幹部会は、直ちにこのレファレンダムを無効と宣言した[169]。

イングーシ共和国創設へのチェチェンの反応を微妙なものとした要因として、ロシア内部での自治かロシアからの分離独立かという立場の違いに加えて、もう一つの問題があった。従来、チェチェンとイングーシの間に国境はなく、「チェチェン共和国」の領土がどのような地理的範囲を蔽うのかも定かでなかったが、それぞれが独自の共和国を目指す中で国境確定が問題となり、特にイングーシ人・チェチェン人・コサックが入り混じるスンジャ地区が最大の問題となった。チェチェン指導部はイングーシ・レファレンダムの前夜に、「古来よりのチェチェン領土」であるスンジャ地区でイングーシ人がレファレンダムを行なおうとしていることに抗議した[170]。チェチェン民族運動のイングーシに対する態度は一貫した方針があったわけではないが、イングーシを切り離してチェチェンのみでの独立国家形成という路線が次第に固まっていったようにみえる。その背後の事情として、ティシコフによれば、イングーシ民族運動がロシア内での自治形成志向を示したことへの反応に加えて、イングーシ人を西部の狭い地域に押し込めて北オセチアへの領土要求を強めさせようという思惑があったとされる。逆にイングーシ人の間には、チェチェン＝イングーシ自治共和国内で相対的劣位におかれてきたことから反チェチェン感情があった[171]。

一二月初頭のドゥダーエフの声明は次のように述べた。ロシア政権がスンジャ問題を利用して、兄弟民族であるチェチェンとイングーシの間にくさびを打ち込もうとしている。イングーシ・レファレンダムはロシアによる分裂工作の一環である。イングーシはその問題の最終解決までの間、チェチェン共和国との相互関係において現状を維持し、全チェチェン＝イングーシの保護・管轄下にある[172]。ここで「問題の最終解決」として何を想定しているのかは明らかでないが、分裂を強く非難していることや「全チェチェン＝イングーシ」という言葉づかいからして、チェチェン共和国内でのイングーシ自治を目標としていたようにみえる。しかし、現にイングーシがロシア内での自治復活論に向かっている以上、そのような路線には現実性がなかった。

一二月末には、チェチェンはイングーシとの国境画定に乗り出した。[173] 翌九二年一月八日のチェチェン共和国議会決定および声明は次のように述べた。我々はチェチェン＝イングーシ共和国の一体性維持という立場に立ってきた。だが、イングーシ人は昨年一一月三〇日に、古来のチェチェンの地も含んでレファレンダムを行ない、ロシア連邦内にとどまるという願望を表明した。こうして、旧チェチェン＝イングーシ自治共和国の領土に、一方では独立チェチェン国家が形成され、他方ではロシア連邦内のイングーシ共和国創設が宣言されたことになる。そこで、チェチェン共和国とイングーシ共和国の境界画定――特に、チェチェン共和国のスンジャ地区とイングーシ共和国の境界設定――が必要となる。[174] こうして、チェチェン側はイングーシとの分離をより明瞭に押し出すようになった。

ロシア中央はこの頃まで「チェチェン共和国」の発足を認めず、「チェチェン＝イングーシ共和国」が存続しているとの立場をとり続けていたが、一九九二年六月四日にイングーシ共和国創設の法律を採択して、両共和国を分離させる方針に転換した。[175] このロシア決定へのチェチェンおよびイングーシでの反応としては、イングーシ人の国家性創設および領土保全へのささやかだが重要な第一歩だとする肯定的評価もあったが、プリゴロドヌィ地区およびヴラヂカフカースの返還を明示していない点で北オセチア寄りだという批判、更にはスンジャ地区をめぐるチェチェンとイングーシの抗争を煽ろうとするものだという指摘などがあった。[176] ドゥダーエフも、この法律はイングーシ人を抜きにした決定であり、無意味だと酷評した。[177] スンジャ地区をめぐってはテレク・コサック、チェチェン、イングーシ、北オセチアの複合的な対立があり、チェチェンとしては、この地区をイングーシ共和国にとられることへの危機感があった。[178]

かねてよりプリゴロドヌィ地区をめぐって緊張関係にあった北オセチアとイングーシの紛争は、一九九二年一〇月末、ついに大量流血へとエスカレートし、非常事態宣言が導入されるに至った。この衝突事件を北オセチアはイングーシの過激派による背信的侵略だとし、イングーシはオセチア武装勢力によるイングーシ人への襲撃だとした。(179) この後、イングーシと北オセチアは数年間にわたって断続的に暴力的衝突を繰り返すことになる。そしてまた、この紛争は当地へのロシア軍派遣のきっかけとなることで、ロシア中央とチェチェンの緊張を更に激化させる一因ともなった。

2　冷たい緊張から全面介入へ

前述のように一九九一年一〇―一一月のロシア・チェチェン対決は一触即発の危険性をはらむかにみえたが、その時点では武力衝突はきわどいところで回避された。その後も、独立論堅持のチェチェンとそれを認めないロシア中央の間でにらみ合いが続いたが、それは直ちに軍事衝突につながったわけではなく、一九九四年半ばまでは相対的な平和が保たれた。この時期のロシアの対チェチェン政策を、中国の台湾への態度――絶対に独立は認めないが、かといって直ちに武力解放に乗り出そうとはしない――になぞらえる見解もある。(180) ロシアがチェチェンの独立を認めなかったことが自動的に衝突に導いたというような単純な解釈で満足することなく、一九九一年末から九四年半ばまで緊張をはらんだ平和がどのようにして保たれたのか、そしてそれがどのようにして軍事介入へと転じたのかを解明する作業が必要である。もっとも、これ以降の時期については、内部からの情報が乏しく――私が主に依拠した現地の新聞『チェチェン＝イングーシの声』(一九九二年五月に『チェチェン共和国の声』と改題)は次第に情報量が乏しくなり、遂には九三年春以降、刊行が途絶える――、本格的な研究を進めるための条件はまだない。そうした制約下ではあるが、ともかくこの時期のチェチェン内部の動向およびチェチェン＝ロシア関係の推移を追ってみたい（文献については前注（45）参照）。

チェチェン内部の情勢

ドゥダーエフ政権の性格をどう捉えるか――狂信的かつ強硬な武力独立論一辺倒なのか、それともむしろより柔軟で、国内反対派に対してもロシアに対しても平和的交渉の余地を残していたとみるか――については、その当時から様々な見解があった。もともとドゥダーエフ自身、チェチェンとのつながりの薄いソ連軍人であり、当初は「ゲスト」として招かれたに過ぎないこと、チェチェン民族コングレスは寄り合い所帯で、明確に統一された方針をもたなかったことは既にみたとおりである。当時のロシア紙の報道でも、ドゥダーエフおよびチェチェン民族コングレスはイスラーム原理主義者ではなく、「宗教国家化」を否定しているという解説がある一方で、チェチェン革命支持勢力の中にはイスラーム原理主義者がおり、「ホメイニ型イスラーム国家」を夢みている者もいるとか、民族親衛隊を率いているのは「イスラームの道」という政党の指導者だとの説もあり、見方が分かれていた。[181] そもそも「イスラーム原理主義」という言葉自体、外部から貼られたレッテルであり、当事者の実態を明らかにするものではないが、紛争が激化するにつれて、現地・モスクワ双方の間で強硬派が勢いを増すようになり、もともと外在的な特徴づけだった「イスラーム原理主義者によるテロ活動」というレッテルが「自己成就する予言」となる傾向があったように見える。[182]

ロシア科学アカデミー社会政治研究所が一九九一年末の現地調査の結果をロシア政治指導部に報告したところによれば、当時、チェチェンの主要な政治勢力は四つあった。ヴァイナフ民主党（都市知識人が指導）、「イスラームの道」（原理主義団体）、イスラーム民主党（中道路線）、人権擁護委員会（これまでの三つが民族政党であるのに対し、これは国際主義的)がそれである。公然と権力を争っているのはヴァイナフ民主党と「イスラームの道」だが、隠然たる形では、旧ノメンクラトゥーラ、闇経済の従事者、マフィアなどが力を持つと分析された。これらの勢力はみなドゥダーエフ大統領への忠誠を誓い、チェチェン共和国の独立、北カフカース山岳民族国家連合創設などで一致していた。もっとも、「民族独立」のスローガンはあらゆる社会層に共有されているとはいえ、その解釈は一義的でなく、神政国家創設の理念やネオ・ボリシェヴィキ的方法(検閲など)には反撥もあった。ロシアとの関係についても、必ずしも連邦条約全面拒否で固まっているわけではないとされた。[183]

チェチェン共和国大統領選挙および独立宣言の少し後、一九九一年一二月初頭のドゥダーエフ声明は、次のような立場を明らかにした。一〇月二七日の選挙に基づき、主権チェチェン国家が宣言されたが、モスクワはこれをあらゆる手段で押しつぶそうとしている。彼らは大量の軍部隊をチェチェン共和国国境沿いに配置し、経済的・政治的封鎖を行ない、北カフカース全域にわたってコサック部隊に武器を供給し、イングーシ人とオセチア人の衝突を引き起こし、イングーシ人をチェチェン人から引き離すためにレファレンダムを押しつけ、スンジャ地区でのチェチェン人・イングーシ人・ロシア人の衝突を煽る等々の策を弄している。チェチェン共和国の領土保全は不可侵である。出て行きたい人は出て行けばよい。チェチェン共和国は自らの主権を武器をもって守る権利を有している。われわれの目標は自由と独立である。[184] ここには、武装闘争による独立獲得の姿勢、ロシア側コサックを含めて武力鎮圧に乗り出しているという認識、イングーシとオセチアの衝突やイングーシの独自共和国形成はロシアの陰謀だという認識などが示されている。一二月八日のミンスク宣言でスラヴ系三共和国首脳によりソ連解体決定が発表されたとき、ドゥダーエフは、スラヴ三カ国の連合と中央アジア五カ国の連合が別々にできるだろうという読みのもと、カフカース諸国の連合を提唱した。[185] この構想自体は空回りに終わったが、ここで注目すべきは、タタルスタンのような独立国家共同体(CIS)への直接参加論を採らず、CISとは別の国際組織としてカフカース連合形成を目指した点である。このことは、チェチェンのロシア離れとソ連離れがタタルスタンよりも著しかったことを物語る。[186]

しかし、チェチェンの独立は欧米諸国から承認されず、CIS諸国からも無視された。孤立したチェチェンは、イスラーム系諸国への接近をはかり、その第一歩として、ドゥダーエフはアゼルバイジャンのイスラーム指導者パシャ＝ザデと一九九二年四月に会見した。キリスト教世界のイスラーム世界への攻勢に対抗して、イスラームの団結、とりわけ全カフカースのムスリムの団結が必要だという点で両者は一致したと発表された。汎カフカース諸国同盟(チェチェンを先頭とする北カフカースとアゼルバイジャン)の結成、更にイラン、トルコへの接近、アラブ諸国との接近――なお、アラブ諸国にはかつてロシア帝国から流出したカフカース系諸民族がかなり住んでいる――という構想も打ち出された。[187] これに続いて、チェチェン、アブハジア、カバルダ＝バルカル、ダゲスタンの軍事部隊代表者の会議がグローズヌィでひらかれ、ロシアがチェチェンを攻撃するならカフカースの全部隊が団結してパルチザン方式で戦うという方針を確認した。[188] これらはカフカース・レヴェルでの反ロシア連合形成という方針を物語るかに見える。

ドゥダーエフ政権はこのように、一方では、自らの運動に「新イスラーム革命」のニュアンスを添えることで紛争の国際化をはかろうとしたが、他方では、ひたすらロシアとの対決を進めるのではなく、対決路線と協調姿勢の使い分けを続けた。[189] チェチェン共和国内部における政策としても、ロシア人を一方的に敵視したわけではなく、ロシア語はチェチェン語と並ぶ国家語とされた。[190] ムスリムの祭日と同様にクリスマスも祭日とされ、議会や内閣にはチェチェン人だけでなく、ロシア人、アルメニア人、タタール人も含められた。[191] 一九九二年三月採択のチェチェン共和国憲法は純然たる独立国という立場を鮮明にしたものだが、宗教国家ではなく世俗国家の建前をとり、民族に関わりない人権と平等をうたうなどの点で、むしろ露骨な排他的民族主義を抑制するかのような性格をもっていた。[192]

当時のチェチェン政権の基本方針が不鮮明だった一つの理由として、内部での政治対立があった。内紛の要因としては、議会・政府・大統領といった諸機関の間の権限争いや大統領の権威主義的支配への議会の反撥があった。また、元の共産党官僚の経営実務家と下層大衆の間の対立なども指摘された。[193] 三月末には、グローズヌィで反政府蜂起が起きた。これは直ちに鎮圧され、ドゥダーエフ政権はこの反乱をモスクワの陰謀だとみなした。[194] 蜂起失敗により、ドゥダーエフの権限は一層強化され、彼は領土内のＣＩＳ軍（旧ソ連軍）をチェチェンの管轄下におくと宣言した。[195]

チェチェン内部の諸勢力の対抗関係はこの後もずっと問題となるが、その要因にはいくつかのものがある。伝統的な部族（テイプ、より大きな単位としてのトゥクム、またイスラーム信徒団体としてのヴィルド）の役割に関しては、これを重視して、大半の事態を部族間抗争で説明する見解がある一方、部族の役割は低下しつつあるとして、その過大評価を批判する見解もある。[196]「部族対抗」という要素があるのは確かだとしても、それが不変の伝統を反映しているとか、唯一の独立した要因だと捉えるのではなく、他の諸要因——地域間の利害対立（北部にはロシア人および相対的に親露的なチェチェン人が多く、南の山岳部には強硬派が多い）、石油精製・搬送をはじめとする利権上の対立、諸国家機関の間での権限争い、ロシアとの関係調整をめぐる方針の不一致など——との関係で現代的意味を帯び、クローズアップされたものとしてみていくのが妥当と思われる。

ロシアとの関係が膠着状態になる中で、一九九二年半ばには議会と政府の対立が表面化した。[197] 七月にはドゥダーエフ早期退陣説さえあらわれた。外務大臣のベノは、エリツィンと建設的対話の必要があると説き、各共和国をまわって、エリツィンと対話する同盟をつくろうとした。[198] このベノ外相は、ロシアとの交渉の仲介をソプチャク・サンクトペテルブルグ市長に依頼していたが、七月に辞任した。[199] ある論評によれば、ベノは政治におけるプラグマティズムと外交におけるプロフェショナリズムを特徴とし、ドゥダーエフの最後通牒主義と大きく異なっていたが、革命に参加した経歴のないことが大きな弱点だとされた。[200]

この時期のチェチェン内反対派は二種類に分かれていた。一つは「ダイモフク(祖国)」という大衆運動であり、民主改革運動(元のソ連石油化学相ハジエフら)その他の政党・運動を結集しており、知識人の間で支持を集めていた。彼らは政府に批判的態度をとったが、議会と政府の対立は不毛な権力争いだとして、議会の反政府派を支持はしなかった。[201]「ダイモフク」第一回大会の民主勢力・市民への呼びかけは次のように述べた。我々は独立への平和的・民主的・合法的・漸次的移行を目指していたが、平和的移行は暴力的に中断させられた。昨年秋に権力についた勢力はネオ・ボリシェヴィキ的戦術をとっている。彼らは口先でボリシェヴィズムを呪いながら、実際には古典的ボリシェヴィズムの伝統に則って権力を奪取した。ロシアから独立するにしても、紛争を煽るべきではない。現指導部の解散と複数政党制の下での真に民主的な選挙を求める。ロシアとの経済的協力を進めるべきである。[202]もう一つの反対派は、ソスランベコフ(チェチェン議会の外交委員会議長、カフカース山岳民族連合議会議長)をリーダーとする議会の反政府派である。ソスランベコフは九一年末まではドゥダーエフ支持派だったが、九二年初めから反対派にまわった。この勢力は七月下旬に、大統領・政府退陣要求のため大統領官邸包囲を呼びかけた。これに対して「ダイモフク」は、このような行動は挑発的だとして、不参加を呼びかけた。[203]少し後のグルジア紙の観察によれば、これらの他に、「マルショ(自由)」という党と「イソ(公正)」という党があり、いずれも親ロシア的傾向をもつとされた。[204]

反政府派の台頭に対してドゥダーエフは巻き返しをはかり、七月二五—二六日にカラチャイ、カバルダ、バルカルなどを歴訪して、カフカースの団結を訴えた。その狙いは、彼のカフカース全域での威信を高めることにより国内で議会に対して自己の地位を固め、またロシアとのありうべき衝突に備えるという点にあった。この時期に特にロシアとの衝突が懸念されたのは、イングーシのチェチェンからの分離に伴う国境問題——とりわけスンジャ地区の帰属問題——がもとでロシアとの衝突が生じかねないという背景があった。(205)

大統領と議会の対立は、一九九三年春に頂点に達した。最も重要なのは、マモダエフ(ママダエフと記されることもある)第一副首相——なお、首相はドゥダーエフ大統領が兼務なので、第一副首相は実質上の首相を意味する——が反ドゥダーエフ陣営にまわったことである。ビジネス界を代表するマモダエフは、当初はドゥダーエフに近かったが、議会側の政府批判に同調し、ドゥダーエフと袂を分かった。その背景として、マモダエフが副首相としてロシアと兵力引き離し交渉をしているときに、ドゥダーエフはロシア兵の捕虜の銃殺を指令し、ロシアとの戦争を呼びかけたこと、また経済改革の実施をめぐる争いと石油利権をめぐる争いなどがあった。(206)

議会と大統領の対立が高まる中で、ドゥダーエフは四月一七日に、議会解散、政府解散、副大統領任命、夜間外出禁止令などの大統領令を出した。これに対し、議会は直ちにすべての不法な大統領令を取り消すことを決定し、大統領解任のための手続きを憲法裁判所に提起した。憲法裁判所も一部の大統領令を違憲とした。(207)続いて二二日の議会決定は、六月五日にレファレンダムを行ない、①大統領制は必要か、②ドゥダーエフ大統領を信任するか、③議会を信任するかの三点を問うこと、そのレファレンダムの結果により一カ月半以内に期限前の選挙を行なうことを決定した。同時に議会は、イスラームを国教とする憲法改正法を採択した。(208)これ以後、両派とも連日の大衆集会を開き、双方とも内戦不可避と叫ぶという緊張状態が出現した。軍事部隊もそれぞれの派に分裂した。それまで議会内反対派と対立していた議会外反対派もこの動きに合流した。これに対して、ドゥダーエフは人事の入れ替えで反対派に楔を打ち込み、危機乗り切りをはかった。(209)五月一〇日には、議会がドゥダーエフを首相の座から更迭し、マモダエフを首相に任命すると決定した。(210)

こうして議会側がドゥダーエフ大統領解任を狙って六月五日レファレンダム実施を目指す一方、ドゥダーエフ側はこのレファレンダムを阻止しようとして、両派の緊張が高まる中で、五月末にハズブラートフ・ロシア最高会議議長がレファレンダムへ向けた声明を発した。この声明はチェチェンにおける経済破綻、犯罪急増、民族間衝突などを指摘して、ドゥダーエフ政権を激しく攻撃し、ロシアの連邦条約への調印、ドゥダーエフの自発的辞任などを要求していた。[211] チェチェンの反大統領派はこのハズブラートフ声明を一応歓迎したが、ロシアの連邦条約への調印については否定的態度を示した。もう一人の在モスクワ・チェチェン人政治家ハジエフは、チェチェンはロシアに入らないと言明した。但し、チェチェン反大統領派の一部には、ロシア連邦内での「特別な地位」に期待する考えもあった。[212]

レファレンダム予定日前夜の六月四日には、ドゥダーエフ派が軍事攻勢に出て、反対派の封じ込めにかかった。大量の死傷者を出したこの衝突は、武力で勝るドゥダーエフ側の勝利に終わり、ドゥダーエフはチェチェン議会、グローズヌィ市議会、憲法裁判所を解散した。マモダエフ首相の率いるチェチェン内閣は国連およびCIS諸国の議会・政府・人民に向けて、この間の流血の責任はドゥダーエフ大統領にあるとの声明を残して、地下活動に移行した。[213] 大統領と議会の激突という構図は同時期のロシア情勢とよく似ており、武力による議会解散は九一一〇月のエリツィン・クーデタを先取りしたもののようにさえ見える。[214]

チェチェン内政混乱の背景には様々なものがあるが、おそらく最大の要因は経済崩壊と治安の乱れ、そしてそれに由来する犯罪の急増だったとみられる。パイプラインからの石油窃取と不法販売、武器・麻薬などの密売、外国への密輸、強盗——更には、後になると身代金目当ての誘拐も多発するようになる——等々である。もっとも、経済の犯罪化はチェチェンに限らず当時のロシア全体で広くみられた現象であるし、多くの組織犯罪は一部のロシア官僚の黙認ないし共謀を得て行なわれていたとみられるから、殊更にチェチェンだけを「犯罪の巣窟」とする見方はロシア中央の側からの一方的な宣伝臭を免れない。とはいえ、生産的活動による収入獲得の余地が小さければ小さいほど犯罪活動に依拠せざるをえなくなる度合いが高まることを思えば、そうした状況がチェチェンで特に甚だしかったとしてもおかしくはない。政府が経済活動に対しても犯罪取り締まりに関しても統制力を欠き、実効的な法執行能力をもたない状況では、様々な政治勢力が経済犯罪を資金源とするようになり、諸勢力間の対立を一層収拾困難なものとした(215)。

こうしてドゥダーエフ政権が求心力と統制力を欠き、政治的対立、石油利権をはじめとする経済利権上の対立、そして地域間およびテイプ(部族)間の対立などが重層的に重なることによって、チェチェンの内部対立は一層昂進していった。このようなチェチェン内の諸勢力間対立は、一部がモスクワの支援を得ることで一九九四年のロシアによる侵攻のきっかけとなったばかりでなく、更にその後も拡大を続けた。一九九六年四月のドゥダーエフ爆殺によって諸派を束ねるリーダーを失ってからは、諸勢力の抗争はより一層歯止めのないものとなった。その後のチェチェンは「独立を求める対ロシア戦争」で一丸となっているわけではなく、むしろ幾重もの内紛――その一部には、外国からやってきた武装勢力も含む――に引き裂かれ、一九九七年成立のマスハードフ政権も統率をとることができないという状況が続くことになる。

ロシア対チェチェン――交渉の試みとその行き詰まり

以上、一九九一年末から九四年半ばにかけてのチェチェン情勢についてみてきたが、こうした内部対立と対応するかのように、同じ時期におけるチェチェン政権のロシアへの態度も一貫したものではなく、時によって硬軟両面がみられた。他方、モスクワの側は、一九九三年末まで中央政界レヴェルで深刻な内紛に引き裂かれていたため、チェチェンに対してあまり積極的な政策を打ち出すことができなかった。この時期のロシア連邦中央とチェチェンとは完全な断絶状態にあったわけではなく、連邦予算からの年金原資などの支出、グローズヌィで精製する原油の他地域からの供給なども、九三年ないし九四年前半に至るまで継続していた[216]。チェチェンに駐留していたロシア軍(旧ソ連軍)は九二年半ばまでに引き揚げたが、その武器の大半は現地勢力に引き渡され、後の武装闘争に利用された[217]。

チェチェンとロシアの交渉の試みは早い時期に始まっていた。一九九二年二月末にはチェチェン議会がロシアとの交渉の用意があると表明し、対ロシア強硬姿勢を転換するかにみえた[218]。三月一二―一四日には、ソチで接触が始まった。これは本格的交渉そのものではなく、それへ向けての専門家グループの勧告という性格のものだが、ともかく「政治的独立と国家主権の承認」を前提した国家間協力という方向性が打ち出された[219]。この交渉自体は実を結ばなかったが、その後の一連の交渉の試みのさきがけともいうべき位置を占めた。五月初頭のドゥダーエフのインタヴューは、チェチェンの新しい地位についてロシアと交渉中であり、様々な妥協案が検討されていると述べ、新しいロシア連邦への準加盟もありうることを示唆した。垂直の臣従関係は受けいれられないが、ロシアなしでのチェチェンは考えられない、とも彼は述べた[220]。当時、ロシア議会でもチェチェンとタタルスタンに特別の地位を提供しようとする工作が進行していたが、ドゥダーエフもこれに呼応するかのように、コサックがロシア軍に勤務しに行くのを妨げないと発言した[221]。

九月下旬には、チェチェン代表団がモスクワを訪問してルツコイ副大統領と会談し、相互の代表部設置、相互関係調整委員会の活動再開などで合意が成立した[222]。同時期に、ロシア議会議員団がチェチェン議会議長の招待でチェチェンを訪問し、交渉継続の意図を伝えた。ロシア側からは、連邦条約を基礎とした二者間条約の締結を目指すという態度が示された[223]。この交渉に関し、チェチェン紙は次のように報道した。双方は交渉継続に合意した。これまで行なわれてきた議会代表団間の交渉に執行機関の代表も加わり、法的・条約的次元のあらゆる問題に取り組むことになった。チェチェン共和国とロシア共和国の間の領土境界確定にも取り組む[224]。この報道ではロシアとチェチェンの境界画定にも触れられているが、そのことをチェチェン側はロシアによるチェチェン独立の事実上の承認と受け取った。それと引き換えに、チェチェン側もアブハジアからの義勇兵撤退などの点で譲歩し、軍事・経済・財政における協働を追求する態度を示した。(225)

このような和解の兆しは、一〇月初頭の第四回カフカース山岳諸民族大会(グローズヌィで開催)がロシアとの対決路線をとったことにより、一時後退した。この大会に出席したドゥダーエフは、カフカースにおける悪と暴力の根源はロシア指導部にあると述べ、北カフカース諸共和国の指導者の行動を判定する委員会を設置するよう提案した。これによって、予定されていたルツコイのグローズヌィ訪問――ロシアによる経済制裁解除を話し合うことになっていた――は中止となった。(226)

一〇月末からのイングーシ＝北オセチア紛争激化(二〇三頁参照)は、チェチェンとロシアの関係を更に緊迫させた。もっとも、イングーシと北オセチアに非常事態が導入された直後のチェチェン議会の態度は相対的に抑制されていて、オセチア人とイングーシ人に戦闘を止めて交渉を始めるよう呼びかけ、チェチェン共和国をこの紛争に引きずり込もうとする一部の勢力の挑発を退け、マスメディアが義勇兵の参加を呼びかけることを禁止するというものだった。(227)しかし、イングーシにおける軍事緊張がチェチェンにも波及する中で、チェチェンの態度は硬化した。一一月五日のチェチェン民族コングレス執行委員会声明は、イングーシと北オセチアの衝突に関して次のように述べた。チェチェンは一貫してイングーシ問題の公正な解決を唱えてきたが、ロシア指導部はそれを回避してきた。残念ながら、一部のイングーシ指導者は「長兄」(ロシア)の賢明さを信頼して、イングーシ問題を袋小路に追い込んだ。ロシア権力は北オセチアとイングーシの間の内戦を挑発した。そればかりかチェチェンをもそこに引きずり込もうとしている。(228)またチェチェン議会声明は次のように述べた。ロシアは北オセチアとイングーシに非常事態を導入したが、イングーシはその領土が確定されていないのに、そのような不確定の地域に非常事態を導入するということは、チェチェンを軍事紛争に引きずり込み、独立チェチェン国家への侵略の口実を作ろうとするものだ。もしロシア権力が、チェチェン領であるスンジャ地区などにも非常事態を広げようとするなら、それは独立チェチェン国家への軍事侵略であるとみなす。[229] ロシア軍は一一月一〇日にイングーシに入ったが、[230] そのことはチェチェンからみれば、ロシア軍がチェチェン領土内に入ったということを意味した。[231] チェチェンはこれをあからさまなチェチェンへの侵略と受けとめ、ドゥダーエフは自ら総司令官となって国民総動員を呼びかけた。[232] 新聞記者にどうやって独立を守るのかと聞かれたドゥダーエフは、自分たちは核兵器を含めてあらゆる兵器を入手することができる、いかなる侵略者も罰することができる、と答えたという。[233] このときにロシア＝チェチェン戦争にならなかったのはただ偶然のおかげだという論評もある。[234] こうして九一年一一月に続いて九二年一一月にも極度に緊迫した情勢が生じたが、今回も全面衝突には至らず、なお中間的な状況が続いた。

他方では、こうした緊張からの脱出と関係正常化のための努力も払われていた。一二月前半にモスクワで開かれた第七回ロシア人民代議員大会のチェチェン人民への呼びかけは、チェチェン共和国のあらゆる民族、政党、民族組織・運動に、過去の誤りは脇に置いて、ロシアの連邦条約に参加し、チェチェンと全ロシアの諸民族の安寧を第一義として解決を図るようにと呼びかけた。[235] チェチェンの一部の指導者(アフマドフ議会議長やマモダエフ副首相)はこれを肯定的に受けとめ、モスクワとの交渉を進めようとした。[236] 年末には、チェチェン共和国とロシア連邦の間の権限区分条約の草案がチェチェン紙に公表された。その核心は、チェチェン共和国は独立国家だが一定の権限を条約によってロシアに委ねるという点にあった。[237] ロシア紙の報道によれば、この草案はチェチェン共和国を主権国家と規定し、国家間条約という性格を鮮明にしたものであり、問題はロシア指導部がチェチェンの独立を認めるかどうかにあった。[238] しかし、この交渉が議会主導で進められたことは、ドゥダーエフ大統領と議会の間の対立に巻き込まれるという結果を招いた。年末のドゥダーエフ・インタヴューは、ロシア最高会議は交渉の十分な法的根拠をもっていないので、交渉は議会レヴェルではなく政府レヴェルで行なうよう提案したと述べた。[239] この発言は、交渉のイニシャチヴを双方の議会が担うか大統領が担うかという主導権争いを物語っている。ロシアの側では、一九九二年末にロシア連邦安全保障会議付属地域間特別委員会の作成した報告書が、チェチェンが連邦条約に——若干の追加権限を付与されて——加わることが望ましいが、ロシア連邦への「準加盟」という地位も許容しうる妥協であるとし、もし交渉がうまくいかない場合、ロシア憲法の枠内で一時的に「特別の地位」を規定することもありうると提言した。[240]

年が明けて一九九三年一月一四日には、グローズヌィで双方の代表団の会談が行なわれ、ロシア側はアブドゥラチポフ(最高会議民族院議長)、シャフライ(副首相)ら、チェチェン側はアフマドフ(議会議長)、ソスランベコフ(議会外交委員会議長)らが参加した。会談の結果、権限区分条約を結ぶ用意があるという趣旨の議定書およびコミュニケが発表され、条約仮調印のための次期会談を二月に開くという合意が成立した。アフマドフは、共和国の地位についてはなお隔たりがあり、チェチェンはあくまでも主権と独立を主張するが、相互依存の世界では互いの利害を共存させねばならないと語った。合意の内容としては、単一の経済・防衛・情報・文化空間の維持が必要であり、論争的問題の解決は平和的政治交渉によるという点で一致が成立した。チェチェン＝グルジア国境は単一のロシア国境の一部とみなされることとされた(もっとも、ロシア・チェチェン双方の強硬派からの反対を刺激しないように、文章表現には曖昧なところがあった)。[241] 後のある説明によれば、このときの会談で、チェチェン側は政治的独立およびＣＩＳへの加盟を要求しながらも、経済面では、ロシアとの統一空間(通貨、財政、銀行制度など)を認めたとされる。[242] この会談のすぐ後、チェチェン紙は、ロシア連邦とチェチェン共和国の国家的関係の基礎に関する条約草案——ロシアがチェチェンの独立を承認することを前提とする国家間条約という性格のもの——を発表した。[243] ロシアの雑誌には、チェチェンに、ロシアと連合する国家という「特別な地位」

（プエルトリコとアメリカ合衆国の例に倣うもの）を与える可能性を示唆する論文も現われた。[244]

こうやってある程度進行するかに見えた交渉は議会主導で進められていたため、チェチェンにおける議会vs.大統領の内紛に巻き込まれて、挫折を余儀なくされた。ロシアとの交渉に当たっていたアフマドフ議会議長らに対してドゥダーエフは不信感をもっており、交渉に積極的でなかった。グローズヌィ会談の前夜に、ドゥダーエフ指導部は、結ばれようとしている条約が主権と独立を放棄する内容のものになるという危惧を表明して、そうした条約を結ぶことはありえないと声明した。[245]そればかりか、『イズヴェスチヤ』紙によれば、交渉のために現地に赴いたアブドゥラチポフ、シャフライらを乗せた飛行機はドゥダーエフの指示によりグローズヌィへの着陸を妨害され、チェチェン議会指導部の介入でやっと到着できた。交渉の行なわれた議会の建物は武装衛兵によって守られており、モスクワでもおなじみの執行府と立法府の激しい対立が当地でも示された。チェチェンにとってロシアとの関係正常化が不可欠であるがゆえに、誰がそれに最初に成功するかが大きな意味をもち、議会と大統領の主導権争いが展開している、と記者は解説した。[246]別の報道によれば、一月一五日にはドゥダーエフが前日調印の議定書を激しく批判したが、そのことがロシア・テレビで報道されると、彼はトーンを和らげ、交渉自体には賛成だが議定書の一部の文言に批判的なのだと修正した。他方、アフマドフ議会議長によると、ドゥダーエフはこのときの交渉を破壊しようとして、執拗な妨害を試みていた。[247]このときにロシアとの交渉を推進していたソスランベコフ、マモダエフ、ガンテミロフらの政治家は、みなこの時期にドゥダーエフと袂を分かった。[248]このようなチェチェン政権内の対立は、四―六月の大統領と議会の武力衝突（前述二〇九―二一〇頁）へとつながり、ロシア＝チェチェン交渉は滞った。

とはいえ、ドゥダーエフはロシアとの交渉そのものに反対だったわけではない。議会レヴェルでの交渉が進んでいたのと同じ一月、ドゥダーエフはロシアとの交渉のイニシャチヴを自らの手に握るため、ヤンダルビエフ副大統領を団長とする大型の政府代表団をモスクワに送った。この交渉は先ず経済問題を取り上げ、順調にまとまるかにみえたが、途中で行き詰まり、チェチェン代表団は抗議を発して引き揚げた。[249] その後も、三月三〇日付のドゥダーエフのエリツィン宛て書簡は、チェチェン共和国とロシア連邦の相互関係調整のための交渉を呼びかけ、ロシア連邦が主権的チェチェン共和国を承認さえすれば、両国の相互関係における多くの問題は容易に克服されるだろうと述べた。[250] この後も交渉の試みは続いたが、ロシア＝チェチェン双方の内部での政争とも関係して、政治解決の試みは実を結ぶことができなかった。

一九九四年に入り、ロシア政府の対応は新しい局面を迎えた。それまではロシア中央レヴェルにおける政争が激しかったため、ロシア政府としてはチェチェン問題に正面から取り組む条件がなかったが、九三年末にモスクワでの政争に決着がつき、新憲法も採択され、更に九四年二月にはタタルスタンが権限区分条約で連邦体制に取り込まれたことは、この面での大きな変化を意味した。

同年春には、ロシア連邦とタタルスタンの権限区分条約にならった「タタルスタン・モデル」でのチェチェン問題解決を目指し、そのためにエリツィンとドゥダーエフが直接交渉を行なうという構想が浮上した。もしこのときにエリツィン＝ドゥダーエフ会談が行なわれていれば平和的解決が可能だったとする論者は少なくない。しかし、実際には直接交渉は実現しなかった。詳しい経緯は不明だが、エリツィンとドゥダーエフの個人的な意地の張り合いもからんで、会談が流れたようである。[251] 三月二五日のロシア下院決定(シャフライらが提案)は、チェチェンとの交渉に際してはドゥダーエフだけでなくあらゆる政治勢力と接触するよう提案し、また権限区分条約締結の条件はチェチェンがロシア連邦議会への選挙を行なってロシア議会に議員を送ることだとしたが、この決定は交渉者の手を縛る意味をもった。[252] シャフライはタタルスタン方式でのチェチェン問題解決を目指すべきだとしながら、しかし権限区分条約締結の前提条件として、チェチェンで自由選挙が行なわれることに固執した。[253] また、シュメイコ上院議長によれば、エリツィンはチェチェンとの交渉再開の条件として、チェチェンがロシアの中にとどまると認めることを挙げた[254]。これは事実上受け入れ不可能な要求を前提におくものであり、交渉を行き詰まらせた。その後も、交渉による解決を目指すという発言がときおり発せられたが、その熱意は次第に下がっていった。

モスクワとチェチェンの間で何度となく交渉の試みが繰り返されながら、いずれも不調に終わったことの理由については、様々な議論がある。モスクワとチェチェンのいずれの側が頑なすぎたのか、そもそもエリツィンは本気でドゥダーエフとの交渉を考えていたのか、あるいは政治解決方針は単なるポーズに過ぎなかったのか、またいずれの側にもみられた政権内対立が交渉不成立にどのように作用したのか、等々である[255]。いずれにせよ、モスクワとチェチェンが交渉によって「タタルスタン型解決」を実現しうるほとんど最後のチャンスは一九九四年春頃までに失われた。この後、ロシア政権内では、武力によるドゥダーエフ政権転覆という方針――もっとも、最初のうちは直接介入によってではなく、チェチェン内反対派への軍事・財政支援という間接的な方式で――が有力になった。九月になると、ロシア政権中枢で、もはやドゥダーエフとの交渉の可能性はなくなったと明言する者も現われるようになった[256]。

軍事介入へ

一九九四年初夏には、チェチェン内におけるドゥダーエフへの反対派の動きが――ロシア政府の背後での支援をうけつつ――活性化した。テレク川の北側を基盤とするチェチェン共和国臨時評議会[257](アフトゥルハノフ議長)に、ガンテミロフ元グローズヌィ市長らが合流し、在モスクワのチェチェン人政治家ザヴガーエフ(元チェチェン＝イングーシ最高会議議長)やハジエフ(元ソ連石油化学相)が臨時評議会とモスクワの間の連絡を取った。これ以外にも、いくつかの反対派が相互に競合しつつ、ドゥダーエフ政権打倒を目指す動きを繰り広げた。

八月一日、チェチェン共和国臨時評議会は、ドゥダーエフ独裁は打倒された、自分たちが権力を掌握し、近く選挙によって新しい権力機関を樹立する、という宣言を発した。全居住地・テイプ・政党・運動を代表するチェチェン人民大会が臨時評議会をチェチェンの権力機関として承認したとされ、ロシアとの関係正常化のための交渉に直ちに着手することがうたわれた。(258)『ロシア新聞』がこの宣言を直ちに大きく報道したこと、シャフライ副首相がこの宣言への高い評価を明らかにしたことは、臨時評議会の背後にロシア政府の支持があったことを示唆している。(259)もっとも、この時点では、モスクワはまだ直接的な軍事介入の準備はできておらず、特に治安機関は力関係の考慮から直接の介入に反対だったといわれる。(260)

ドゥダーエフ派は反対派の攻勢に対抗して、八月一〇日に全一七地区からの代表により「チェチェン民族大会」を開催し、ロシアからの侵略撃退のため総動員を宣言した。こうして、「〔一九世紀の〕カフカース戦争の再来」が懸念されるような緊張状態が現出した。(261)ロシア政府は自らが直接軍事行動に関与することはまだ避けていたが、チェチェンの反対派を「健全な勢力」と呼び、大量の資金援助、軍事援助を行なっていた。(262)ロシアによる軍事介入準備はその当時の報道では明らかにされなかったが、実際には、来るべき軍事作戦に備えた航空写真作成は八月半ばから行なわれていた。(263)

事態を更に複雑にしたのは、チェチェン人政治家ハズブラートフ(元ロシア最高会議議長)が独自の立場から介入し、紛争収拾工作に乗り出したことである。彼は一九九二―九三年のロシア中央政界でエリツィン大統領と激しく対立し、九三年一〇月のモスクワ騒乱事件で逮捕されていたが、九四年三月、恩赦による出獄後まもなく郷里のチェチェンに赴き、紛争収拾工作を開始した。(264)彼は自分がエリツィン政権ともドゥダーエフともつながっていないので、中立の立場から紛争を平和的に解決できると自負し、七月一八日にはドゥダーエフ政府の退陣を要求する声明を発して、次のように述べた。私自身はいかなる役職にも就かず、ただ私の威信を利用して和解調停工作に携わる。その条件は大統領・副大統領の退陣、武力不行使などである。この提案に批判もあるだろうが、流血が始まるなら最悪の事態に至る。危機の平和的解決の機会を逸するべきではない[265]。このようなハズブラートフの介入は、エリツィン政権がハズブラートフに成功させまいとして焦るという帰結をもたらした[266]。もしハズブラートフが紛争収拾後にチェチェン共和国の大統領に当選するなら自動的にロシア連邦上院議員となり、ロシアの国政全体に影響力を行使することができるようになると想定されたが、これこそエリツィン周辺にとって最も避けるべき事態だった[267]。ハズブラートフの集会に多くのチェチェン人が参加しているのを見てドゥダーエフ政権の基盤が揺らいでいると判断したクレムリンは、アフトゥルハノフ臨時評議会議長にハズブラートフと提携しないよう指示し、臨時評議会によるドゥダーエフ政権転覆を急いだ[268]。なお、ティシコフによれば、このときにチェチェンの有力なイスラーム指導者たちはハズブラートフを支持して、ドゥダーエフ政権のロシア当局への抵抗は「聖戦」と呼ばれるべきではないと公的に声明したが、この声明は野戦司令官によって隠されたのみならず、戦闘員に同情的なジャーナリストたちによっても無視されたという[269]。

当時、ドゥダーエフの威信は、経済崩壊、犯罪増大、諸政治勢力への統制力喪失などによって大きく揺らいでいた。人類学者のアルチュノフによれば、一九九四年一〇―一一月時点でのドゥダーエフの威信は、八割もの住民が彼に否定的態度を示すところにまで落ちていた(もっとも、ロシアによる軍事介入が始まると、彼は再び軍事指導者として、抵抗運動結集の中心となるが)[270]。この時期、多くのドゥダーエフ支持者が離反の兆しをみせ、マスハードフを含む側近たちがモスクワに接近を求めてきていたともいわれる[271]。しかし、チェチェンの反対派は内部に複雑な分岐をかかえ、統一性を欠くという弱点をもっていた[272]。それに加えて、クレムリンがハズブラートフとの競合関係を重視し、臨時評議会にハズブラートフとの提携を禁じたことは、反対派内の分裂を一層促進した。このようにして、モスクワは性急かつ拙速な介入へと押し流されていった。

秋から初冬にかけてチェチェン各地で散発的衝突が繰り返された後、一一月二五日から二六日にかけての夜、臨時評議会派はグローズヌィへ向けて大攻勢をかけ、権力奪取を宣言した。これは表向きはチェチェン内反対派の攻勢とされたが、実際にはロシア軍が背後で梃子入れした作戦であり、多数のロシア軍人が傭兵——ロシア連邦防諜局が、簡単に勝利すると約束して雇ったもの——として参加していた。このロシア軍人(傭兵)の多くがドゥダーエフ側の捕虜となったことにより、ロシアの関与があからさまとなった上、ドゥダーエフがロシア人捕虜を処刑するかもしれないと脅したことはモスクワを強く刺激し、遂にロシア政権が自ら軍事行動の前面に出ざるをえない情勢が形成された(273)。

軍事介入の方針を決定した一一月二八—二九日のロシア安全保障会議の模様については、その直後に辞表を提出したカルムィコフ司法相が伝えている。それによれば、異例なことに、会議に先立って文書類が準備されており、討議に入る前にこれを採択することが提案された。カルムィコフが先ず討論してから投票すべきだと主張したが、エリツィンは譲らなかった。採択後の討論では、プリマコフ、シュメイコらが交渉の必要性を主張したが、軍事力行使に明確に反対したのはカルムィコフだけだった(274)。この安全保障会議決定は一一月三〇日の秘密大統領令で確認された。チェチェン共和国における憲法秩序回復のための措置として、非合法武装部隊解散、非常事態体制導入・維持のための指導グループ(グラチョフ国防相、エゴーロフ民族・地域問題相、エリン内相、ニコラーエフ国境警備隊総司令官、ステパーシン連邦防諜局長官などで構成)を発足させ、その任務は武装集団間の戦闘を停止させること、武器没収、非合法武装部隊解散、人質解放、非常事態地域への出入の管理、特別管理形態の活動の保障、合法性と秩序の回復などとされた(275)。この大統領令は秘密決定だったことから、違憲の疑いがかけられ、後に議論を呼んだ(276)。

一二月九日にエリツィンが発した大統領令(こちらは公表された)は、ロシア連邦の領土保全侵犯、国家の安全を掘り崩す行為、武装部隊創出、民族的・宗教的敵意の煽り立ては憲法によって禁じられており、法の外にあるとして、国家の安全保障、合法性の保障、公共の秩序維持、犯罪との闘争、非合法武装集団の武装解除のため、あらゆる手段をとることを政府に指示した。[277] これは事実上、チェチェンへの軍事侵攻の指令を意味した。一一日には、今回の措置の目標はチェチェン共和国の市民を武装過激派から守ることだと説明したエリツィンのロシア市民への呼びかけが発せられ、[278] その日にロシア国防省・内務省軍は現地に入った。

政権が軍事介入に踏み切った直後のロシアでは、武力行使への批判論が各方面で有力だった。議会の上下両院でも批判論が優勢だったし、軍人の中でも、グローモフやレーベチなどの反対論があった。[279] 共産党から「ロシアの選択」にまで至る幅広い諸政党が政権批判の立場をとり、世論調査の結果でも武力行使批判論が高まっていた。[280] これまでエリツィンを支持してきたジャーナリストの間からも、「第二のカフカース戦争」を支持することはできないとする声があがった。[281] 介入直後に司法相を辞したカルムィコフは、軍事力行使はパルチザン戦争を招くと指摘し、仮に短期的な勝利を収めたとしても、やがて長く続く戦争に至るだろうと予言した。[282] 軍事介入を批判するジャーナリストは少なくなく、中には、はっきりとチェチェンの国家的独立の承認を提唱する論者もいた。論者は次のように述べた。この戦争は負け戦であり、日露戦争に比すべき恥辱である。戦争の継続は流血を長引かせるだけだ。ロシアの主権がチェチェンに事実上及ばなくなっている現実を認めるべきだ。独立国となったチェチェンがロシアと新たな同盟関係を再建するという可能性もなくはないが、ロシア側が独立承認を遅らせば遅らせるほど、同盟関係回復の可能性も小さくなるだろう。[283] しかし、このような批判的言論は結局のところ無力にとどまり、「民主派」政権による戦争の続行およびそれに伴う政治の権威主義化という、その後のロシア政治の構造的特徴が姿を現わすことになった。

結びに代えて

一九九一年末のチェチェン独立宣言は直ちに武力衝突をもたらしたわけではなく、むしろ事実上の独立政権が一定期間維持され、モスクワと現地政権の間で何度となく交渉による妥協の試みが繰り返されていた。そうした交渉の試みが実を結ばず、遂に九四年半ばに本格的な軍事侵攻が選択されたのはなぜかという問いについては、関係者やジャーナリストたちによっていくつかの事情が指摘されている。チェチェン・モスクワ双方における内部対立と諸勢力の個別的思惑、パイプライン確保の問題[284]、威信を落としていたエリツィン政権および軍部の人気回復の狙い――ロボフ安全保障会議書記は大統領の人気回復のため「小さな戦勝」が必要だと語ったという[285]――などの諸要因が複合的に重なっていた[286]。ロシア政権は短期決戦での勝利という想定のもとに開戦に踏み切ったが、実際には泥沼に引きずり込まれたことは周知の通りである。

これ以降の過程は別個の研究の主題とされるべきものであり、本章の枠外だが、最小限に略述するなら、以上のような経過で始まった軍事侵攻――一九九九年以降のそれとの対比で、しばしば「第一次チェチェン戦争」と呼ばれる――は、短期決戦の期待を裏切って泥沼化し、九六年四月にはエリツィンの和平ポーズと裏腹のドゥダーエフ爆殺にまで至った。こうした泥沼からの脱出を求める動きは、同年八月末のレーベヂとマスハードフの交渉により、独立問題を五年間棚上げしての停戦成立(ハサヴュルト合意)で現実化するかに見えた。九七年一月初頭にはロシア軍は完全撤退を声明し、一月二七日の大統領選挙(マスハードフが当選)を経て、五月一二日には平和条約が調印された。しかし、マスハードフ政権による合法的国家体制づくりの試みは成果をあげることができず、チェチェン内の諸勢力間対立は無統制状態を現出するに至った。一九九九年夏以降、ダゲスタンへのチェチェン・ゲリラの浸透およびモスクワなど各地での爆弾テロ事件を契機に、ロシアは「国際テロリスト勢力との闘争」を名目に掲げた「第二次チェチェン戦争」へと突入した。「第一次チェチェン戦争」と「第二次チェチェン戦争」の対比については別に論じなくてはならないが[287]、今日に引き続く凄惨な泥沼状態としての後者の前提条件を前者が形づくったことは確実であり、本章はその起源を明らかにしようとしたものである。

＊

本章と前章でみた二つの事例は、後の経過から振り返るなら、片やロシア中央政権との間に「馴れ合い」的闘争を続けつつも基本的に平和的関係を維持してきたタタルスタン、片や泥沼的軍事紛争に至ったチェチェンと、きわめて対照的な事例として位置づけられる[288]。もっとも、ソ連解体直後の時期に立ち戻ってみるなら、そのような成り行きが最初から確定していたわけではなく、事態はより流動的だった。一九九一年末—九二年初頭の時点においては、タタルスタンでも一部の勢力によって武装組織がつくられようとしたり、「チェチェン型」の内戦の危機が叫ばれたりした。他方、チェチェンでは、九一年末の緊迫がきわどく回避される中で平和裡の交渉が九四年の全面介入に至るまで断続的に繰り返され、水面下での調整によって「タタルスタン型解決」の可能性が目指されたりした。その意味では、両者の分かれ目はかなりきわどいものだったともいえる。

そのようなきわどさをもちつつも、結果的に両者が大きく分かれた理由としては、いくつかの要因が挙げられる。タタルスタンは人口面でタタール人とロシア人がほぼ同数であり、両民族の間の混合結婚も多く、タタール人のロシア化度も高いなど、もともと急進的民族主義運動主導による独立国家形成には困難が大きかった。地理的条件としては、まわりをロシアに取り囲まれている上、ゲリラ戦の根拠地となるような山岳地帯もない。タタール人がロシア各地に広く分散居住しているという条件も、ロシアから離れてタタルスタンだけで自足した民族国家をつくるという方向には作用しにくい。こうした条件から、純然たる分離独立を志向する政治家はもともと少なかった(かつてのロシア革命時にも、タタールは地域的自決論に消極的で、文化的自治論に傾斜しがちだったことが想起される)。これに対し、チェチェンでは住民中の現地民族の比率が高い上、ロシア化の度合いが相対的に低く、また地政的には、今や外国となったグルジアと隣接しており、分離独立論が相対的に強まりやすい条件がある。歴史的経緯としても、ヴォルガ地域へのロシアの進出は時期的に早く、ロシア人とタタール人は競合と紛争をはらみながらも平和的に共存する長期の経験をもってきたのに対し、北カフカースとりわけチェチェンではロシア編入が時期的に遅いばかりでなく、一九世紀のカフカース戦争以来、何度となく衝突が繰り返されてきた。こうした歴史的経緯と関係して、タタルスタンでは体制内エリートが一定の厚みをもって形成され、体制転換後にも引き継がれたのに対し、チェチェンにおけるソヴェト・エリートは、自治共和国復活後にある程度養成されたとはいえ相対的に薄い層にとどまり、チェチェン革命期に急激に退場を余儀なくされた。前著で明らかにしたように、タタール人はほぼ一貫してソ連共産党中央委員を出していたのに対し、チェチェン人は知られている限りでは一人も出しておらず、また党員比率も両者の間には大きな隔たりがあった(289)。体制の支柱をなす大規模国有企業――ソ連時代にはソ連中央直轄であり、モスクワとの結合が強かった――もタタルスタンには多く、チェチェンでは少数にとどまった。前者におけるシャイミエフ、後者におけるドゥダーエフの対比はこうした状況の象徴的表現といえる。

この二つの事例を離れて、より広くロシア内の民族地域について考えるなら、いま列挙した諸条件はどちらかというとチェチェン的状況が例外的な組み合わせの産物だということを示唆している。実際、言葉の上だけのスローガンは別として本格的な独立闘争を展開したのはロシアの諸民族地域中でもチェチェンだけであり、一部でささやかれた「分離独立運動のドミノ現象」は、チェチェンに近い北カフカースでさえも生じなかった。[290] とはいえ、ソ連解体直後の時期には、一時的にもせよ、あたかもチェチェン型の独立論が他地域にも広がるかにみえ、そのことがモスクワの不安を呼んだことも事実である。それは「民族自決」ないし類似の構想による国家形成のもつ不確定性と関係している。

一般的にいって、「民族」という人間集団を単位として、それに照応するとみなされる領域的単位に「自決権」を与える、あるいは自治を付与してそれに立脚した連邦制をつくるという考え方は、たとえ抽象論として一定の正当性をもつとしても、いざ実際に適用しようとなると、そもそも「民族」とは何か、どの人間集団がそれに該当するかという根本問題に始まって、人的集団と領域単位の不可避的なズレ、そしてまた自決の論理と統合の要請の相克といった幾重もの解決困難な問題を内包している。国家体制が安定的に維持されている時期においては、それらの問題は既成事実の論理によって棚上げにすることができるが、国家体制そのものが巨大な変動を経験する時期には問題が表面化しやすい。ソ連解体はまさにそのような変動の端緒となり、安定時には「解決済み」と扱われる事項がその自明性を失って、激しい流動状態をもたらした。[291] ロシアの民族問題および連邦制の諸問題が安定を獲得し、定着するにはなお長期にわたる暗中模索と試行錯誤が必要とされよう。

（1）　ロシア語・英語における地域名をそのまま片仮名書きにするとチェチュニャとなるが、ここでは便宜上、地域名・民族名ともチェチェンとしておく。現地の表現では民族名がナフチョ／ノフチョ（イングーシとの総称ではヴァイナフ）、地域名はチェチニヤ、ノフチチョ、ノフチモフクなどと呼ばれる（一九九四年に独立派によって国名に冠された「イチュケリア」は山岳部を指す呼称）。

(2) 北カフカース全般の歴史および現状については、ヴォルガ＝ウラル地域に比べると相対的に研究史が薄いが、いくつかの関連文献がある。さしあたり、Н. Ф. Бугай и А. М. Гонов. Кавказ: народы в эшелонах (20–60-х годы). М., 1998; M. Bennigsen Broxup(ed.), *The North Caucasus Barrier: The Russian Advance Towards the Muslim World*, London, 1992; Jane Omrod, "North Caucasus: Fragmentation or Federation?," in Ian Bremmer and Ray Taras(eds.), *Nations and Politics in the Soviet Successor States*, Cambridge University Press, 1993 など参照（チェチェンに関する文献は後注(45)）。脱稿後に、В. Шнирелман. Быть Аланами. Интеллектуалы и политика на Северном Кавказе в XX веке. М., 2006 を入手した。

(3) Известия, 1 ноября 1991 г., с. 8(И. Дементьева).

(4) コサックの多数派はロシア人だが、ザポロージエ・コサックは通常ウクライナ人とみなされている。ザポロージエから移住したクバン・コサックについては、彼らをロシア人とみるかウクライナ人とみるかが論争的である。

(5) Советская этнография, 1990, № 5, с. 29–30(Ю. Ю. Карпов).

(6) И. В. Сталин. Сочинения. М., 1954–1955, т. 4, с. 399–402(『スターリン全集』第四巻、四三一―四三五頁、訳文は変更した)。

(7) Съезды Советов РСФСР и Автономных республик РСФСР. Сборник документов 1917–1922 гг. т. 1, М., 1959, с. 722–723.

(8) 一九世紀末にはスンジャ地区の人口の約半分がコサックだったが、他面ではイングーシ人の大多数がスンジャ地区に集中していた。つまり、この地域はコサックにとってもイングーシ人にとっても重要な地域だったということになる。Austin Lee Jersild, "Ethnic Modernity and the Russian Empire: Russian Ethnographers and Caucasian Mountaineers," *Nationalities Papers*, vol. 24, no. 4(December 1996), p. 645. ソ連時代最末期からソ連解体直後にかけてもコサック、イングーシ人、チェチェン人の間でスンジャ地区をめぐる領土争いが生じることについては後述。

(9) 以上の過程について、Вопросы истории, 1968, № 8, с. 12–14(О. И. Чистяков); Советская историческая энциклопедия, т. 4, М., 1963, стлб. 599; Советская этнография, 1990, № 5, с. 30(Ю. Ю. Карпов); Valery Tishkov, *Ethnicity,*

Nationalism and Conflict In and After the Soviet Union: The Mind Aflame, London: Sage Publications, 1997, p. 167; E. H. Carr, *Socialism in One Country*, vol. 2, Penguin books edition, 1970, pp. 305–311(カー『一国社会主義／政治』〔南塚信吾訳〕みすず書房、一九七四年、二一八―二三一頁)など参照。

(10) ドイツの占領下の民族政策について、Alexander R. Alexiev, "Soviet Nationalities Under Attack: The World War II Experience," in S. Enders Wimbush(ed.), *Soviet Nationalities in Strategic Perspective*, Croom Helm: London & Sydney, 1985, pp. 61–74 参照。

(11) 民族丸ごとの強制追放(北カフカース以外の地域からの追放を含む)については、近年、急速に関連文献が増大した。さしあたり、А. Некрич. Наказанные народы. Нью Йорк, 1978; Н. Ф. Бугай(сост.). Иосиф Сталин—Лаварентию Берии: "Их надо депортировать". Документы, факты, комментарии. М., 1992; Н. Ф. Бугай(сост.). Репрессированные народы России. Чеченцы и ингуши. Документы, факты, комментарии. М., 1994; Н. Ф. Бугай. Л. Берия—И. Сталину: "Согласно Вашему указанию...". М., 1995; История СССР, 1989, № 6, с. 135–144(Н. Ф. Бугай); 1991, № 1, с. 143–160(Н. Ф. Бугай); 1992, № 1, с. 122–143(Н. Ф. Бугай); Вопросы истории, 1990, № 7, с. 32–44(Н. Ф. Бугай); Социологические исследования, 1990, № 11, с. 3–17(В. Н. Земсков); Комсомольская правда, 23 июля 1996 г., с. 5(А. Витковский); Terry Martin, "The Origins of Soviet Ethnic Cleansing," *The Journal of Modern History*, vol. 70, no. 4 (December 1998); 塩川伸明『終焉の中のソ連史』朝日新聞社、一九九三年、三八二―三八六頁、塩川伸明『民族と言語――多民族国家ソ連の興亡I』岩波書店、二〇〇四年、六八頁など参照。

(12) 追放された諸民族の名誉回復、居住制限解除、帰還許可、自治地域復活の過程およびそれに伴う諸問題については、Социологические исследования, 1991, № 1, с. 5–26(В. Н. Земсков); В. А. Козлов. Массовые беспорядки в СССР при Хрущеве и Брежневе.(1953– начало 1980–х гг.). Новосибирск, 1999, с. 107–111, 120–154; С. Ханья. "Секретный доклад Н. С. Хрущева и восстановление автономных территорий в 1957 г.," *Acta Slavica Iaponica*, Tomus 22, 2005; 半谷史郎「フルシチョフ秘密報告と民族強制移住――クリミヤ・タタール人、ドイツ人、朝鮮人の問題積み残し」『ロシア史研究』第七五号(二〇〇四年)、Отечественная история, 2004, № 4, с. 14–19(Е. Ю. Зубкова); 塩川『民族と言語』

七三―七四頁など参照。

(13) 北オセチアの国家主権宣言(七月二〇日)は、早い時期に出たせいか、相対的に穏健なもので、国家主権をうたいながらも、ロシア共和国およびソ連邦の中ということを明示しており、「自治共和国」の名称も変えていない。Социалистическая Осетия, 21 июля 1990 г., с. 1. そのため、一二月二六日の最高会議決定で、主権宣言および憲法をそれぞれ改正して、国名から「自治」の語を削ることになる。Социалистическая Осетия, 4 января 1991 г., с. 1. なお、当時の北オセチアは、グルジアと内戦状況にあった南オセチアから大量の難民が流入する一方、イングーシからは領土要求を突きつけられるという二重の意味で困難な状況にあった(南オセチアからの難民に居住地を与えるためにも、イングーシからの領土要求に応じにくいという関連性があった)。イングーシとの紛争については後述する。

(14) Московские новости, 1990, № 48(2 декабря), с. 6(Л. Леонтьева).

(15) Российская газета, 2 ноября 1991 г., с. 6; Московские новости, 1992, № 8(23 февраля), с. 9(Л. Леонтьева).

(16) Независимая газета, 18 декабря 1991 г., с. 3(И. Терехов); Известия, 18 ноября 1991 г., с. 2(А. Казиханов).

(17) Известия, 8 апреля 1991 г., с. 2(А. Казиханов).

(18) 時間的にやや後のことになるが、一九九二年末にロシア連邦安全保障会議付属地域間特別委員会の作成した報告書は、北カフカースの多くの共和国において公式権力は旧党ノメンクラトゥーラの手にあり、これと急進民族主義運動とが対峙しているが、どちらもロシア中央の味方ではないというディレンマを指摘している。Государственный архив Российской Федерации〔以下、ГАРФ〕, ф. 10026, оп. 5, д. 527, лл. 90–91.

(19) Советская Россия, 29 ноября 1990 г., с. 1.

(20) Известия, 17 июня 1991 г., с. 1(А. Давыдов); Независимая газета, 22 августа 1991 г., с. 3(М. Лисина).

(21) Социалистическая Осетия, 21 августа 1991 г., с. 1–2; 24 августа 1991 г., с. 1; Независимая газета, 22 августа 1991 г., с. 3(М. Лисина); Российская газета, 24 августа 1991 г., с. 2(А. Алешкин); 7 сентября 1991 г., с. 3(И. Муравьева).

(22) Московские новости, 1990, № 44(4 ноября), с. 5(Л. Леонтьева).

(23) なお、カラチャイ人とバルカル人はそれぞれチェルケス人、カバルダ人と対立関係にあるため、この連合に入らなかった。Независимая газета, 2 сентября 1992 г., с. 3(В. Джанашия).

(24) このとき採択された宣言は、Кавказ(Сухуми), № 6(17 ноября 1991 г.), с. 1. 山岳諸民族連合の条約の全文は、там же, с. 2. その英訳は、B. G. Hewitt, "Abkhazia: a Problem of Identity and Ownership," *Central Asian Survey*, vol. 12, no. 3(1993), Appendix 4, pp. 304–309. モスクワ紙での報道は、Российская газета, 15 ноября 1991 г., с. 2(А. Алешкин); Известия, 25 ноября 1991 г., с. 1; Московские новости, 1991, № 46(17 ноября), с. 5(Л. Леонтьева).

(25) Кавказ(Сухуми), № 6(17 ноября 1991 г.), с. 2.

(26) Советская этнография, 1991, № 5, с. 17–18(С. Л. Асланбеков, А. Н. Жаков).

(27) Независимая газета, 7 декабря 1991 г., с. 3(Н. Пачегина).

(28) 北カフカース情勢とグルジア内の民族紛争との絡みあいは非常に重要だが、複雑になりすぎるので、本書では立ち入らない。

(29) ГАРФ, ф. 10026, оп. 5, д. 527, лл. 88–89.

(30) A. Lieven, *Chechnya: Tombstone of Russian Power*, Yale University Press, 1998, p. 101; John B. Dunlop, *Russia Confronts Chechnya: Roots of a Separatist Conflict*, Cambridge University Press, 1998, pp. 146–147.

(31) Известия, 4 августа 1994 г., с. 4; 12 августа 1994 г., с. 1; Российская газета, 27 августа 1994 г., с. 1(Л. Бельдюгина).

(32) Московские новости, 1990, № 44(4 ноября), с. 5(Л. Леонтьева).

(33) Известия, 5 июля 1991 г., с. 3(В. Выжутович). ロシア共和国共産党については、塩川伸明『国家の構築と解体——多民族国家ソ連の興亡Ⅱ』岩波書店、二〇〇七年、一六六—一六九頁参照。

(34) Известия ЦК КПСС, 1991, № 8, с. 133–135. クバン(クラスノダール)に即したコサック運動の展開について、Georgi M. Derluguian and Serge Cipko, "The Politics of Identity in a Russian Borderland Province: The Kuban Neo-Cossack Movement, 1989–1996," *Europe-Asia Studies*, vol. 49, no. 8, 1997, pp. 1485–1500.(当時のコサック運動が共産党の庇護をう

けていたことを強調している）。また、Brian J. Boeck, "The Kuban' Cossack Revival(1989–1993): The Beginnings of a Cossack National Movement in the North Caucasus Region," *Nationalities Papers*, vol. 26, no. 4(December 1998), pp. 633–657も参照。

（35）Известия, 5 июля 1991 г., с. 3(В. Выжутович).

（36）Советская Россия, 13 апреля 1991 г., с. 3(С. Шипунова).

（37）Ведомости Съезда народных депутатов РСФСР и Верховного Совета РСФСР, 1991, № 18, ст. 572. この法律について詳しくは一八九頁で後述。

（38）Российская газета, 5 сентября 1991 г., с. 1.

（39）Derluguian and Cipko, *op. cit.*, pp. 1492–93.

（40）Литературная газета, 1991, № 45(13 ноября), с. 2(Л. Леонтьева); Независимая газета, 16 ноября 1991 г., с. 3 (М. Лисина, Ж. Марукян).

（41）Lieven, *op. cit.*, pp. 86–87; Dunlop, *op. cit.*, pp. 181–182. ソ連解体後のロシア政治における「愛国主義」問題については、塩川『国家の構築と解体』二五五―二六〇頁参照。

（42）Независимая газета, 29 апреля 1992 г., с. 1; Известия, 5 мая 1992 г., с. 3(С. Чугаев). 一九九二年六月一五日付けの大統領令(Российская газета, 18 июня 1992 г., с. 4)、九三年三月一五日の北カフカースにコサック部隊の創設を指示する大統領令(Собрание актов Президента и Правительства Российской Федерации, 1993, № 12, ст. 993)など。

（43）Boeck, *op. cit.*, pp. 646–652.

（44）チェチェン情勢が緊迫化した一九九四年夏には、コサックによるチェチェン人への襲撃(ポグロム)も起きた。Московские новости, 1994, № 33(14–21 августа), с. 11(И. Малов). もっとも、コサックのチェチェン問題への対応は一様ではない。テレク・コサックは当地の領土に直接の利害関係があり、強く反チェチェン的であるのに対し、ドン・コサックはむしろ調停的というような違いもあった。Российская газета, 27 августа 1994 г., с. 1(Л. Бельдюгина); Новое время, 1995, № 1, с. 9–10 (В. Дубнов).

(45) チェチェンの歴史と現状については、近年の紛争の中で急激に関連文献が増えた。もっとも、これまでのところ時事的ないし評論的文献が多く、ことの性質上どれも濃厚な論争性を免れない点に注意が必要である。とりあえず下記参照。Руслан Хасбулатов. Чечня: мне не дали остановить войну. Запись миротворца. М., 1995; он же. Взорванная жизнь. Кремль и Российско-Чеченская война. М., 2002〔以下、それぞれ Хасбулатов (1995), Хасбулатов (2002) と略記〕; Комиссия Говорухина. Кто развязал кровавый конфликт в Чечне ? Свидетельства, заключения, документы, собранные Комиссией под председательством С. С. Говорухина. М., 1995; В. Лысенко. От Татарстана до Чечни. М., 1995; О. П. Орлов и А. В. Черкасов (сост.). Россия - Чечня: Цепь ошибок и преступлений. М., 1998; Valery Tishkov, *Ethnicity, Nationalism and Conflict In and After the Soviet Union: The Mind Aflame*, London: Sage Publications, 1997, chaps. 8–10; *id.*, *Chechnya: Life in a War-Torn Society*, University of California Press, 2004; В. А. Тишков. Общество в вооруженном конфликте. Этнография чеченской войны. М., 2001〔以下、それぞれ Tishkov (1997), Tishkov (2004), Тишков (2001) と略記〕; A. Lieven, *Chechnya: Tombstone of Russian Power*, Yale University Press, 1998; John B. Dunlop, *Russia Confronts Chechnya: Roots of a Separatist Conflict*, Cambridge University Press, 1998; Richard Sakwa (ed.), *Chechnya: From Past to Future*, London: Anthem Press, 2005; A・ポリトコフスカヤ『チェチェン――やめられない戦争』〔三浦みどり訳〕NHK出版、二〇〇四年、徳永晴美『ロシア・CIS南部の動乱』清水弘文堂書房、二〇〇三年、横村出『チェチェンの呪縛』岩波書店、二〇〇五年、大富亮『チェチェン紛争』東洋書店、二〇〇六年その他。これらのうち、Хасбулатов (1995); Хасбулатов (2002) はいうまでもなく重要な当事者の回想、また Комиссия Говорухина は、下院によって設置された調査委員会――愛国派的傾向の強い代議員が主導し、エリツィン政権糾弾の観点から調査を行なった――の資料および結論であって、いずれもそうした当事者性と関連する党派性が明白であるが、その点を念頭において注意深く取り扱うなら、貴重な情報を伝える資料たりうる。同様のことは、エリツィン政権のチェチェン政策形成に大きな役割を果たしたシャフライ副首相の憲法裁判所での証言 (Российские вести, 12 июля 1995 г., с. 1–2; 13 июля 1995 г., с. 2–4) についても当てはまる。ここに挙げた以外にも次々と関連文献が出ており、最近では、いくつかの本をまとめ

て扱った長めの書評論文も複数出ている。Austin Jersild, "The Chechen Wars in Historical Perspective: New Work on Contemporary Russian-Chechen Relations," *Slavic Review*, vol. 63, no. 2(Summer 2004), pp. 367–377; Brian Glyn Williams, "*Caucasus Belli*: New Perspectives on Russia's Quagmire," *Russian Review*, vol. 64, no. 4(October 2005), pp. 680–688.

(46)　**Всесоюзная перепись населения 1937 г. Краткие итоги.** М., 1991, с. 83; **Всесоюзная перепись населения 1939 года. Основные итоги.** М., 1992, с. 57–58; Francine Hirsch, "The Soviet Union as a Work-in-Progress: Ethnographers and the Category *Nationality* in the 1926, 1937, and 1939 Censuses," *Slavic Review*, vol. 56, no. 2(Summer 1997), p. 274. 余談になるが、このような民族の数え方の変化は現代の研究者に奇妙な混乱を引き起こすもととなった。アメリカのダンロップは現代ロシアの文献を典拠にして、ソ連のチェチェン人の人口は一九三七年から三九年の間に減少したと書いている。Dunlop, *op. cit.*, p. 56. しかし、これは一九三七年については「チェチェン＝イングーシ人」をとり、それを三九年の「チェチェン人」と比較したことからくる間違いであり、三九年について両民族合計をとれば、この間に減少ではなく増大していることが分かる。右に挙げた二つのセンサス結果を参照。

(47)　もっとも、チェチェン人のシャミーリ反乱への参加は時期的に遅く、一八四〇年以降のことだという説もある。Tishkov(2004), p. 18. シャミーリ自身はアヴァール人。

(48)　**Тайны национальной политики ЦК РКП. Четвертое совещание ЦК РКП с ответственными работниками национальных республик и областей в г. Москве 9–12 июля 1923 г. Стенографический отчет.** М., 1992, с. 196–199; **Источник**, 1995, № 5, с. 140–151; **Вопросы истории**, 2003, № 1, с. 131–138(Г. В. Марченко); A. Avtorkhanov, "The Chechens and the Ingush during the Soviet Period and Its Antecedents," in M. Bennigsen Broxup(ed.), *op. cit.*, pp. 157–180など参照。

(49)　Н. Ф. Бугай(сост.). **Репрессированные народы России. Чеченцы и ингуши. Документы, факты, комментарии.** М., 1994, с. 29; Tishkov(1997), p. 192.

(50)　ソルジェニーツィン『収容所群島』〔木村浩訳〕新潮文庫、第六巻、一九七八年、一八三―一八四頁。もっとも、ソルジェニツィンがチェチェン人に同情的ということではなく、むしろ「恐ろしい民族」というイメージで捉えていることが窺える。一九九〇年代以降のチェチェン戦争に際しての彼の発言については後注(283)参照。

(51) Козлов. Указ. соч., Глава 4. イングーシと北オセチアの間で一九五〇年代から八〇年代前半にかけて何度か衝突が繰り返されたことについては、Советская этнография, 1990, № 5, с. 29(Ю. Ю. Карпов); Московские новости, 1991, № 49(8 декабря), с. 4(И. Дзантиев); Julian Birch, "Border Disputes and Disputed Borders in the Soviet Federal System," *Nationalities Papers*, vol. 15, no. 1(Spring 1987), pp. 55–56 など参照。

(52) Советская этнография, 1990, № 5, с. 33(прим. 6); Tishkov(1997), p. 169.

(53) 本文ではとりあえずセンサス結果に基づいて記述したが、二〇〇二年センサスは二重登録――チェチェンおよびイングーシから流出して他の地域に移住したチェチェン人やイングーシ人が郷里と移住先の双方で登録された――があるため、チェチェン人・イングーシ人の数が大幅に過大評価されているとの説もある。それによれば、チェチェン共和国とイングーシ共和国のチェチェン人・イングーシ人の計は、センサス公式結果では一四九万人だが実際には九五万人、またロシア連邦全体におけるチェチェン人とイングーシ人の計はセンサス結果では一七七万人だが実際には一二三万人だとされる。Свободная мысль, 2006, № 2, с. 7–31(С. Максудов).

(54) Национальный состав населения СССР. М., 1991, с. 40–41.

(55) Tishkov(2004), p. 200.

(56) Итоги Всероссийской переписи населения 2002 года. том 4(Национальный состав и владение языками, гражданство). Книга 1. М., 2004, с. 64–65, 159.

(57) 塩川『国家の構築と解体』一四二頁の表2・2参照。

(58) *Central Asian Survey*, vol. 10, no. 1/2(1991), pp. 133–145(M. Rywkin). もっとも、自治共和国最高会議幹部会議長は、一九七三―九〇年の間、イングーシ人のボコフがつとめた。Tishkov(2004), p. 35.

(59) John H. Miller, "Cadres Policy in Nationality Areas," *Soviet Studies*, vol. 29, no. 1(January 1977), pp. 13, 16.

(60) Tishkov(2004), pp. 16, 45.

(61)　産油量の推移について、Известия, 12 января 1995 г., с. 4.

(62)　Экономика и жизнь, 1991, № 47(ноябрь), с. 13. 塩川伸明『ソヴェト社会政策史研究』東京大学出版会、一九九一年、四五一頁も参照。

(63)　ペレストロイカ初期の非公式団体の動向に関する情報はあまり多くないが、さしあたり、Грозненский рабочий, 29 марта 1990 г., с. 2(С. Керимов); *Report on the USSR*, 1991, no. 46, pp. 21–22; Dunlop, *op. cit*., pp. 88–90 など参照。

(64)　Грозненский рабочий, 7 января 1989 г., с. 1–2.

(65)　Грозненский рабочий, 2 июля 1989 г., с. 1; Хасбулатов(1995), с. 7. 現地取材に基づいたアナトール・リーヴェンの記述によれば、人民戦線はフォチェーエフ第一書記の更迭を要求していた(Lieven, *op. cit*., pp. 56–57)ので、彼の退陣はそうした背景によるものとも推測される。

(66)　Грозненский рабочий, 21 марта 1990 г., с. 1.

(67)　Новое время, 1991, № 46, с. 6(А. Соколов).

(68)　Голос Чечено-Ингушетии, 24 августа 1990 г., с. 1.

(69)　Комсомольское племя(Грозный), 23 августа 1990 г., с. 2(И. Васюков).

(70)　Голос Чечено-Ингушетии, 26 августа 1990 г., с. 3; 12 сентября 1990 г., с. 3; 26 сентября 1990 г., с. 2; 9 октября 1990 г., с. 3; 12 октября 1990 г., с. 3; 18 октября 1990 г., с. 2; 25 октября 1990 г., с. 2.

(71)　Голос Чечено-Ингушетии, 24 ноября 1990 г., с. 1; 27 ноября 1990 г., с. 1–2; 28 ноября 1990 г., с. 1; 30 ноября 1990 г., с. 2. 但し、一一月二五日あるいは二六日に出たはずの第七九号がモスクワの主だった図書館のいずれでも欠号であるため、この号でどのような報道がなされたかは確認できていない。

(72)　Комсомольское племя(Грозный), 29 ноября 1990 г., с. 2(Л. Денисолтов). なお、ドゥダーエフは一九四四年生まれで、生まれてすぐに強制追放にあった。一九六八年に共産党に入り、九一年の共産党崩壊までに離党してはいなかった。ソ連空軍に勤務しており(勤務地はエストニアのタルトゥで、この大会には一時的ゲストとして里帰りした)、非政治的な人物とみられていた。Московские новости, 1991, № 45(10 ноября), с. 1; Новое время, 1996, № 46, с. 8(Т. Музаев). ドゥダーエフの妻はロシア人であり、彼自身もそれまでほとんどチェチェンに住んだことがなく、チェチェン語は多少知っている程度にとどまり、現地との縁はあまり深くなかった。彼が一九九〇年にソ連軍少将に昇進したのは、ザヴガーエフらの自治共和国指導部が「たった一人でもチェチェン人の将軍」がほしいとして中央に働きかけた結果だという。その夏に故郷に錦を飾り、それをみたヤンダルビエフ(後のチェチェン副大統領)らの民族運動指導者が彼の威信を利用することを思いついた。Tishkov(1997), pp. 200–201; Тишков(2001), с. 209. もともと現地と縁がなかった彼を現地の民族運動家たちが呼んだのは、自分たちの調停者、「婚礼式用の将軍」としてだという見方もある。Известия, 7 февраля 1995 г., с. 4(Э. Паин, А. Попов).

(73) В. В. Коган-Ясный. Политический аспект отношений федеральных органов власти Российской Федерации с Чеченской Республикой в 1990–1994 гг. //О. П. Орлов и А. В. Черкасов(сост.). Россия - Чечня: Цепь ошибок и преступлений. М., 1998, с. 94–95. ハズブラートフによれば、大会は党州委員会および自治共和国最高会議の支持のもとに開催され、ザヴガーエフに率いられる公式指導部、共和国の自主性を主張するハジエフらのグループ、イスラーム国家建設を目指すヤンダルビエフ、ガンテミロフ、ママダエフのグループが参加したが、大会の過程で前二者は敗北し、過激派が主導権をとったとされる。Хасбулатов(1995), с. 7–8. 彼の後の著作では、大会の精神的な生みの親は党州委員会と自治共和国最高会議だった、コングレスと最高会議は驚くほど考えが近かった、と書かれている(Хасбулатов(2002), с. 36, 38)が、これは誇張と思われる。これらの他、Комиссия Говорухина. с. 85–86; Новое время, 1996, № 46, с. 8(Т. Музаев)も参照。

(74) 大会決議に基づくティシコフの指摘。Tishkov(1997), pp. 199–200. 一年後のドゥダーエフ発言は、このとき既に独立路線がとられたとしているが(Кавказ(Сухуми), № 3(13 октября 1991 г.), с. 1–2)、これは後の経過をさかのぼって投影したものと思われる。この大会について、Известия, 25 июля 1991 г., с. 3(И. Преловская, А. Казиханов); Тишков(2001), с. 207–209; Tishkov(2004), pp. 58–59; *Report on the USSR*, 1991, no. 46, p. 21 なども参照。

(75) Голос Чечено-Ингушетии, 28 ноября 1990 г., с. 1–2; 29 ноября 1990 г., с. 1–2.

(76) Голос Чечено-Ингушетии, 29 ноября 1990 г., с. 1–2. 二七日に採択された国家主権宣言は、Голос Чечено-Ингу-

шетии, 30 ноября 1990 г., с. 1. コムソモール紙による報道は，Комсомольское племя(Грозный), 29 ноября 1990 г., с. 1(Л. Шахбулатов).

(77) 最高会議決定は，Голос Чечено-Ингушетии, 12 марта 1991 г., с. 1. 報告に関する報道は，Голос Чечено-Ингушетии, 13 марта 1991 г., с. 1, 3.

(78) ここで「被追放民族」と訳した言葉の原語(репрессированные народы)は，直訳的には「被抑圧民族」となるが，これでは意味が広くなりすぎるので，ここでの実質的内容をくんで「被追放民族」とした(但し，コサックは内戦期に追放にあったとはいえ，一九四〇年代の諸民族まるごと追放と同じような意味での集団的追放にあったわけではないので，コサックをも包括したことに触れた一七四頁では「被抑圧民族」としておいた)。また реабилитация は通常「名誉回復」と訳されるが，ここではより具体的な諸権利——とりわけ領土回復への権利——が問題なので「復権」と訳した。

(79) 最高会議決定は，Голос Чечено-Ингушетии, 12 марта 1991 г., с. 2. 討論の模様は，Голос Чечено-Ингушетии, 13 марта 1991 г., с. 1, 3.

(80) Голос Чечено-Ингушетии, 21 марта 1991 г., с. 1; Известия, 27 марта 1991 г., с. 3.

(81) Комиссия Говорухина, с. 15; Коган-Ясный. Указ. статья, с. 95

(82) Новое время, 1996, № 46, с. 8-9(Т. Музаев).

(83) 管見の限り最も詳しいのは八月のグルジア紙報道(関連資料を掲載)である。Свободная Грузия, 23 августа 1991 г., с. 3. 七月の中央紙報道は，Известия, 25 июля 1991 г., с. 3(И. Преловская, А. Казиханов). もっと後の情報および解説として，Известия, 7 февраля 1995 г., с. 4(Э. Паин, А. Попов); Комиссия Говорухина, с. 16, 86; Хасбулатов(1995), с. 10; Хасбулатов(2002), с. 41; Tishkov(1997), p. 201; Тишков(2001), с. 210; Tishkov(2004), p. 60; M. Bennigsen Broxup, "After the Putsch, 1991," in Bennigsen Broxup(ed.), *op.cit.*, pp. 232-234 など。

(84) Коган-Ясный. Указ. статья, с. 95.

(85) Голос Чечено-Ингушетии, 15 июня 1991 г., с. 1.

(86) Lieven, *op. cit.*, p. 100.

(87) Советская этнография, 1990, № 5, с. 30–31(Ю. Ю. Карпов).

(88) 一九七〇—八〇年代の状況について、Советская этнография, 1990, № 5, с. 29(Ю. Ю. Карпов); Московские новости, 1991, № 49(8 декабря), с. 4(И. Дзантиев); *Nationalities Papers*, vol. 15, no. 1(Spring 1987), pp. 55–56(J. Birch); Отечественная история, 2004, № 4, с. 19–21(Е. Ю. Зубкова)など参照。

(89) Первый съезд народных депутатов СССР. Стенографический отчет. М., 1989, т. 1, с. 342–343; XXVIII съезд КПСС. Заседание секции "Национальная политика КПСС". Бюллетень для делегатов съезда. М., 1990(Российский государственный архив социально-политической истории, ф. 646, оп. 1, д. 17), с. 43; *Central Asian Survey*, vol. 14, no. 1(March 1995), p. 54(J. Birch).

(90) XXVIII съезд КПСС. Заседание секции "Национальная политика КПСС", с. 42–45; Советская этнография, 1990, № 5, с. 31–33(Ю. Ю. Карпов). 現地紙による後の言及は、Голос Чечено-Ингушетии, 7 сентября 1991 г., с. 1.

(91) Tishkov(1997), p. 162.

(92) Советская этнография, 1990, № 5, с. 33(Ю. Ю. Карпов).

(93) Правда, 5 марта 1990 г., с. 2(А. Грачев, В. Халин).

(94) Первый съезд народных депутатов РСФСР. Стенографический отчет. М., 1992, т. II, с. 100–101.

(95) Грозненский рабочий, 31 марта 1990 г., с. 1.

(96) Голос Чечено-Ингушетии, 8 сентября 1990 г., с. 2.

(97) Голос Чечено-Ингушетии, 13 октября 1990 г., с. 1.

(98) Голос Чечено-Ингушетии, 30 ноября 1990 г., с. 1.

(99) Социалистическая Осетия, 15 сентября 1990 г., с. 1.

(100) Социалистическая Осетия, 16 сентября 1990 г., с. 1.

(101) Социалистическая Осетия, 2 октября 1990 г., с. 1.

(102) Голос Чечено-Ингушетии, 3 января 1991 г., с. 2.

(103)　Московские новости, 1991, № 2(13 января), с. 4(Л. Леонтьева).

(104)　Третий(Внеочередной)съезд народных депутатов РСФСР. Стенографический отчет. М., 1992, т. V, с. 92.

(105)　Социалистическая Осетия, 23 марта 1991 г., с. 1.

(106)　Голос Чечено-Ингушетии, 26 марта 1991 г., с. 1; *Central Asian Survey*, vol. 14, no. 1(March 1995), p. 55(J. Birch). またハズブラートフは，時点を特定していないが，エリツィンはナズラニでイングーシ人のプリゴロドヌィ返還要求を支持する発言をした，ブルブリスやスタロヴォイトヴァも同様だった，と書いている。Хасбулатов(2002), с. 25. エリツィンはロシア大統領選挙の時にもイングーシ人に九一年末までの領土問題解決を約束したという。Известия, 5 ноября 1992 г., с. 2(Э. Паин, А. Попов).

(107)　グルジア紙およびロシア紙で伝えられている。Вестник Грузии, 3 апреля 1991 г., с. 1; Российская газета, 13 апреля 1991 г., с. 1(А. Жданкин).

(108)　Ведомости Съезда народных депутатов РСФСР и Верховного Совета РСФСР, 1991, № 18, ст. 572. 施行に関する最高会議決定は там же, ст. 573. 訳語については前注(78)，またコサックとのかかわりについては一七四頁で前述。

(109)　Голос Чечено-Ингушетии, 21 октября 1990 г., с. 2.

(110)　Голос Чечено-Ингушетии, 28 апреля 1991 г., с. 1; 16 мая 1991 г., с. 1.

(111)　Социалистическая Осетия, 18 мая 1991 г., с. 1.

(112)　法案作成の過程において，復権対象以外の他の民族の権利擁護とのバランスをどのようにとるかは一つの大きな問題点だった。ГАРФ, ф. 10026, оп. 4, д. 961 には多数の草案が収録されているが，それらはこの点についての規定の仕方を微妙に異にしている。また，領土的復権の約束が領土紛争を生みかねないという批評は法案審議過程で諸方面から寄せられていたが，法案作成者はこれをあまり重視しなかった。там же, лл. 75, 78, 80, 83, 101.

(113)　六月のエリツィン命令および声明(Российская газета, 6 июня 1991 г., с. 1; 7 июня 1991 г., с. 2)，ソ連共産党中央委員会書記局決定で承認された民族政策部の覚書(Голос Чечено-Ингушетии, 9 июля 1991 г., с. 1)，後のパインらの説明(Известия, 5 ноября 1992 г., с. 2(Э. Паин, А. Попов))など参照。

(114) 民族紛争激化の現状および被追放民族の領土的復権実現のメカニズム欠如を考慮し、「国家的＝領土的境界設定に関する過渡期」――この「過渡期」においては領土変更を凍結し、領土の勝手な奪取や境界変更を行なうことを刑事犯罪として取り締まる――を設定する法律が一九九二年七月三日に採択された。Ведомости Съезда народных депутатов Российской Федерации и Верховного Совета Российской Федерации, 1992, № 32, ст. 1868.

(115) Социалистическая Осетия, 23 апреля 1991 г., с. 1; Голос Чечено-Ингушетии, 23 апреля 1991 г., с. 1.

(116) この宣言採択について現地紙では確認できないが、グルジア紙に報道されている。Свободная Грузия, 5 июля 1991 г., с. 2.

(117) Голос Чечено-Ингушетии, 22 августа 1991 г., с. 1.

(118) Комиссия Говорухина, с. 17; Коган-Ясный. Указ. статья, с. 95.

(119) Республика(Грозный), 27 августа 1991 г., с. 1, 2.

(120) Голос Чечено-Ингушетии, 30 августа 1991 г., с. 1.

(121) Голос Чечено-Ингушетии, 31 августа 1991 г., с. 1.

(122) Голос Чечено-Ингушетии, 3 сентября 1991 г., с. 1; Кавказ(Сухуми), № 3(13 октября 1991 г.), с. 1–2.

(123) Голос Чечено-Ингушетии, 4 сентября 1991 г., с. 1. なお、最高会議幹部会はグローズヌィに非常事態を導入した。Республика(Грозный), 24 сентября 1991 г., с. 1.

(124) Республика(Грозный), 10 сентября 1991 г., с. 1–2.

(125) Голос Чечено-Ингушетии, 7 сентября 1991 г., с. 1.

(126) Голос Чечено-Ингушетии, 11 сентября 1991 г., с. 1.

(127) Голос Чечено-Ингушетии, 10 сентября 1991 г., с. 1. この調査結果は『プラウダ』に紹介されたので(Правда, 13 сентября 1991 г., с. 6)、モスクワの政治家にも知られていた可能性が高い。

(128) ブルブリスらが到着した時点での交渉の模様について、Российская газета, 14 сентября 1991 г., с. 1(П. Анохин, Л.-А. Бейтельгареев). ハズブラートフの工作については次注。

(129) Голос Чечено-Ингушетии, 17 сентября 1991 г., с. 1; Республика(Грозный), 17 сентября 1991 г., с. 1; 18 сентября 1991 г., с. 1. 九月一五日決定に関するハズブラートフの回想は，Хасбулатов(1995), с. 12–15; Хасбулатов(2002), с. 53–61(第一の回想は日取りを一〇月一五日と誤記している)。八—九月の過程に関する中央紙報道として，Независимая газета, 3 сентября 1991 г., с. 3(Т. Музаев); Известия, 6 сентября 1991 г., с. 2; 16 сентября 1991 г., с. 2(А. Казиханов); Московские новости, 1991, № 37(15 сентября), с. 5(Л. Леонтьева); Коммерсантъ, 1991, № 37(15 сентября), с. 13 など。後の説明として，Известия, 7 февраля 1995 г., с. 4(Э. Паин, А. Попов); Коган-Ясный. Указ. статья, с. 95–97; Bennigsen Broxup(ed.), *op. cit.*; Flemming Splidsboel-Hansen, “The 1991 Chechen Revolution: the Response of Moscow,” *Central Asian Survey*, vol. 13, no. 3(1994) なども参照。

(130) Голос Чечено-Ингушетии, 20 сентября 1991 г., с. 1.

(131) Голос Чечено-Ингушетии, 28 сентября 1991 г., с. 1.

(132) Голос Чечено-Ингушетии, 2 октября 1991 г., с. 2; 5 октября 1991 г., с. 1.

(133) Голос Чечено-Ингушетии, 16 октября 1991 г., с. 2.

(134) Голос Чечено-Ингушетии, 9 октября 1991 г., с. 1.

(135) Известия, 7 октября 1991 г., с. 2; 8 октября 1991 г., с. 1–2; 11 октября 1991 г., с. 1–2; 14 октября 1991 г., с. 2; 16 октября 1991 г., с. 1.

(136) Республика(Грозный), 10 октября 1991 г., с. 1.

(137) この時期のコングレス派と臨時最高会議の対抗に関わるいくつかの資料が Хасбулатов(2002), с. 64–72 に引用されている。

(138) Ведомости Съезда народных депутатов РСФСР и Верховного Совета РСФСР, 1991, № 41, ст. 1309.

(139) Голос Чечено-Ингушетии, 10 октября 1991 г., с. 1. なお，この総動員令はまもなく取り消されたという。Новое время, 1991, № 46, с. 5–6(А. Соколов).

(140) Известия, 17 октября 1991 г., с. 4(Ж. Гаккаев); Российская газета, 24 октября 1991 г., с. 2(А. Алешкин); Мос-

ковские новости, 1991, № 43(27 октября), с. 11(Л. Леонтьева). イングーシとの関係については後述。

(141) Голос Чечено-Ингушетии, 28 сентября 1991 г., с. 1(М. Юсупов). 後にハズブラートフも引用している。Хасбулатов(2002), с. 64.

(142) Российская газета, 17 октября 1991 г., с. 2(П. Анохин).

(143) Известия, 7 февраля 1995 г., с. 4(Э. Паин, А. Попов).

(144) Голос Чечено-Ингушетии, 22 октября 1991 г., с. 1.

(145) Известия, 21 октября 1991 г., с. 1(А. Казиханов); Комсомольская правда, 22 октября 1991 г., с. 3.

(146) Российская газета, 26 октября 1991 г., с. 1; Комсомольская правда, 26 октября 1991 г., с. 2.

(147) Красная звезда, 26 октября 1991 г., с. 3.

(148) Там же.

(149) Голос Чечено-Ингушетии, 2 ноября 1991 г., с. 1.

(150) Голос Чечено-Ингушетии, 30 октября 1991 г., с. 1.

(151) Там же. 選挙に関する中央紙報道は, Известия, 29 октября 1991 г., с. 2(А. Казиханов); 30 октября 1991 г., с. 2(А. Казиханов); 5 ноября 1991 г., с. 2(А. Казиханов).

(152) Новое время, 1991, № 46, с. 6(А. Соколов); Известия, 7 февраля 1995 г., с. 4(Э. Паин, А. Попов); Комиссия Говорухина, с. 19–20; Российские вести, 12 июля 1995 г., с. 2(С. Шахрай); Тишков(2001), с. 212–213; Tishkov(2004), p. 62.

(153) Пятый(Внеочередной)съезд народных депутатов РСФСР. Стенографический отчет. М., 1992, т. II, с. 124.

(154) Российская газета, 7 ноября 1991 г., с. 1; Ведомости Съезда народных депутатов РСФСР и Верховного Совета РСФСР, 1991, № 45, ст. 1503.

(155) Ведомости Съезда народных депутатов РСФСР и Верховного Совета РСФСР, 1991, № 46, ст. 1546, 1547.

(156) Голос Чечено-Ингушетии, 12 ноября 1991 г., с. 1.

(157) Новое время, 1991, № 46 (ноябрь), с. 4–7 (А. Соколов).

(158) ルツコイの証言によれば、当時まだロシア内務省には独自の内務部隊がなかったので、ソ連の内務部隊を当てにしていた。Комиссия Говорухина, с. 93. なおエリツィンは一〇月二〇日の大統領令で、ロシア領土に配置されているソ連内務省内務部隊をロシア内務省の管轄下におくことを指示していた。Ведомости Съезда народных депутатов РСФСР и Верховного Совета РСФСР, 1991, № 43, ст. 1405. 一〇月二〇日から一一月七日までという短時間では、ロシア政権はソ連内務省部隊を掌握するには至っていなかったということになる。

(159) Хасбулатов (1995), с. 18–21; Хасбулатов (2002), с. 93–94; А. Грачев. Дальше без меня... Уход президента. М., 1994, с. 134; он же. Горбачев. М., 2001, с. 401–402; Комиссия Говорухина, с. 21–22, 78, 93–94. 回想する人の立場によって、本来必要な非常事態導入をゴルバチョフが妨害したという観点もあれば、ゴルバチョフが武力衝突回避に貢献したという観点もあり、事実経過についても細部での食い違いがあるが、本文ではそれらを最大公約数的にまとめた。Коган-Ясный. Указ. статья, с. 102–103; Tishkov (1997), pp. 205–206; Тишков (2001), с. 214; Lieven, *op. cit.*, pp. 61–64; Dunlop, *op. cit.*, pp. 117–121なども参照。

(160) Известия, 11 ноября 1991 г., с. 1; 12 ноября 1991 г., с. 1; Российская газета, 12 ноября 1991 г., с. 1.

(161) 但し、この宣言の実行を一〇月一二日まで延期するようにとのハズブラートフ・ロシア最高会議議長代行からの要請に留意するとも述べられており、やや条件付きの決定である。Голос Чечено-Ингушетии, 26 сентября 1991 г., с. 2. この決定につき、以下も参照。Орлов и Черкасов (сост.). Указ. соч., с. 24; Хасбулатов (2002), с. 64; Lieven, *op. cit.*, p. 61.

(162) Голос Чечено-Ингушетии, 2 октября 1991 г., с. 1; 9 октября 1991 г., с. 1.

(163) Голос Чечено-Ингушетии, 2 октября 1991 г., с. 2; 5 октября 1991 г., с. 1.

(164) このチェチェン選挙へのイングーシ人の参加について詳しいことは不明だが、「チェチェン共和国の」選挙とされたこともあり、多くは参加しなかったと見られる。パインとポポフによれば、この選挙にチェチェン＝イングーシ共和国一四地区のうち六地区は参加しなかったとのことであり、イングーシ人地区が主に不参加だったと考えられる。Известия, 7 февраля 1995 г., с. 4 (Э. Паин, А. Попов).

(165) Голос Чечено-Ингушетии, 30 октября 1991 г., с. 1.
(166) Голос Чечено-Ингушетии, 28 ноября 1991 г., с. 1.
(167) Известия, 29 ноября 1991 г., с. 1(А. Казиханов); Московские новости, 1991, № 50(15 декабря), с. 9(Л. Леонтьева).
(168) Известия, 4 декабря 1991 г., с. 2.
(169) Известия, 6 декабря 1991 г., с. 2.
(170) Правда, 30 ноября 1991 г., с. 3.
(171) Tishkov(1997), pp. 161–162.
(172) Голос Чечено-Ингушетии, 4 декабря 1991 г., с. 1. ロシア紙にも転載された。Российская газета, 13 декабря 1991 г., с. 3.
(173) Известия, 26 декабря 1991 г., с. 1.
(174) Голос Чечено-Ингушетии, 10 января 1992 г., с. 1.
(175) Ведомости Съезда народных депутатов Российской Федерации и Верховного Совета Российской Федерации, 1992, № 24, ст. 1307.
(176) Голос Чеченской республики, 20 июня 1992 г., с. 1. なお、この新聞は、五月二一日号から改題して、それまでの『チェチェン＝イングーシの声』から『チェチェン共和国の声』になっていた。
(177) Независимая газета, 12 июня 1992 г., с. 3.
(178) Московские новости, 1992, № 25(21 июня), с. 9(Л. Леонтьева); Независимая газета, 12 августа 1992 г., с. 3(А. Сартанов). ハズブラートフによれば、一九三四年にチェチェンと合同する前のイングーシ自治州はナズラニ地区とプリゴロドヌィ地区からなっていたが、九〇年代のイングーシはプリゴロドヌィ地区の北オセチアからの返還を求めるのみならず、チェチェンからマルゴベク地区とスンジャ地区を要求した。Хасбулатов(2002), с. 88–89, 133.
(179) Северная Осетия, 11 ноября 1992 г., с. 2–3; 12 ноября 1992 г., с. 1; Голос Чеченской республики, 30 октября

1992 г., с. 1.

(180) Известия, 8 февраля 1995 г., с. 4 (Э. Паин, А. Попов).

(181) Литературная газета, 1991, № 44 (6 ноября), с. 2 (Д. Дудаев); Известия, 30 октября 1991 г., с. 2 (А. Казиханов) など。

(182) より遅い時期（一九九〇年代後半から二一世紀初頭）についてだが、チェチェンにおける急進イスラーム派の台頭を、チェチェン内の情勢、国際的イスラーム急進主義勢力の浸透、ロシア政権の対応の三側面から検討した論文として、Julie Wilhelmsen, "Between a Rock and a Hard Place: The Islamisation of the Chechen Separatist Movement," *Europe-Asia Studies*, vol. 57, no. 1 (January 2005), pp. 35–59.

(183) ГАРФ, ф. 10026, оп. 5, д. 527, лл. 1–8.

(184) Голос Чечено-Ингушетии, 4 декабря 1991 г., с. 1; Российская газета, 13 декабря 1991 г., с. 3.

(185) Голос Чечено-Ингушетии, 13 декабря 1991 г., с. 1.

(186) 一九九一年九月に発表されたチェチェン＝イングーシ共和国国籍法の草案は、ロシア国籍には言及せず、ソ連の後継者たる「自由主権共和国同盟」の国籍とチェチェン＝イングーシ国籍の重層関係を予定していたが、一〇月一日に正式採択されたチェチェン国籍法は、ソ連ないしその後継者にもロシアにも全く言及しておらず、この点でもタタルスタンと対照的である。Голос Чечено-Ингушетии, 20 сентября 1991 г., с. 2; 3 октября 1991 г., с. 1, 3. もっとも、ドゥダーエフおよびチェチェン民族コングレスのソ連への態度は常に一貫していたわけではなく、ある種の揺れがあったようにもみえる。ソ連に対してもロシアに対してもともに否定的というのが基本的な立場である一方、他面では、ロシアと直接対峙するよりはソ連ないしそれに匹敵する「傘」を通した統合を相対的に選好するという発想――これはタタルスタンをはじめ、ロシアの旧自治共和国にとってはありふれたものだった――もある程度まではありえた。ドゥダーエフは一九九四年八月の発言で、現在のロシア指導部は自分たちの権力欲のためにソ連国家を解体した連中だと述べ、それまでソ連憲法によって守られていた数百万の諸民族がソ連解体により一挙に法的保護を失い、外からの侵略や内での殺戮にさらされるようになったと、ソ連解体への否定的態度を明確にしたことが伝えられている。Правда, 20 августа 1994 г., с. 2 (Л. Пятите-

това). 次も参照。Коган-Ясный. Указ. статья, с. 104; Lieven, *op. cit.*, p. 58; Richard Sakwa, “Introduction: Why Chechnya?,” in Sakwa(ed.), *op. cit.*, p. 58.

(187) Независимая газета, 21 апреля 1992 г., с. 3(Т. Музаев).

(188) Коммерсантъ, 1992, № 17(20–27 апреля), с. 21(А. Безменов).

(189) Московские новости, 1991, № 48(1 декабря), с. 11(С. Новиков).

(190) 国家語に関するチェチェン議会の決定(一九九一年一一月二日)。Голос Чечено-Ингушетии, 6 ноября 1991 г., с. 3.

(191) Российская газета, 6 марта 1992 г., с. 5(Х.-М. Ибрагимбейли).

(192) Голос Чечено-Ингушетии, 18 марта 1992 г., с. 2–3. この憲法は現地の知識人がつくったもので、イスラーム志向よりも世俗主義志向が強かった。Tishkov(2004), p. 64. しかし、後の一九九九年二月にシャリーア(イスラーム法)統治への移行が宣言され、九二年の世俗国家憲法体制から離れることになる。

(193) Независимая газета, 25 декабря 1991 г., с. 3(Т. Музаев).

(194) Голос Чечено-Ингушетии, 2 апреля 1992 г., с. 1; Известия, 1 апреля 1992 г., с. 1–2(А. Казиханов). 少し後のロシア紙のルポルタージュとして、Российская газета, 24 апреля 1992 г., с. 2(А. Алешкин).

(195) Коммерсантъ, 1992, № 14(30 марта-6 апреля), с. 22(О. Медведев).

(196) テイプなどの実態究明は難しいが、とりあえず、Я. Чеснов. Чеченцам быть трудно. Тайпы, их прошлое и роль в настоящем //Независимая газета, 22 сентября 1994 г., с. 5; Новое время, 1996, № 46, с. 9(Т. Музаев); Tishkov (1997), pp. 174-175; Тишков(2001), с. 296–300; 北川誠一「チェチェン政治の対立的要素」『ロシア研究』第三〇号(二〇〇〇年四月)など参照。ロシアの連邦防諜局は一九九四年の介入前夜の情勢分析でテイプの役割を重視し、ドゥダーエフ支持派のテイプに反ドゥダーエフ派のテイプを対置するという方針を示唆していた。リーヴェンはこの連邦防諜局の分析を内部文書に基づいて紹介しつつ、テイプの過大評価を批判している。Lieven, *op. cit.*, pp. 335–345.

(197) Независимая газета, 3 июля 1992 г., с. 1(Н. Пачегина).

(198) Независимая газета, 10 июля 1992 г., с. 3(Р. Батыршин).

(199)　Независимая газета, 22 июля 1992 г., с. 2(Д. Гуринский); Коммерсантъ, 1992, № 30(20–27 июля), с. 22(А. Безменов).

(200)　Республика(Грозный), 4 сентября 1992 г., с. 3.

(201)　Московские новости, 1992, № 30(26 июля), с. 9(Л. Леонтьева).

(202)　Республика(Грозный), 24 июля 1992 г., с. 1–2.

(203)　Независимая газета, 25 июля 1992 г., с. 3.

(204)　Свободная Грузия, 20 февраля 1993 г., с. 3(К. Рижамадзе, Н. Мамулашвили).

(205)　Коммерсантъ, 1992, № 31(27 июля–3 августа), с. 19(А. Безменов).

(206)　Московские новости, 1993, № 25(20 июня), с. А12(Л. Леонтьева).

(207)　Голос Чеченской республики, 27 апреля 1993 г., с. 1–2. ロシア紙報道として，Независимая газета, 20 апреля 1993 г., с. 1(Т. Музаев); Красная звезда, 21 апреля 1993 г., с. 3(В. Марюха).

(208)　Голос Чеченской республики, 28 апреля 1993 г., с. 1.

(209)　Московские новости, 1993, № 17(25 апреля), с. А4(Л. Леонтьева); 1993, № 20(16 мая), с. А12(Л. Леонтьева); Независимая газета, 5 мая 1993 г., с. 2(Н. Пачегина).

(210)　Комиссия Говорухина, с. 24.

(211)　Российская газета, 28 мая 1993 г., с. 1.

(212)　Московские новости, 1993, № 23(6 июня), с. А12(Л. Леонтьева).

(213)　この時の衝突について，現地紙から得られる情報は極度に少ない。議会の新聞『チェチェン共和国の声』，元コムソモールの『共和国』紙，国営情報サーヴィスの『カフカース日誌』のいずれも，この時期にはほとんど出ておらず，稀に出た号もあまり詳しい事実を伝えていない。そのため，ここでは主にモスクワ報道から再構成した。Московские новости, 1993, № 24(13 июня), с. А12(Л. Леонтьева); 1993, № 25(20 июня), с. А12(Л. Леонтьева); Российская газета, 15 июня 1993 г., с. 1.

(214) ドゥダーエフ自身、この共通性を意識しており、エリツィン・ロシア政権との対立にもかかわらず、モスクワにおける権力闘争に関してはエリツィン大統領をロシア議会に対して擁護する立場に立っていた。Труд, 23 апреля 1993 г., с. 1. 彼は何度かエリツィンに手紙や電報を送り、最高会議解散を進言したり、一九九三年一〇月のモスクワにおける武力衝突に関してエリツィン支持を表明したりしている。Комиссия Говорухина, с. 147–151; Коган-Ясный. Указ. статья, с. 115–116. ドゥダーエフのエリツィンへの手紙・電報のいくつかは、Тишков(2001), с. 224–225; Tishkov(2004), pp. 70–71; Хасбулатов(2002), с. 145–156 に紹介されている。

(215) Новое время, 1995, № 29, с. 14(С. Артюнов); Известия, 8 февраля 1995 г., с. 4(Э. Паин, А. Попов); Комиссия Говорухина, с. 30–33; Российские вести, 13 июля 1995 г., с. 2(С. Шахрай); Lieven, *op. cit.*, pp. 348–354.

(216) Новое время, 1993, № 12, с. 12(В. Колосов, Р. Туровский); Комиссия Говорухина, с. 28–30; Коган-Ясный. Указ. статья, с. 104, 119; Lieven, *op. cit.*, pp. 74–75.

(217) Коган-Ясный. Указ. статья, с. 105–107; Хасбулатов(2002), с. 102–111; Tishkov(1997), p. 207; *Problems of Post-Communism*, vol. 47, no. 2(March-April 2000), p. 18(Gulnaz Sharafutdinova); Robert Bruce Ware, "A Multitude of Evils: Mythlogy and Political Failure in Chechnya," in Sakwa(ed.), *op. cit.*, p. 80.

(218) Известия, 28 февраля 1992 г., с. 1.

(219) Коган-Ясный. Указ. статья, с. 108–110. シャフライの一九九五年七月の証言でも簡単に言及されている。Российские вести, 13 июля 1995 г., с. 3.

(220) Труд, 6 мая 1992 г., с. 2.

(221) Коммерсантъ, 1992, № 21(18–25 мая), с. 22(С. Ульянич).

(222) Независимая газета, 24 сентября 1992 г., с. 1(Н. Пачегина).

(223) Известия, 24 сентября 1992 г., с. 1.

(224) Голос Чеченской республики, 26 сентября 1992 г., с. 1.

(225) Московские новости, 1992, № 40(4 октября), с. 8(Л. Леонтьева).

(226) Известия, 5 октября 1992 г., с. 1.
(227) ГАРФ, ф. 10026, оп. 5, д. 527, л. 30.
(228) Голос Чеченской республики, 7 ноября 1992 г., с. 1.
(229) Голос Чеченской республики, 5 ноября 1992 г., с. 1.
(230) Независимая газета, 21 ноября 1992 г., с. 3(Т. Музаев).
(231) チェチェン議会の抗議声明は，Голос Чеченской республики, 11 ноября 1992 г., с. 1.
(232) Московские новости, 1992, № 47(22 ноября), с. 9(В. Емельянов).
(233) ГАРФ, ф. 10026, оп. 5, д. 527, л. 39. もっとも，この報告書(ロシア連邦民族問題国家委員会情報分析センターが政治指導部に提出したもの)は，これに続いて，こうした戦闘的な声明にもかかわらず，チェチェン指導部はモスクワとの関係調整の試みも続けており，クレムリンに条約草案を送付するなど，連邦の基礎の上での対話の姿勢も残っていると分析している。Там же.
(234) Московские новости, 1993, № 17(25 апреля), с. А4(Л. Леонтьева).
(235) Седьмой съезд народных депутатов Российской Федерации. Стенографический отчет. М., 1993, т. 3, с. 269–270.
(236) Российская газета, 4 января 1993 г., с. 1–2(А. Алешкин); Известия, 19 января 1993 г., с. 1–2(С. Чугаев).
(237) Голос Чеченской республики, 31 декабря 1992 г., с. 6.
(238) Российская газета, 4 января 1993 г., с. 1–2(А. Алешкин).
(239) Россия, 16 декабря 1992 г., с. 4.
(240) ГАРФ, ф. 10026, оп. 5, д. 527, лл. 99–100.
(241) Республика(Грозный), 22 января 1993 г., с. 1; Известия, 19 января 1993 г., с. 1–2(С. Чугаев). このときのコミュニケおよび議定書は，Коган-Ясный. Указ. статья, с. 113–114 に収録されている。
(242) Московские новости, 1996, № 24(16–23 июня), с. 8(С. Шерматова).

(243) Голос Чеченской республики, 19 января 1993 г., с. 2.

(244) Новое время, 1993, № 12, с. 13(В. Колосов, Р. Туровский).

(245) Российские вести, 14 января 1993 г., с. 2.

(246) Известия, 19 января 1993 г., с. 1–2(С. Чугаев).

(247) Независимая газета, 20 января 1993 г., с. 1(Т. Музаев). 後のシャフライ発言も、ドゥダーエフがマモダエフ、ソスランベコフらの権限を否定し、交渉を挫折させたとする。Российские вести, 13 июля 1995 г., с. 3.

(248) Lieven, *op. cit.*, p. 77; Dunlop, *op. cit.*, pp. 179–181.

(249) Dunlop, *op. cit.*, pp. 182–183.(ヤンダルビエフの回想に依拠している)。

(250) Комиссия Говорухина, с. 146–147.

(251) Tishkov(2004), pp. 70–71; Тишков(2001), с. 223–224; Хасбулатов(2002), с. 157–158; Коган-Ясный. Указ. статья, с. 121–122; Lieven, *op. cit.*, pp. 67–68.

(252) Российская газета, 29 марта 1994 г., с. 1; Известия, 9 февраля 1995 г., с. 4(Э. Паин, А. Попов).

(253) Российская газета, 17 февраля 1994 г., с. 1.

(254) Известия, 1 апреля 1994 г., с. 2.

(255) 様々な政治家のうちの誰に特に大きな責任があるのかをめぐっては、真偽の定めがたい各種の情報が飛び交っており、実態を見定めることが難しいので、本文ではあえて立ち入らないことにした。ロシアの政治家たちの役割に関しては、特にシャフライ副首相がドゥダーエフ排除に固執し、平和的交渉の可能性を狭めたという指摘が多数の論者によってなされている。Аргументы и факты, 1995, № 9(март), с. 3; Новое время, 1995, № 15, с. 22–23(В. Тишков); Tishkov(1997), pp. 187, 214–215; Lieven, *op. cit.*, pp. 67–68. グラチョフ国防相、エリン内相、ステパーシン連邦防諜局長官といった「武力省庁」ないし「戦争党」の役割を指摘する議論も多い。Труд, 9 августа 1994 г., с. 1–2; Известия, 9 декабря 1994 г., с. 1(О. Лацис); Известия, 10 декабря 1994 г., с. 4; Известия, 10 февраля 1995 г., с. 4(Э. Паин, А. Попов)など。他方、チェチェンの側についていうと、一九九三年初頭までチェチェン政権内でモスクワとの交渉を主に担っていたのは議会勢力であり、ドゥダーエフ大統領はこれと対抗していたが、議会が実力解散された後、ドゥダーエフもエリツィンに対して何度か交渉の呼びかけを行なった。Комиссия Говорухина, с. 146–151; Коган-Ясный. Указ. статья, с. 115; Тишков (2001), с. 224–225; Tishkov(2004), pp. 70–71. ドゥダーエフはエリツィンと対等の立場での直接交渉を望んでいたが、エリツィンがそうした対等性を認めなかったことが交渉開始の障害となったことを多くの論者が指摘している。Tishkov (1997), pp. 214–216; Известия, 9 февраля 1995 г., с. 4(Э. Паин, А. Попов); Lieven, *op. cit.*, pp. 67–68 など。ドゥダーエフは一九九四年八月上旬の段階でも、エリツィン自身とその側近たちを区別し、自分はエリツィンと直接交渉を望んでいる、それが実現すればエリツィンはドゥダーエフが怪物ではないことを知るだろう、などと語っている。Труд, 9 августа 1994 г., с. 1–2. しかし、その数日後には、これまでエリツィンはチェチェンへの国家的テロリズムのことを知らされていないのだろうと考えてきたが、いまや彼自身が前代未聞の挑発の張本人だと分かったと語り、エリツィン本人への幻滅を露わにした。Известия, 13 августа 1994 г., с. 2; Литературная газета, 1994, № 33(17 августа), с. 1(Л. Леонтьева).

(256) Российские вести, 2 сентября 1994 г., с. 1–2(С. Шахрай); Известия, 10 сентября 1994 г., с. 1–2.

(257) Временный совет Чеченской Республики.「臨時会議」とも訳せるが、九一年九月につくられた短命な臨時最高会議と紛らわしいので、「臨時評議会」としておく。なお、臨時評議会の発足は一九九三年一二月一六日。Коган-Ясный. Указ. статья, с. 118. シャフライは単に同年末としている。Российские вести, 13 июля 1995 г., с. 2.

(258) Российская газета, 3 августа 1994 г., с. 1.

(259) Российская газета, 3 августа 1994 г., с. 2. 少し後のアフトゥルハノフ発言は、臨時評議会はロシアとの間にタタルスタン型の条約を結んで対ロシア関係を調節し、チェチェンを再生させると語った。Правда, 20 августа 1994 г., с. 2(Л. Пятитетова)に伝えられている。

(260) Lieven, *op. cit.*, pp. 87–90.

(261) Московские новости, 1994, № 31(31 июля–7 августа), с. 2, 10; 1994, № 33(14–21 августа), с. 11(Д. Ухлин).

(262) Литературная газета, 1994, № 33(17 августа), с. 1(Л. Леонтьева); Московские новости, 1994, № 60(27 ноября–

4 декабря), с. 10(М. Шевелев).

(263) Коган-Ясный. Указ. статья, с. 123.

(264) 本人による叙述は、Хасбулатов(1995), с. 26–46; Хасбулатов(2002), с. 169–282.

(265) Хасбулатов(1995), с. 27–30. ハズブラートフのモスクワでの記者会見について、Сегодня, 21 сентября 1994 г., с. 1.

(266) 当時ハズブラートフがチェチェンでどの程度の支持を集めていたかについては種々の見方がある。彼自身はチェチェンにおける自分の人気が絶大だったとするが(前注(264)のほか、Московский комсомолец, 9 декабря 1994 г., с. 2など)、これはもちろん自己宣伝臭が強く、誇張を割り引かねばならない。しかし、多くの他の論者も、彼が全ロシア規模で高い地位についたことのある稀なチェチェン人であること(一九九一年一〇月にロシア最高会議議長に選出されたとき、彼はチェチェンの民族的英雄だったといわれる)、ドゥダーエフともエリツィンとも距離をおいていたため「中立」のイメージが持たれた――これに比べ、臨時評議会は「モスクワの手先」のイメージがつきまとい、反ドゥダーエフ派住民を広く糾合することができなかった――ことなどから、比較的広い支持を集める可能性があり、それだけにドゥダーエフとしても警戒の念を強めたという点で一致している。彼と対立する立場のヤンダルビエフでさえも、ハズブラートフが当時人気が高かったことを回想で認めているという。Известия, 5 марта 1994 г., с. 2(Н. Гритчин); Литературная газета, 1994, № 33(17 августа), с. 1(Л. Леонтьева); Комиссия Говорухина, с. 60; Коган-Ясный. Указ. статья, с. 118; Tishkov (1997), pp. 216–218; Lieven, *op. cit.*, p. 90; Dunlop, *op. cit.*, pp. 158–160など。

(267) Тишков(2001), с. 227–228. ハズブラートフの上院入りの可能性については、Независимая газета, 11 августа 1994 г., с. 1(Н. Пачегина)やЛысенко. Указ. соч., с. 275も触れている。ハズブラートフ自身はこれは真っ赤な嘘だと反論している。Хасбулатов(2002), с. 219. 彼が自分は何の役職に就く野心ももっていないと強調していたことは本文でも紹介したが、これは政治的発言であり、額面通りには受け取れない。いずれにせよ、ひょっとしたら彼がドゥダーエフにとって代わってチェチェンの政権を握るのではないかという観測は、その現実性はともあれ、当時かなり広く飛び交っており、それがクレムリンにとって懸念材料となったと考えられる。

(268) ハズブラートフの二冊の回想(前注(264))のほか、Лысенко. Указ. соч., с. 186–187; Новое время, 1995, № 15, с. 22–

23(В. Тишков); Tishkov(1997), pp. 216–218; Комиссия Говорухина, с. 60–62, 91–92, 103; Lieven, *op. cit.*, pp. 89–90 など参照。

(269) Тишков(2001), с. 470; Tishkov(2004), pp. 203–204.

(270) Новое время, 1995, № 29, с. 12–14(С. Артюнов).

(271) Комиссия Говорухина, с. 90–91.

(272) Литературная газета, 1994, № 33(17 августа), с. 1(Л. Леонтьева); Московские новости, 1994, № 36(4–11 сентября), с. 4.

(273) Известия, 30 ноября 1994 г., с. 2; 2 декабря 1994 г., с. 1–2; Новое время, 1995, № 15, с. 22–23(В. Тишков); Lieven, *op. cit.*, pp. 68, 92–93.

(274) Комсомольская правда, 20 декабря 1994 г., с. 3.

(275) Новое время, 1995, № 14, с. 7.

(276) Новое время, 1995, № 14, с. 7–9; 1995, № 30, с. 8–11(К. Любарский); 1995, № 32, с. 8–10(К. Любарский). シャフライ副首相の反論は，Российские вести, 12 июля 1995 г., с. 1–2; 13 июля 1995 г., с. 2–4.

(277) Собрание законодательства Российской Федерации, 1994. № 33, ст. 3422. これをうけた同日付けの政府決定は，Собрание законодательства Российской Федерации, 1994. № 33, ст. 3454.

(278) Собрание законодательства Российской Федерации, 1994, № 33, ст. 3425. なお，この一一日には，もう一つの秘密大統領令が発せられていた。Новое время, 1995, № 32, с. 8–10(К. Любарский).

(279) Известия, 10 декабря 1994 г., с. 4; Московский комсомолец, 9 декабря 1994 г., с. 1.

(280) Московские новости, 1994, №. 64(18–25 декабря), с. 7(Л. Телень).

(281) Московские новости, 1994, №. 63(11–18 декабря), с. 1–2. 共和党の軍事介入批判(「第二のアフガニスタン」化を危惧)は，Лысенко. Указ. соч., с. 162–228.

(282) Комсомольская правда, 20 декабря 1994 г., с. 3.

(283) Новое время, 1994, № 49, с 12-14(К. Любарский). 軍事介入批判のその他の例として、Московские новости, 1994, № 63(11-18 декабря), с. 1-7なども参照。なお、愛国派勢力はこれとは異なった観点から政権を批判した。ロシア民主党のゴヴォルーヒン(映画監督、チェチェン問題調査のために設置された下院委員会の議長)は、ロシアこそがチェチェンの犯罪者集団から独立する権利を持っているのであり、ロシア連邦はチェチェン共和国を除名すべきだと主張した。Комиссия Говорухина, с. 5. ソルジェニツィンも、テレク川以北を切り取った上でチェチェンを独立させ、ロシアのチェチェン人を外国人として追放すべきだとする。『廃墟のなかのロシア』〔井桁・上野・坂庭訳〕草思社、二〇〇〇年、一一一—一一二頁。

(284) 一九九四年秋にアゼルバイジャンと西欧石油資本の間でカスピ海油田開発協定が結ばれたことはパイプラインの問題を大きくクローズアップし、ロシアとしては北カフカース経路に位置するチェチェンの安定的確保が不可欠だと考えられた。もっとも、後にチェチェンを迂回する新しいパイプラインが引かれることにより、この問題の重要性は相対的に低下した。

(285) Комиссия Говорухина, с. 62; Tishkov(1997), p. 218; Тишков(2001), с. 353. 政権安定のために「小さな戦勝」が必要だという言い方は、日露戦争前夜にプレーヴェ内相が言ったとされる言葉——実際にそのような発言があったかどうかは歴史家によって疑問視されているが、ともあれ有名な言葉として後世に伝承され、多くのロシア人に記憶されている——を想起させる。この言葉を引いて、一九〇四年と九四年に同じ考えで戦争が開始されたとする論評として、Хасбулатов(2002), с. 281.

(286) Московские новости, 1994, № 64(18-25 декабря), с. 8(С. Киселев, А. Мурсалиев); Известия, 10 февраля 1995 г., с. 4(Э. Паин, А. Попов); Tishkov(1997), pp. 207-227; Lieven, *op. cit.*, pp. 84-93.

(287) ロシア専門家には広く知られていながら非専門家にはあまり知られていない対比を一点だけ挙げておく。「第一次チェチェン戦争」においては「憲法秩序回復のため」という大義名分があまり説得力を持たなかったため、ロシアの諸政治勢力も世論も軍事介入に対して批判的な傾向が強かったが、「テロとの闘争」を名目とした「第二次チェチェン戦争」においては、ヤーブロコを除く議会全会派が戦争賛成にまわり、世論調査でも軍事作戦支持論が一挙に急増した。Emil

Pain, "The Chechen War in the Context of Contemporary Russian Politics," in Sakwa(ed.), *op. cit.*, pp. 68–69. もっとも、その後、情勢が泥沼化する中で厭戦気分も次第に広まりつつあるようにみえる。

(288) タタルスタンとチェチェンの動向を対比的に扱った論文として、Gulnaz Sharafutdinova, "Chechnya Versus Tatarstan: Understanding Ethnopolitics in Post-Communist Russia," *Problems of Post-Communism*, vol. 47, no. 2(March-April 2000), pp. 13–22; A. E. Robertson, "Yeltsin, Shaimiev, and Dudaev: Negotiating Autonomy for Tatarstan and Chechnya," in D. R. Kempton and T. D. Clark(eds.), *Unity or Separation: Center-Periphery Relations in the Former Soviet Union*, Praeger, 2002; V. Mikhailov, "Chechnya and Tatarstan: Differences in Search of an Explanation," in Sakwa(ed.), *op. cit.* などがある。

(289) 塩川『国家の構築と解体』一四二頁の表2・2および一四五頁の表2・3参照。

(290) 隣接するダゲスタンやイングーシにはときおりゲリラ戦の波及が見られるが、そこでもロシアからの分離独立運動が強いわけではない。

(291) James D. Fearon and David D. Laitin, "Ethnicity, Insurgency, and Civil War," *American Political Science Review*, vol. 97, no. 1(February 2003)は、エスニック紛争と内戦を区別して、後者は前者の単純な延長上で起きるのではなく、むしろ国家の弱体化が重要なきっかけとなることが多いと論じている。抽象的な議論であり、具体的事例を直接説明するものではないが、チェチェン紛争(戦争)を考える上でも一つの参考となる。

あとがき

本書を含む三部作『多民族国家ソ連の興亡』は、三冊相互の間に緩やかなつながりがあるのはもちろんだが、それぞれに一定の独立性もあり、一冊ずつを別個の作品として読むこともできる。本書の場合、他の二冊よりも比較的現在に近い時期に焦点を当てており、チェチェン紛争の起源などを扱っているという意味で、相対的に「ホット」である度合いが高いかもしれない。もっとも、「ソ連解体という区切りを挟んで問題設定がどのように変わったか、あるいは連続しているか」という問い(序章参照)に最大の力点をおいたため、一九九三―九四年頃までが主たる対象となっており、それ以降の時期には駆け足にしか触れていない。その意味で、本書は「現状分析」の書ではなく「現代史」の書という性格の作品である。九〇年代半ば以降のロシア――政権でいえば、エリツィン第二期、プーチン第一期、プーチン第二期、そして今やポスト・プーチン期の到来も間近に迫っている――では、次々と新しい動きが続いており、特に近年の動向は民族と連邦制という本書のテーマに関しても質的な変化をもたらしつつあるかにみえるが、そうした時事問題については別個の研究対象としなくてはならない。ただ、時事的動向を考える上でも、その直前の時期の把握が不十分だと現状の位置づけも一面的になるおそれが大きいことを思うなら、本書における「現在の少し前の時期」についての解明が現状理解にも資するところがあることを秘かに願っている。

この『多民族国家ソ連の興亡』シリーズ——第一分冊『民族と言語』、第二分冊『国家の構築と解体』、そして本書『ロシアの連邦制と民族問題』——に共通する背景、問題意識などについては、これまでの二冊のはしがきやあとがきで書いた。ここではそれらを繰り返すことはせず、若干の補足を簡単に述べておきたい。

私は長らくロシア・旧ソ連諸国の歴史研究に携わってきたが、その中の特定地域・民族の専門家というわけではなく、ロシア語以外の諸民族言語もできない。そのような人間が、それでもロシア・旧ソ連諸国の民族問題に取り組もうとするならどのような役割が果たせるかというのは、私の脳裏を離れない問いであり続けてきた。*

* なお、ソ連時代については、ロシア共和国以外の各地に関する基礎的情報も主にロシア語文献から得られるのが通例であり、各地の民族語を知らなくても一次資料に基づく歴史研究がかなりの程度まで可能である。これに対し、ソ連解体後の独立諸国の公式文献はそれぞれの国家語(その地の主要民族の言語)で書かれるのが基本となっており、それらの言語を知らずに本格的研究をすることはできなくなっている。本書を含む三部作が、部分的にソ連解体後への言及を含むとはいえ主としてソ連時代を対象としていることの一つの理由は、そうした事情にある。

第一に、「各論を踏まえた総論」ともいうべき作業を誰かが試みるべきではないかという意識があった。特定地域・民族の専門家はどうしてもその地域・民族のみに対象を限定しがちであり、そのことによる視野の狭さや見方の偏りを免れない。他方、「旧ソ連全体」を研究課題とする者は、ややもすれば地域・民族の問題を軽視したり、仮に言及するとしても「民族一般」という形で論じたりしがちである。しかし、「民族一般」などというものはないのであって、個々の地域・民族ごとの独自な個性的状況を踏まえなければ民族問題は語れない。広大かつ多様な地域からなるソ連について全面的総合を企てるというのは、個人の能力の限界を超える至難の事業だが、様々な地域・民族に関する専門家たちの仕事を吸収することで、少しでもそれに近づくことを目指したいというのが私の野心である。第一分冊の第三章でエストニア、モルドヴァ、ウクライナ、カザフスタンの言語法論争を取り上げ、第三分冊の第二章と三章でそれぞれタタルスタンとチェチェンについて各論的な叙述を試みたのをはじめ、それ以外の各所でも様々な個別地域の事例を取り上げ、それらの組み合わせを通じて、できる限り立体的な総論を組み立てることを目指した。もちろんまだまだ不十分なものではあるが、それでもともかくある程度までこうした各論に踏み込むことができたのは、ここ二〇年ほどの間に日本でも様々な地域・民族ごとの専門家が、特に若い世代の間から輩出し、多彩な業績を生みだしているおかげである。あまりにも人数が多いのでいちいち名前を挙げるのは略させていただくが、本書を含む三部作はそれらの人々の仕事に多くを負っていることを記して、謝意を表したい。

第二に、ソ連中央の政策について、各地の動向を念頭においた上で検討し直すことが大きな課題となる。ソ連中央の民族政策については、これまでも膨大な量の研究があったが、それらの大半は各地域ごとの動向との関係を十分押さえていないため、表面的な検討にとどまりがちだった。かつてのソ連当局の公式見解を鵜呑みにしたようなものは論外だが、それを単純に裏返して、ひたすらモスクワの中央政権が諸民族を圧殺し、中央集権化と「ロシア化」を進めてきたという図式で割り切る議論――いわば「裏返し史観」――も、皮相さにおいてはそれと同水準にとどまる。ソ連解体前後の時期には、そうした皮相な議論が横行し、しかもそれがあたかも斬新なものであるかのように受けとめられた。その後、研究者の世界では、より着実な議論が増えつつあるが、専門家以外の人々の間では、いまでも「裏返し史観」の後遺症は根強いものがある。こうした状況を克服するためにも、中央の民族政策を特定の理念や思惑の直接的発露として捉えるのではなく、むしろ各地の動向への反応という側面を重視しながら再検討することが重要な課題となる。

第三に、「個別民族としてのロシア」への注目が一つの重要課題たりうる。従来、ソ連・イコール・ロシアという暗黙の発想が根強かったため、ロシアを語ることとソ連を語ることの相互関連が自覚的に論じられることはあまりなかった。多民族国家としてソ連を見直すことは、ロシアについても、ソ連そのもの(あるいはソ連中央)と単純に同一視するのではなく、多くの民族の中の一つとして位置づけ直すことが必要になる。といっても、ロシアがソ連の中で中枢的位置を占めていたのは確かなので、他の諸民族と単純に並列するのではなく、「中枢的」という側面と「個別事例」という側面の両方を念頭において総合的に考える必要がある。

本書を含む三部作では、これらの課題に迫るため、とりあえず重要と思われるいくつかの論点を取り上げて一定の解明を試みた。不十分なところの多い試論ではあるが、ともかくこうした観点から書かれた類書がほとんど存在していない状況の中で一つの捨て石となることができるなら、本書の狙いは達せられたことになる。

第二分冊および第三分冊の各章は、どれも未発表の原稿からなる。* その意味で、第一分冊に比べると、論文集よりも書き下ろしの性格が濃い。ただ、完全に一貫した体系性をもつモノグラフというよりは、関連性をもついくつかのテーマを扱った論文を並べたという意味で論文集的でもあるという「中間的な性格」という点は第一分冊と共通している。

* もっとも、各部分の萌芽ともいうべき性格の旧稿がないわけではない。第二分冊の第三章は、口頭報告「ロシア・ナショナリズム —— その歴史と現在」(東京大学国際シンポジウム「ロシアはどこへ行く?」一九九六年九月一三—一四日)を最初の出発点としており、補論は『新版・ロシアを知る事典』(平凡社、二〇〇四年)の「在外ロシア人」の項目を土台にして、それを充実させたものである。第三分冊の全体が旧稿「ソ連の解体とロシアの危機」近藤邦康・和田春樹編『ペレストロイカと改革・開放』(東京大学出版会、一九九三年所収)を最初の萌芽としていることについては序章の注(4)で述べた。その他、特定の個所と直接対応するわけではないが、"Russia's Fourth *Smuta*: What Was, Is, and Will Be Russia?", in Osamu Ieda(ed.), *New Order in Post-Communist Eurasia*, Slavic Research Center, Hokkaido University, 1993;「ソ連解体後のロシアとユーラシア空間」『国際問題』一九九八年一一月号、また『世界民族問題事典』(平凡社、一九九五年、

新訂増補版、二〇〇二年）に寄稿したいくつかの項目なども、部分的に関連するところがある。

一つの作品の完成は次なる作業の出発点に過ぎないとはよくいわれるところだが、この三部作の校正作業をほぼ終えつつあるいま、この当たり前のことをいまさらのように痛感する。予想外に多くの紙数を費やしてしまったとはいえ、この連作は、連邦国家の解体過程という側面に力点をおいた「歴史としてのペレストロイカ」研究という十数年来の目標に迫るための一里塚に過ぎない。歳とともに仕事のペースがどんどん遅くなっており、いつになったら目標にたどり着けるのかいささか心許ないが、ともかく少しずつ歩み続けていきたいと考えている。

二〇〇七年二月

著　者

事項・人名索引

ア 行

カ 行

サ 行

タ 行

ナ 行

ハ 行

マ 行

ヤ 行

ラ 行

■岩波オンデマンドブックス■

ロシアの連邦制と民族問題
——多民族国家ソ連の興亡 III

2007年4月24日　第1刷発行
2017年2月10日　オンデマンド版発行

著　者　塩川伸明《しおかわのぶあき》

発行者　岡本　厚

発行所　株式会社　岩波書店
〒101-8002　東京都千代田区一ツ橋2-5-5
電話案内　03-5210-4000
http://www.iwanami.co.jp/

印刷／製本・法令印刷

ISBN 978-4-00-730574-0　Printed in Japan